汉语语汇学研究

温端政　吴建生　主编

商务印书馆
2009年·北京

图书在版编目(CIP)数据

汉语语汇学研究/温端政,吴建生主编.—北京:商务印书馆,2009

ISBN 978-7-100-05489-8

Ⅰ.汉… Ⅱ.①温…②吴… Ⅲ.汉语—词汇学—研究 Ⅳ.H13

中国版本图书馆 CIP 数据核字(2009)第 027894 号

所有权利保留。
未经许可,不得以任何方式使用。

HÀNYǓ YǓHUÌXUÉ YÁNJIŪ
汉语语汇学研究
温端政 吴建生 主编

商 务 印 书 馆 出 版
(北京王府井大街36号 邮政编码 100710)
商 务 印 书 馆 发 行
北京瑞古冠中印刷厂印刷
ISBN 978-7-100-05489-8

2009年7月第1版　　开本 850×1168 1/32
2009年7月北京第1次印刷　印张 12 7/8
定价: 27.00元

前 言

由山西省社会科学院和商务印书馆联合主办的首届汉语语汇学学术研讨会于2007年7月28～29日在山西太原召开。来自北京、上海、天津、河北、河南、广东、山东、江苏、浙江、山西等省市的高校、科研院所、出版单位的近百名专家学者出席了会议,交流了84篇论文。

我们怀着激动的心情参加了这次会议,聚精会神地聆听了各位代表的精彩发言,从中受到了启发、教育、鼓励和鞭策,感到无比振奋。正如江蓝生学部委员在"贺词"里所说:"那么多学者聚集在一起,专门讨论汉语语汇、汉语方言语汇问题,这在我国汉语研究的历史上可能是第一次,可谓汉语语汇学研究的一大盛事。"我们为汉语语汇学的第一次盛会能顺利举行而感到自豪,为各位同行的热情参与和真诚奉献而由衷感激。

由于是第一次会议,研讨的内容自然比较宽,涉及汉语语汇学研究的方方面面,包括语汇学的创建,语词分立,语汇的特点、范围和分类,语典编纂,方言语汇的调查研究,语汇学的教学研究等。有些文章对古代文献中的俗语进行了考释。还有的学者撰文对温端政所著《汉语语汇学》和所主编的《汉语语汇学教程》进行了评论。

汉语语汇学作为汉语语言学的一门新兴的分支学科,必然存在不完善的地方,自然会有许多值得进一步研究和探讨的问题。在研讨会上,有些学者就汉语语汇学的研究对象和范围等提出不同的意见。可惜由于时间关系,讨论未能充分展开。不同意见的讨论,是学术发展的动力,应当大力提倡,对于汉语语汇学更是如此。

为了巩固和发展这次会议的成果,进一步扩大交流的范围,在商务印书馆和语言学界许多专家学者的支持和指导下,我们选编了这个集子。限于篇幅,有些有一定质量的论文只好割爱,这是非常令人遗憾的。

俗话说:"万事开头难。"首届汉语语汇学学术研讨会的成功召开,为汉语语汇学的学术交流积累了有益的经验,以后的路子将越走越宽。正如中国语言学会会长侯精一先生在"贺词"里所说的,"汉语语汇学有着丰富的内容","是一门有着美好发展前景的分支学科,值得更多的学者投入"。我们相信,将会有越来越多的学者关注或从事汉语语汇学研究,我们对汉语语汇学的发展和繁荣充满信心。

温端政　吴建生

2008年3月2日

目 录

语汇学之成立 ………………………………… 张振兴(1)
语汇学三论 …………………………………… 李如龙(11)
语汇研究与汉语的民族特征 …………………… 苏宝荣(22)
语词分立势在必行 ……………………………… 李行杰(33)
关于"语"和"词"分立问题的思考 …………… 白　平(42)
"语汇学"及相关问题 ………………………… 李小平(47)
关于"语"和非"语"的界限问题 ……………… 史秀菊(59)
"汉语语汇学"核心术语英译 …………………… 袁　婷(69)

语汇研究与语典编纂 …………………………… 温端政(81)
词语的混同、分立与辞书编纂问题 …………… 韩敬体(95)
熟语的分类和词典收语问题 …………………… 晁继周(99)
汉语语汇研究的思考 …………………………… 乔　永(107)
从词典编纂的角度看语汇学的相关问题 ……… 程　荣(118)
试论《现代汉语词典》熟语的收录原则 ……… 李志江(129)
轻声与轻音及其在语典中的标注问题 ………… 谢仁友(143)
电子语典初探 …………………………………… 王海静(151)

"语模"造语浅说 ……………………………… 周　荐(164)
简单枚举和定量分析——成语和惯用语典型群的建立
　　………………………………… 张绍骐、张志毅(176)

惯用语的界定及惯用语词典的收目………………吴建生(183)
惯用语释义中的前置提示词…………………………李淑珍(196)
惯用语语义信息分析……………………………………马启红(211)
歇后语双关义初探………………………………………范瑞婷(223)
试论歇后语的多义性……………………………………张梅梅(236)
浅议惯用语和谚语的甄别………………………………傅朝阳(247)

一门深受大学生欢迎的选修课——"汉语语汇学"教学体会
　…………………………………………………………张光明(252)
"语词分立"对传统语法教学研究的冲击………………辛　菊(260)
试论"语本位"教学的优越性……………………………温朔彬(270)

注重从方言语汇中探寻古音遗迹………………………乔全生(285)
方言语汇的与时俱进——以湖北团风方言为例………汪化云(293)
河北魏县方言的俗成语…………………………………吴继章(301)
浅议平山话歇后语………………………………………唐健雄(314)
长治方言的谚语…………………………史素芬　段　丽(328)
《祖堂集》俗语汇例释……………………………………温振兴(337)
含色彩语素的服饰成语…………………………………徐颂列(349)
明清俗语辞书研究综述…………………………………曾昭聪(357)

一门新兴的有待完善的学科——读《汉语语汇学》《汉语语
　汇学教程》…………………………………………………杨蓉蓉(368)
汉语语汇学的开山力作——评《汉语语汇学》
　……………………………………………马贝加　朱赛萍(390)
首届汉语语汇学学术研讨会纪要………………………李淑珍(397)

语汇学之成立

张 振 兴

一 关于词和语

说到语汇学的问题,首先需要讨论"词"和"语"以及跟它们相关的概念。我们先看《现代汉语词典》(第5版)里相关的几个词语的解释。

词:语言里最小的、可以自由运用的单位。

语:有两个主要的义项:

　①话:语言｜语音｜成语｜千言万语

　②特指谚语、成语

词语:词和词组;字眼。

语词:指词、词组一类的语言成分。

词素:词的构成成分,是在意义上不能再分析的语言单位。有的词只包含一个词素……有的词包含两个或更多的词素。

语素:语言中最小的有意义的单位。汉语的语素绝大部分是单音节的,也有一些是多音节的……在分析词的内部结构时,有的语法书把语素叫做词素。

词汇:一种语言里所使用的词的总汇。

语汇:一种语言或一个人所用的词和固定词组的总和。

词典:收集词汇加以解释供人检查参考的工具书。

语典:《现代汉语词典》没有收"语典"。

词汇学:语言学的一个分支,研究语言或一种语言的词汇的组成和历史发展。

语汇学:《现代汉语词典》没有"语汇学"。

从以上比较可以看出:

1."词"和"语"是一对很重要的概念。由这两个概念派生出一些相关的概念来。这些概念有一些分别,例如《现代汉语词典》对"词"的解释是学术性的语言学性质的定义,而对"语"的解释是非学术性的举例性说明。这个差别表示在深层意义上说,"词"和"语"是不同的。

2.但是"词"和"语"的相关界限是不清楚的,有的是可以混用的。例如"词语"和"语词"实际上都涵盖了词和词组,"词素"和"语素"所指几乎是一回事,在语法层面上更是分不清楚的。我们平时说话,有时候用"词语",有时候用"语词",对人们的理解没有产生困难。

3.有"词典"没有"语典"。但事实上有人编纂过语典,例如20世纪早期胡朴安编纂过一部《俗语典》,收录了很多汉语口语里常用的俗语、谚语和成语;台湾著名的历史学家连语堂(连横)还编纂过一部《台湾语典》,是研究台湾闽南话词语来源的一种著作。有"词汇学"没有"语汇学",因此,即使从最狭义的范畴来说,"语"的研究也被忽视了、淡化了,语汇学至今没有形成语言学的一个二级独立学科。

二 考察几部重要辞典和词典

我们首先考察《辞海》。在很多的合成词里,"辞"也作"词",有的"辞典"也作"词典","辞书"有的也写作"词书"。这个跟地区或方言的差别有关系,我们知道,南方很多地方"词"和"辞"是不同音的。但是《辞海》不作《词海》,编纂者是有考虑的。这里"辞"是"言辞"的意思,这一来,就把《辞海》收录的范围极大地扩大了。

以下举"比"字和"风"字的条目为例。

"比"字条下总计112条,其中至少有32条绝对不是一般意义上的词汇。例如:

比尔拉财团　　　　　比荷卢经济联盟

比较财务报表　　　　比较生产费用说

比利时通讯社　　　　比利时1830年革命

比较分配裁剪法

"风"字条下总计169条,其中至少有43条绝对不是一般意义上的词汇。例如:

风成地貌、风成平原　　风格主义美学

风力灭火机　　　　　　风冷式内燃机

风速日变化、风向日变化　"风云"号气象卫星

再来考察《汉语大词典》。《汉语大词典》不作《汉语大辞典》。它收录的条目,以及全书的规模实际上跟《辞海》不相上下。很容易就发现,《汉语大词典》比较严格地限制在通常意义的"词汇"条目上,但是还是很容易看到很多非严格意义上的词汇条目。例如:

琼楼玉宇、琼厨金穴　　木版水印、木公金母、木雕泥塑

材大难用　　　　　　　村弟子孩儿

杏花春雨　　　　　　　杯酒释兵权

查田定产　　　　　　　柳毅传书

进一步考察《现代汉语方言大词典》(分卷本)。《现代汉语方

言大词典》42种分卷本,收录42个地点方言的"词语"条目,每个地点大约在8000条左右。这些条目不受严格意义的词汇的限制,是条目就收,没有框框。

下面举西安、武汉的一些非严格意义上的词汇的例子。

《西安方言词典》(作者:王军虎):

起鸡皮疙瘩子

截头子下来咧(指脱肛)

熬眼打集欺(起早贪黑)

忽录大,雨点儿小(相当于雷声大,雨点儿小)

吹胡子瞪眼睛

眼泪花儿喷喷下(形容眼里含着泪花)

五花儿六花耳(形容不守本分,不安分)

伤脸蹲沟子(指难为情)

《武汉方言词典》(作者:朱建颂):

天狗吃日头(日食)

寒婆婆过江(指农历10月16日,民俗以这一天开始寒潮)

闷头鸡子(比喻不声不响的人)

常腰翘屁股(指体形不好看)

聋实心了(形容耳聋得很厉害)

筋挂筋绺挂绺(衣服破烂的样子)

残不残落不落(处境尴尬,左右为难)

满不满汉不汉(形容性格别扭,不合情理的样子)

最有意思的是《现代汉语词典》。《现代汉语词典》不作《现代汉语辞典》。大家都知道,这是一部规范程度很高的权威性语文词典。但是,我们看这部词典的最新版,可以发现有很多条目也不是严格意义上的词汇。可以分类举例如下。

A类

把兄弟、盟兄弟　　　　　　国民生产总值、国内生产总值

抄后路、抄近路　　　　　　海洋性气候、大陆性气候

超级市场、超级大国　　　　和平共处五项原则

吃大锅饭、吃偏饭、吃闲饭　毛泽东思想

闯关东、闯红灯　　　　　　陈胜吴广起义、黄巾起义、黄巢起义

光化学反应、光化学烟雾　　城市热岛效应

B类

白璧无瑕　　　白山黑水　　　此起彼落　　　强弩之末

白璧微瑕　　　车水马龙　　　逢场作戏

C类

白驹过隙（《庄子·知北游》）

沉鱼落雁（《庄子·齐物论》）

成也萧何,败也萧何（宋·洪迈《容斋续笔·萧何绐韩信》）

鸡鸣狗盗（《史记·孟尝君列传》）

鸡犬升天（王充《论衡·道虚》）

举案齐眉（《后汉书·逸民传》）

盲人瞎马（《世说新语·排调》）

D类

百尺竿头,更进一步

百花齐放,百家争鸣

百足之虫,死而不僵

城门失火,殃及池鱼（池鱼之殃）

明修栈道,暗度陈仓(《史记·高祖本纪》)

鸣鼓而攻之(《论语·先进》)

E类

陈谷子烂芝麻	恨铁不成钢
吃不了,兜着走	墙倒众人推
吹胡子瞪眼	取之不尽,用之不竭
此一时,彼一时	识时务者为俊杰

细读《现代汉语词典》,就会发现类似于以上几类不是严格意义上的词汇条目是很多的。A类是词组,按照《现代汉语词典》自己的解释,这些条目可以是"词语",也可以是"语词",但反正不好就叫"词"。B类是四字格的词组,但跟A类的词组不同,它有些特征很像成语,可以总称为成语性词组。C、D两类可以总称为成语,很多都是留传很广的典故构成的。E类是我们平常所说的俗语或谚语。

三 语汇学之成立

从以上考察,可以看到:

1. 在所有大型的,重要的词典或辞典里,"词"与"语"也是不分的,词典里包含了大量非词的成分,我们管这些成分叫做"条目"。"条目"可以用来指词,也可以用来指"语"。因此,"条目"包括了"词"和"语","词典"事实上包括了"语典"。

2. 词典包括"词"和"语"是心照不宣的,也是可以理解的。一方面它反映了语言生活的事实:人们日常的语言生活中"词"跟"语"是融为一体的,是不能分离的,经常是混合在一起表达的;另一方面是很多词典编纂的需要。假设把"语"的部分都剔除出去,那么《辞海》就编不成了。

3.《现代汉语词典》最有意思。我们注意到,早期的《现汉》"语"的成分数量上相对比较少,尤其是上面A类的条目很少。后来修订的《现汉》,"语"的成分逐年增多,A类条目增加明显。它反映了在社会语言生活中,像A类这样的"语"的成分越来越多了。词典必须反映语言生活的实际情况。

以上三点给我们的重要启示是:

非常有必要在一定的范畴里,高度重视"语"的成分,独立地研究"语"的成分。在以往的"词汇学"里,《现代汉语词典》里的A—E五类是很容易被忽视的,有的干脆成为修辞学或文章学的研究对象。这是我们学术研究领域里,研究对象分混不清的一个典型例子。因此,语汇学可以成立,应该成立,给语汇学单立门户,让语汇学成为名实相符的语言学的一个独立学科。从学科带头人,学科研究队伍,学科研究理论等各个方面来看,现在具备了成立语汇学,使之成为独立学科的所有必要条件。

语汇学之成立,意味着我们在语言学的范围内有了一个新的、独立的学科。这个让我们大家都感到高兴。新学科的建立,意味着这个学科的研究内容将有很大的发展,可以大大促进对语汇的研究。它的未来是不可小看的。这一点我们可以从方言学科成长和发展的一些例子得到启发。

我国有最漫长的方言调查研究的历史,西汉扬雄的《方言》是世界上最早的方言调查研究报告。可是在很长的一段历史时期里,方言的调查研究只是依附于文字学、训诂学、音韵学,没有自己的独立地位。这种附庸的地位,使得方言的调查研究在很长的时间里奄奄一息,没有取得大的成就。上个世纪20—30年代,由于赵元任等一批现代语言学家的努力，使汉语方言的调查研究彻底摆脱了文字学、训诂学、音韵学的附庸地位，成为一门独立的学科。在以后的年代里，历经将近一个世纪，在丁声树、袁家骅、李荣等一批语言学家的努力下，今天的汉语方言学科成为我国语言学领域内最为蓬勃发展的学科之一。学科独立极大地促进和繁荣了方言的调查研究，这是一个很有说服力的生动实例。

还可以举汉语方言里晋语和平话土话研究的例子。1987年出版的《中国语言地图集》第一次给予晋语和平话单立的地位，把晋语从官话里分立出来，把土话提升为未分区的方言。由此引发了国内外学术界十几年来经久不衰的大讨论。不管最后的结果是什么，极大地推进了晋语、平话与土话的调查研究确实是一个令人羡慕的事实。我们先看晋语讨论所产生的结果。据不完全统计，1987年以前，晋语的文献目录是27篇；1987年以后至2006年，是312篇。后者是前者的10倍。1987年以后出版的专著就有50多种。先后举行了三次晋语国际学术研讨会，这在北方地区的方言研究中也是突出的。再看平话土话讨论所产生的结果。据不完全统计，1987年以前，平话的文献目录只有7篇；1987年以后至2006年，是173篇。后者是前者的20多倍。出版的专著已有18种。1987年以前，土话几乎不为人所知；1987年以后至2006年，文献目录达到178种。出版的专著也有7种。还先后举行了四次土话平话国际学术研讨会。

以上事实说明，提出一个重要的学术思想，出现一个重要的学术创新，创立一个新的学科，对于推动学术的繁荣，对于学科的发展是有十分重要意义的。因此，提出建立语汇学，这是一个新的学术思想，创建了一个新的学科。我们完全可以相信，它对于推动语汇的研究将是至关重要的,类似于方言学、晋语、平话土话这样的繁荣局面,将在语汇研究领域重新出现。

四 余 论

语汇学之成立,它反映了汉语里"语汇"特别丰富,具有特别悠久历史的客观语言事实,它反映了汉语及其方言的重要特性。这是建立汉语语言学的焦点和亮点之一。它生动地回答了中国语言学应该不应该,要不要具有自己特点、特色的大问题。

这里引用一篇重要的文章作为余论。《北京晚报》2007年4月19日专版文章:《未来学家奈斯比特在京预测未来:经济越全球化 文化越个性化》。奈斯比特有几段话给人留下非常深刻的印象:"经济上的相互依赖越来越强的时候,其实我们也越来越需要保持一种文化上的独立性。讨论全球化的话题,人们都在讲世界变成了一个无国界的世界。但是我们并不是在创造一个无国界的世界。我们只是在创造一个经济上无国界的世界。""在这种竞争越来越激烈的情况下,我们也越来越关注怎么保持文化的特性和个性。那么德国人会越来越像德国人,中国人越来越像中国人,法国人越来越像法国人。""随着韩国经济越来越全球化的同时,他们也花了越来越大的力气来保持和弘扬他们的文化,这种例子发生在全世界。""说全球正在美国化是一个很表面的说法,比如我们穿什么衣服,看什么电影,听什么音乐。但是真正文化的东西是在我们的骨子里,就像大家虽然人人会讲英语,但是你们会放弃母语吗?文化传统,都是你们骨子里的东西,不会受表面化的影响。"

语汇学之成立只是建立自己特色的汉语语言学的一个部分。如果有更多的学科像语汇学一样建立起独立的体系,那么,汉语语言学的辉煌将不会是梦想。

参考文献:

[1] 李 荣主编 现代汉语方言大词典(分卷本)[K],江苏教育出版社,1998。
[2] 罗竹风主编 汉语大词典[K],汉语大词典出版社,1994。
[3] 夏征农主编 辞海(缩印本)[K],上海世纪出版股份有限公司、上海辞书出版社,2006。
[4] 中国社会科学院语言研究所 现代汉语词典(第5版,大字本)[K],商务印书馆,2006。

(作者单位:中国社会科学院语言研究所 北京 100732)

语汇学三论

李 如 龙

自从白话和白话文学登上历史舞台,现代口语和书面语中大量的成语、俗语、歇后语就逐渐引起研究汉语学者们的关注。从20世纪20年代开始,经过几代人的研究,不但搜集整理了大量生动活泼的材料,而且对于这些语汇的构成和特点也逐渐形成了比较明确、比较一致的认识。然而一直到了新的世纪,经过长期语汇研究的温端政,才明确提出"语词分立"的倡议(2002),不久并推出了《汉语语汇学》(2005)和《汉语语汇学教程》(2006)两部专著。在这些论著中,他强调了汉语语汇是一个庞大的系统,在追溯了汉语语汇研究的历史过程和总结现代语汇学研究的经验的基础上,初步建立了汉语语汇学的理论架构。正因为有了近百年实际研究的雄厚基础,关于汉语语汇学的这些论述得到了学界的普遍认同和积极响应。现在来讨论建立汉语语汇学问题,是十分必要,也是十分及时的。本文试谈三想法,以求教于各位先进同行。

一 语汇学为什么迟到?

不论是从传统的小学(音韵、文字、训诂)来说,或是从现代语言学对汉语的研究来说,汉语语汇学都是一门迟到的学科。探讨一下这门学科为什么会迟到,对今后的研究是很有益处的。

中国传统的语文学,称为小学。因为这是为了研究和传扬经学而设的基础性的入门学科。文字、音韵、训诂是从形音义三个方面研究汉字的学问,而汉字不仅是汉语的书面符号,而且是汉语的最小的表义单位。在漫长的封建社会里,用汉字书写的书面语,从官方文书到历代积累下来的"经、史、子、集"一直是统治着社会生活的基本工具。经过几千年锤炼的文言文,更是神圣的正宗。民间的俗语,始终是不登大雅之堂的。只有到了白话文抬头,近代官话口语在社会上成为通语,俗语逐渐写入小说、笔记,才可能成为研究的对象。

现代中国语言学是在借鉴西方现代语言学的思想和方法后逐渐建立起来的。早期的西方语言学强调研究有书面规范形式的语言系统,而排斥口语中的言语变异的研究。注重研究语音和语法的系统,把词汇的研究纳入语法之中,并且只注重形式上的结构,而忽视意义上的大小单位和层次的分析。在这种研究方向的影响下,抛开了历来关于俗语、谚语、成语等现成的词汇学的概念,硬是把它替换成语法学的概念,纳入关于语素、词、词组、结构、短语、分句、小句等语法分析的框架,削足以适履,以至把这些语汇成分弄得面目不清。这种情况说明了汉语的研究未能切应汉语的特点。语言是一个结构系统,各种语言系统既有共同之处,也必有自己独有的特点。汉语的结构系统显然是重词汇、轻语法。许多语法关系都是靠虚词来体现的。词语的组合关系往往比起语法形式的标志更加直接地表现语义的组织和表达。

"汉语的语法结构以语义为基础,形成了有自己独特的语义语法或语义句法,而印欧语的语法结构与词的形态变化紧密地联系在一起,因而我们把它叫做语形语法或形态语法……汉语有悠久的语义研究的传统,但没有类似印欧语那样的语法研究。一个句子只要弄清楚其中每一个字的意思,也就弄清楚了这个句子的意思。汉语传统的经典著作,如《尔雅》、《说文解字》、《方言》、《释名》等都是从不同的侧面研究字义。"(徐通锵,2001,P137)

成语、谚语、惯用语、歇后语大量都是从民间口语产生的,是无数的民众在言语应用中继承、变革和创新的结果。汉语中这些各式各样的"语",从数量上说,比一般的"词"要多得多。20世纪90年代以来先后编成的《语海》和《歇后语大全》等所收的各类的"语"就在16万条以上。张光明、温端政就一个地点所编的《忻州方言俗语大辞典》就收了各种"语"一万两千多条。"汉语语汇不仅是一个系统,而且是一个极其庞大的系统。"(温端政,2005)在最近的几十年间,研究民间口语、研究言语逐渐受到重视。探索汉语自身的特点,继承和发扬词汇语义研究的传统,也使人们获得了许多新的思路。正是这样的新形势,催生了汉语语汇学。

二 语汇的基本特征

如果说介于字与句之间无非是词和语的话,要考察"语"的特征,一是要和字、句相比较,更重要的是,要与"词"做比较。

除了少数连绵词、译音词中的单字之外,字是形音义的统一体。除去同音字、异体字和多义字不计,每一个字都是用一个音节、一个字形来表示一种意义。词和语都是由"字"组成的。字是汉语的最小的音义单位,句是言语表达和交际的、有一定语调和明确语用意义的单位。"句"通常是单个词和语或由几个词或语组成的。词、语和"字"、"句"是三个明显有别的层级。

至于词和语的区别,大概可以从下面四个方面来考察。

第一,在语音方面,词和语都有由音步组成的韵律。两个音节组成一个音步,都是"韵律词"(prosodic word)。自从双音词大量产生并在使用中占了优势之后,汉语的标准音步(韵律词)就是两个音节构成的,单音节语素是"退化音步"(degenerate foot),三音节音步是"超音步"(super foot)。(冯胜利,2000,P78)汉语的音步组成的基本规则是:一,两个音节、三个音节都组成一个独立的音步;二,四音节以上的组合都按2+2、2+3、2+2+3等方式划分音步。(同上,P95)语是两个词以上单位组成的,只有三音节的惯用语和三音词都是一个超音步的单位。但是,作为三音词的超音步之中,音节之间是不能有语音间断的。例如:加拿大、墨西哥、数理化、工农兵、落花生、潜水艇、机关枪、红小鬼、总经理。而三音节的惯用语的两个词之间,则没有三音词结合得那么紧,常常可以插入其他成分,成为离合词,例如:泡蘑菇——泡什么蘑菇、开后门——开给谁后门、半瓶醋——半瓶子醋、直肠子——直直的肠子。四音节以上的成语、谚语、歇后语都是由两个以上的音步组成的,和一个音步的韵律词有鲜明的差异。

第二,在语法方面,"词"和"语"也是明显不同的。"语"由"词"构成,"语"比"词"长,此其一。"词"的层次简单,从结构说,只有单音词、双音词、多音词。有一些专名和专业术语把几个词固定联系起来,在语流中常常当一个词用,如地名(朝阳门北小街六条)、机关名(中国社会科学院语言研究所方言研究室)、科技术语(口蹄疫病毒疫苗),这类固定词组通常只限于专有名词类。但是,从语法类别说,"词"却是十分复杂的,有虚、实的各种词类,每一个词类还可以分出几层小类。而对于"语"来说,情况正好相反,结构层次多而词性简单。"语"的结构层次,有类似词的惯用语,有两音步的四字格的成语,有必定要成句(包括单句和复句)的谚语,有一句分成两段的歇后语。但是,从词性说,"语"只有实的没有虚的,各类的"语"大多属于谓词性短语(VP),只有少数是体词性的(NP)。至于"语"中各词之间的结构关系,则和词内语素的结构及句中各种成分的结构(并列、偏正、主谓、动宾、动补等)都是一脉相承的,这一点是从词到语、到句的共性,也是汉语语法的重要特点。

第三,在语义方面,词和语有着更加明显的差异。词义是人们约定的对客观事物的指称。诚然,这种指称是经过人们认知、理解,在言语交际中已经获得共识的、经过抽象化了的。就其内容说是比较单纯的,主要是对客观现象的反映,虽然词义也可能有表示一定形象、感情或语体的"附属义",但作为核心的主体则是它的客观的"概念义"。"语"的意义则主要表现了使用该语言的人群对客观事物的种种描写和表述,在描写和表述中掺入了更多对事物的主观认识甚至加上不同程度的渲染,此外还有对各种观念的分析和论断。如果说"词"义的主要特征是**单纯性**和**指称性**,那么"语"义的主要特征则是它的**综合性**和**表述性**。例如:惯用语主要是说明某种现象和状态;成语主要是对客观现象、状态和事理的概括、描状和说明;谚语主要是对自然与社会现象的总结、叙述和论断;歇后语主要也是描述生活中常见的现象。

词由字(语素)组成,大量的词义是词内所含的语素的意义的相加(白马:白色的马,水桶:能装水的桶,三脚架:三个脚的架子),而语的字面意义和所表达的意义常常是不一致的,总要经过引申、比喻或者有所转移(走后门、过河拆桥、画蛇添足、水至清则无鱼、擀面杖吹火——一窍不通)。然而,一个"词"往往有多个义

15

项、多种表达方式,"语"则义项少、表达方式也不太多样,这也是词和语在语义上的重要差异。

第四,在语源方面,词和语的差异也值得做一番考察。由于汉字不表音,隶变之后又形体凝固,作为汉语的语素,不断地衍生合成新的词汇,而在民间口语中,词汇的衍生走的是另一条因音派生和因义延伸的路,汉语词汇的生成明显分成了口语造词和书面语造词两个轨道。这就促使了书面语和口语的分道扬镳(李如龙,2007)。也由于汉字的关系,借助着书面语的强大影响,古代汉语词汇大量传承到现代汉语,通语词汇和方言词汇的相互转换也十分方便、经常发生。现代汉语词汇中,经过书面语造出来的和口语中生成的各占多少比例,还没有人做过统计。自汉代以来,语素合成的双音词的不断大幅度的增加一直没有衰退过。在现代汉语词汇中,这类因字合成的双音词应该占有很大的比例。如果说这股巨流是书面语造出来的,应该是符合人们的语感的。例如:深:深奥、深广、深厚、深刻、深切、深邃、深透、深望、深省、深远、深湛、深挚、深沉、深长、深究、深交、深切、深闺、深山、深思、深谈、深意、深夜、深渊、深潭、高深、艰深、幽深、渊深、纵深、资深、景深、加深、进深、精深;浅:浅白、浅薄、浅陋、浅明、浅显、浅鲜、浅易、浅近、浅见、浅海、浅滩、浅说、浅露、浅学、浅笑、浅色、粗浅、短浅、肤浅、浮浅、疏浅、微浅、眼浅……与此相关的是,现代汉语中积存的文言词、古代书面语词也是相当可观的。由于汉语书面语长期与通语相互依存,书面语词汇中的方言词甚少;相比而言,除了古代传下来的成语之外,惯用语、谚语、歇后语等大多是产生于口语的创造,其中不少还是来自各地的方言。可见,"词"和"语"的渊源是有所不同的。

如果说,语词的生成的先后层次也是不同语源的差异的话,词和语在这方面有更大的差异。在生成的顺序上,很明显,"词"的生成是原生的,"语"则是利用词的组合再次合成的,也可以说是再生的。例如,深入浅出、没深没浅、才疏学浅、深谋远虑、深情厚谊、深恶痛绝、年深月久、根深叶茂、根深蒂固、水深火热、血海深仇、目光短浅、浅尝辄止等等,应是在上文所列举的深、浅,以及许多与之相关的双音词产生之后才组装起来的。如果说,词汇是分了类的原材料和粗坯的零件的话,语汇则是组装好了的预制品和加工过的零件。

三 关于语汇的定性和分类

从词汇学的角度,回到现实生活的语感中来,把成语、谚语、惯用语、歇后语归为语汇,和原来的词汇区别开来,十分快便,似乎是没有问题了。其实,汉语的词——语之间还是有许多复杂的关系的,从字到语素、词,短语到句子,每一个单位之间的界限常常似有似无,用起来十分灵活。例如骆驼的驼,只是一个表音字,出于表示新概念的需要,可以造出"驼绒"、"驼峰"、"驼铃"等词,"驼"便成了语素;"春、男"一般不单说,只是个语素,但在书面语,却也可以当做词用(1960年春出生;男,49岁);"大雪、跑街、过关、看好"有时是词,有时是短语。在汉语的结构系统中,本来只有字和句(文心雕龙:"因字而生句",字句通顺)。赵元任说:"汉语中没有词,但有不同类型的词的概念","为什么非要在汉语里找出其他语言中存在的实体呢?更有成效地进一步研究,应该是确定介乎音节词和句子之间的那级单位是什么类型的。至于把这些类型的单位叫做什么,应该是其次考虑的问题。"(赵元任,1975)就在语汇已有的研究中,也有一些词和语难以划界的情况,这主要存在于惯用语之中。有一本《新惯用语词典》(上海辞书出版社,1996)就收了

50多条双音词,除了亚当、武松、宋玉、鲁班等人名,《现代汉语词典》按例不收之外,绝大多数都作为词目收在96版的《现代汉语词典》之中:插曲、滑坡、曝光、跳槽、鸿沟、开刀、内伤、花瓶、吹风、找死、顶牛、变卦、点火、歪风、起飞、借光、草包、降温、泡汤、脓包、丘八、油条、园丁、疮疤,其中有不少是本义、引申义兼有的,有的本来就是用比喻手法造出来的词,都应该是双音词。即使是由三音节惯用语或四音节成语紧缩的(吹牛、拍马、杞忧、代庖之类),也应该认定为双音词。"语"比"词"大,"语"是由"词"组成的,区分词汇和语汇应该坚持这一条最基本的界线。

还有的惯用语词典,把一些三音节词也收进去了。如《实用惯用语词典》(吉林大学出版社,1989):发动机、博物馆、向日葵、交际花、望远镜、书呆子、穷光蛋、火车头、暴发户、守财奴、二流子、分水岭、独木桥、飞毛腿、白刃战、财神爷,把这些明显是指称单一事物的三音节词列为惯用语,也是混淆了词和语的界线,显然不合适。对于这类多音词,温端政(2005)认为,必须有谓词性搭配成分"构成叙述性语言单位之后才成为惯用语"。至于阿斗、阿Q、孙悟空之类人名,尽管在言语中用了比拟、比喻义,他也认为"它们是词(专有名词),而不是语",这都是有道理的。惯用语是"语"不是"词",应具有叙述性,这也是为惯用语划界应该坚持的。

把属于"词"的部分从"语"里划出去之后,本来应该属于"语"的,也应该把它认回来。这里主要是针对温端政把名句、格言排除在"语"之外提出商榷。

中国历史悠久,文化名人层出不穷,古往今来,名篇浩瀚。这些典籍世代相传,许多精辟名句早已为人熟知。有的早已提炼为格言,编入教材;有的作为典故;有的还是直接的引文,经常出现在现代的口语和书面语之中。单是《论语》中的名句今天还很常说的就有:"有朋自远方来,不亦乐乎?"、"温故而知新"、"知之为知之,不知为不知,是知也"、"三人行,必有我师焉"、"有教无类"、"吾日三省吾身"、"不患人之不己知,患不知人也"、"见贤思齐"、"君子喻于义,小人喻于利"、"君子坦荡荡,小人长戚戚"、"岁寒然后知松柏之后凋"、"四海之内皆兄弟也"、"工欲善其事,必先利其器"、"己所不欲,勿施于人"、"名不正,则言不顺"、"当仁不让"、"人无远虑,必有近忧"、"过犹不及"。至于历来诗文中的名句,就更多了:"山重水复疑无路,柳暗花明又一村"(陆游)、"春蚕到死丝方尽,蜡炬成灰泪始干"(李商隐)、"欲穷千里目,更上一层楼"(王之涣)、"朱门酒肉臭,路有冻死骨"(杜甫)。这些名句虽说是"作家个人言语作品"的性质,但是有许多已经常被引用而家喻户晓了,应该是进入了社会上广泛认同的语汇的。如果语汇的大家庭可以接受这个成员,也许可称之为"典雅语"。

关于语汇的分类,温端政提出的"采用形式和意义相结合的原则进行分类",这是很有概括性的。我的具体理解和他也很相近。所谓形式,最重要的是"语"的长度和几个词之间的组织方式;所谓意义,主要是它在言语中的表述功能。成语多半是旧时书面语传承下来的"二二相承的四字语为主"的(吕叔湘,1989),用来记述事物的情状(博闻强记、头破血流、奔走相告、气吞山河、谈笑风生、废寝忘食),有时也展示事态的情理(孝感动天、唇亡齿寒、苦尽甘来、沧海桑田、哀兵必胜、开卷有益)。谚语是各地口语中创造出来的,通常是用简练、生动而完整的句子来记录生活经验,论述人们对世情物理的认识(万事起头难,无风不起浪,清明前后、种瓜种豆,单丝不成线、独木不成林,靠山吃山、靠水吃水,海水不可斗量,上山容易下山难,早早儿睡、晚晚儿起、又省灯油又省米)。歇后语利用语音或语义的相关联分说成前后两段(比喻语和解释语)组成完整的句子,互相注述,诙谐地说明某种自然或社会现象的情状和事理(破表——没准儿,骑马逛草原——没完,水中捞月——一场空,房檐上的大葱——叶黄根枯心不死,外甥打灯笼——照旧,哑巴吃黄连——有苦说不出)。惯用语形式上最为多样,不少是三音节词组,有时更长,甚至可以用句子形式来描述事物、人品的各种现象和情状(走后门、放包袱、半瓶醋、打埋伏、靠边站、下马威、吃不了兜着走、有眼不识泰山、瞎猫碰上死耗子)。典雅语形式上都是句子,内容上都是典雅的至理名言,是从前人作品中引述的。后来引用多了,可以略去句中部分内容,有时说的人也未必知道出处,这就近乎成语(如:过犹不及,和而不同,欲速不达),或惯用语("任重而道远"、"欲速则不达"、"饱食终日,无所用心"),这些用例也都是出自于《论语》的。

如果把各类的"语"就其形式和意义的几个方面的特征列成表格作一比较,它们之间的差异就一目了然了。

	成语	谚语	歇后语	惯用语	典雅语
结构	二二相承四字格(固定词组)	单句、复句	分成两段的句子	词组(以三字格为常见)	成句或多句
语源	多自古代传承	多为民间创造	民间创造,多为方言	民间创造,现代社会大发展	前人所说,见于书面典籍
风格	多为书面语	口头语	口头语	口头语	书面语
功能	记述客观的情状事理	记录经验,论述道理	注述事态或情理	描述现象或情状	引述古语以论理或描状

参考文献：

[1] 温端政 论语词分立[C]，词汇学理论与应用，商务印书馆，2004。
[2] 温端政 汉语语汇学[M]，商务印书馆，2005。
[3] 温端政 汉语语汇学教程[M]，商务印书馆，2006。
[4] 徐通锵 基础语言学教程[M]，北京大学出版社，2001。
[5] 冯胜利 汉语韵律句法学[M]，上海教育出版社，2000。
[6] 李如龙 关注汉语口语词汇与书面语词汇的研究[J]，陕西师大学报2007（3）。
[7] 赵元任 汉语词的概念及其结构和节奏[A]，赵元任语言学论文选，清华大学出版社，1992。
[8] 吕叔湘 中国俗语大辞典序[A]，上海辞书出版社，1989。

（作者单位：厦门大学中文系　厦门　361005）

语汇研究与汉语的民族特征

苏宝荣

源远流长的汉语语汇（主要包括成语、惯用语、谚语、歇后语等）是汉语百花园中的奇葩，是千百年来汉语使用者（普通百姓与文人学者）创造智慧的结晶。其以丰富、生动、形象、凝练的表达功能与文白兼容、雅俗共赏的语体风格极大地增强了汉语的表现力。

但是，在汉语语言研究中，由于长期以来形成语音、词汇、语法（主要是句法）三分的格局，将各种语汇（成语、惯用语、谚语等）笼统地划入"词汇"范畴之中；加之多音节的语汇，其自身结构与语义都比较复杂，研究者难于理出一个头绪来，往往是望而却步，致使对这一极具有民族风格的语言形式的研究没有得到应有的重视，成为汉语研究中相对薄弱的环节。

近来，因应邀出席首届汉语语汇学学术研讨会，较多地接触语汇问题，在学习与思考的过程中，颇有感悟：汉语语汇的研究与汉语的民族特征密切相关——汉语的语汇具有丰富性、整体性、形象性三个特点，而这三个特点都是与汉语自身的结构特征有关的。

一　汉语语汇的丰富性与汉语单音节语素组词造句的灵活性

汉语的语汇种类很多，各家分类的原则与方法也不统一。一般认为包括：成语、惯用语、谚语、歇后语，也有人主张将语言中整体使用的格言、名句等也纳入语汇范畴。汉语语汇不仅种类丰富，而且各种语汇的数量繁多。有人统计，20世纪90年代以来先后编成的《语海》《歇后语大全》等所收录的各类"语"达16万条以上。[①] 仅商务印书馆出版的经过比较严格筛选的、适宜中等文化水平读者使用的"新华语汇"系列丛书中，《新华成语词典》收录成语8000余条，《新华惯用语词典》收录惯用语4500条，《新华谚语词典》收录谚语5000余条，实际上存在的语汇远远不止这个数目。[②] 至于口语性极强的歇后语，数量就更多了。而且，语汇中的歇后语、谚语等，言语性质十分突出，不同时代、不同地域创制的变体层出不穷，更是难以统计了。

而且，只要我们深入其中，就会认识到，汉语语汇不仅种类丰富，内涵也极其丰富，很多特定的语言规则与表达方式是在普通句法与词法中见不到的。如具有很强民族特点的歇后语就是用汉语独特的构语方法创制的，它采用前引、后注的方法，使两个语节形成"引子"与"注释"的关系，而且"引子"与"注释"又均有不同的组合方式："引子"有"单引式"（"引子"由一个语节组成："赶集走亲戚——顺路"、"茅厕里的石头——又臭又硬"）与"复引式"（"引子"由两个语节组成："头顶上长疮，脚底下流脓——坏透了"、"猪往前拱，鸡往后刨——各有各的道"）的区别；"注释"也有"单注式"（"竹篮子打水——一场空"、"戏台底下掉眼泪——替古人担忧"）与"复注式"（"乌鸦落在猪身上——只看见别人黑，看不见自己黑"、"周瑜打黄盖——一个愿打，一个愿挨"）的不同。为了增强语言表达的形象性，还有三个以上的并列语节作"引子"的（"叫你往东你往西，叫你搬砖你搬坯，叫你赶狗你赶鸡——别扭一辈子")和以"复引式"配"复注式"的("水底捞月,天上摘星——想得到,办不到")。其中所有的"复引式"(包括三个以上的并列语节作"引子"的情况)与"复注式"的句子,都是字数相同、结构对仗,有些还注意语音的相谐(如"叫你往东你往西,叫你搬砖你搬坯,叫你赶狗你赶鸡")。这种语言规则与表达方式不仅是一般的词汇学与语法学中讲不到的,而且与汉语的一个重要的、基本的特征——以单音节语素(或者说"汉字")表义,组词造句灵活有直接关系。

事实上,无论成语、惯用语,还是谚语、歇后语,在可能的情况下,追求字数的整齐、句式的对仗(或句内的对称)、声律的和谐,是它们的共同特征。特别是汉语中有成千上万条"由四字(四个音节)构成、结构上'二二相承'(多数表现在语法或语义结构上,有的表现在语音结构上)"的成语,离开汉语"单音节语素(汉字)表义"这一特征,简直是不可想象的。

二 汉语语汇的整体性与其结构、语义的融合性和表达形式的固定性

这是本文说明的重点。为了不在概念上作过多的纠缠,我们姑且采用《大辞海》(语言卷)的说法,将目前所说的各类语汇统称为"熟语":"语言中固定的词组或句子。使用时一般不能任意改变其组织,且要以其整体来理解语义。"[③]从社会普遍认同的定义中可以看到:固定性、整体性——是语汇这个家族成员的共同特征。如果单纯从组成结构上来说,汉语语汇很多是词组、句子、乃至复句,而在通常情况下往往承担着与词大体相当的交际功能,致使长期以来人们习惯将其与词汇混为一谈,这本身就说明其具有整体性的特征。现在我们面临的任务,是揭示形成这种整体性的

原因。通过对具体语汇材料的分析,我们发现主要有以下三个方面的原因:

(一)组合结构上的整体性

语汇中的成语、惯用语一般是词组,而谚语、歇后语多为句子。以句子为载体的谚语、歇后语比较复杂,这里暂且不论。就以词组为载体的成语、惯用语来说,人们为什么不称其为"词组(或"短语")",而要为其创制专名呢?可以说,它既是词组,有词组的特征;又不是一般的词组,比一般的词组更具有整体性。如果说一般词组是明显的可以拆分的词与词的组合的话,语汇中构成成语、惯用语的词组,则具有融合的特征,不能或不便作拆分、组合的理解。其中有相当一部分甚至可以说是语素与语素的融合。这是因为有些具有独立成词与不独立成词双重功能的语素因其具有边界模糊的特点,在特定组合中,可还原为语素,从而强化了其结构的整体性。语汇在组合结构上具有融合性与多样性的特点:

有些是语素与语素的组合:

如成语"魂飞魄散、咬牙切齿、油腔滑调、轻描淡写",其组合成分中"魂魄、牙齿、腔调、描写"可以说本来是个词,但是运用"互文"的修辞手法将其拆分,使其还原为语素,从而增强整个成语结构的整体性。——如果说成"腔调油滑"、"描写轻淡",就只能是一般词组了。有些惯用语如"磨洋工"、"一场空"、"开倒车"、"一边倒"、"贱骨头"、"单打一"等也已形成一个整体,很难做词组性的拆分,应视为语素的组合。

有些是语素与词(或词组)的再融合:

如惯用语"碰钉子"、"背包袱"、"揪辫子"、"炒冷饭",其中"钉子"、"包袱"、"辫子"是词,"冷饭"恐怕连词的资格也没有,是词组;

25

而在与"碰"、"背"、"揪"、"炒"的结合中,由于其相关成分融为一体,获得了新的整体的意义,原来的各方都是以语素的资格出现的。这类惯用语还时常有对应的紧缩的复合词,如"装洋蒜——装蒜"、"耍滑头——耍滑"、"拍马屁——拍马"、"吹牛皮——吹牛",这充分说明了其在组合结构上融合的整体性。这正如一些学者所指出的:在汉语史上,词和短语本来没有不可逾越的鸿沟,从短语到词是一个渐变过程,短语与复合词构成一个连续统。[④]惯用语是现代汉语中从短语过渡到词的一个典型的类聚,具有明显的词汇化倾向。[⑤]

还有些是词与词的组合,但因缺省成分多,结构跨越性强——必须作整体性理解方能表义。如:

"千钧一发"(成语,原型应为"千钧的重量系在一根头发上");

"杯水车薪"(成语,原型应为"用一杯水去救着了火的一车柴草");

"见仁见智"(成语,原型为"仁者见之谓之仁,知者见之谓之知"——减省为"仁者见仁,智者见智"——进而减省为"见仁见智");

"痴心女子负心汉"(谚语,原型应为"在男女爱情中,女子多痴心,男子多负心")。

综上所述,语汇(特别是成语、惯用语),有些是语素与语素的组合,还有些是语素与词(或词组)融合而成;有些是词与词的组合,但因缺省成分多,结构跨越性强,必须以整体表义,从而使其在结构与语义表达上都区别于一般的词组(或"短语")。可以说,语汇是语言的跨(超)层结构单位(最小的相当于词,最大的相当于复句)——结构的稳固性与语义的整体性为其共同的特征。而追究其形成的原因,在于汉语语义的基本单位为语素和词两个层级,单音节表义的语素及其具有独立成词与不独立成词的双重功能,是其形成汉语语汇组织结构上的整体性的一个根本原因。

这里附带说明,应当说,近几年"字本位"的研究对于认识汉语的特征是有积极意义的,可以说是有贡献的。但对这种"汉字、音节、语素形成三位一体的'字'",我认为还是用吕叔湘先生的提法好:"专门指形体的时候,最好管它叫'汉字'。专门指声音的时候,最好管它叫'音节'。专门指音义结合体的时候,最好管它叫'语素'。"⑥不然,汉语的研究与其他语言的研究,与普通语言学研究不便沟通,很可能走上另一个极端,对汉语的研究可能是不利的。

(二)语义表达上的整体性

汉语语汇实现其自身的整体性具有多种途径。特别是其中的谚语、歇后语,一般结构比较复杂,有些是句子或复句,但其整体性很强,往往又可以充当一个句法成分。这类语汇的整体性,主要是通过在相对固定的特定结构中,在语义上被整体理解和运用来实现的。根据其组成成分结合紧密程度的不同,可以分析为组合性的与融合性的两种:

组合关系的,一般可以从字面意义上加以分析。如:

"大智若愚"(成语),指智慧高的人不露锋芒,表面看上去好像很愚钝。

"打交道"(惯用语),指互相交往联系,也指与人协商事情。

"三岁看大,七岁看老"(谚语)指人一生是否有所作为,往往从幼时的性情和志向就能观察出来。

"剃头挑子——一头热"(歇后语),旧时剃头需用热水先洗好,挑担流动谋生的剃头匠,担子一头是剃头的工具,一头是烧热水的火炉。指当事双方,一方热情,一方冷淡。对于熟悉当时社会情况的人,极好理解。

融合关系的,组成成分的语义融为一体,不大好从字面意义上进行分析,往往需要从语汇产生的历史文化背景上去解读。如:

"呆若木鸡"(成语),《庄子·达生》:"鸡虽有鸣者,已无变矣,望之似木鸡矣,其德全矣,异鸡无敢应者,反走矣。"本指训练好的斗鸡,能心神安定,镇定自若,跟木雕的鸡一样。后用"呆若木鸡"形容呆笨或恐惧、惊讶而发呆的样子。梁实秋《雅舍小品·客》:"有时主人方在厕上,客人已经升堂入室,回避不及,应接无术,主人鞠躬如也,客人呆若木鸡。"

"七十三,八十四"(惯用语),形容东拉西扯,乱说一气。梁斌《烽烟图》七:"李德才肝火上旺,不管不顾,七十三八十四地瞎说一阵。"

"三十年河东,三十年河西",(也作"三年河东,三年河西"等)(谚语),"河"指黄河。过去黄河泛滥,时常改变河道;某个地方原本在河的东边,若干年后却到了河的西边。指世事兴衰,常发生周期性的变化。也指人的命运不会一成不变,总有好坏转换之时。张恨水《丹凤街》一〇章:"老五,不要生气。这世界三年河东,三年河西,就知道你我没有一天发财吗?"

"狗咬吕洞宾,不识真人"(也作"狗咬吕洞宾,不识好人"等)(歇后语),吕洞宾被道教奉为八仙之一,故称为"真人"(道教所说修行得道的人),需了解这一历史文化知识与背景,才能对这一歇后语进行解读。

值得注意的是,由于这些语汇长期在语言中被整体运用,因此无论是组合关系的还是融合关系的,其表义功能不是字面意义的铺排,而是凝聚成一个交汇点,达到整体性的效果。

而无论是融合关系还是组合关系,语义的双层性("字面意义"与"实际意义")都是语汇实现其语义整体性的重要方面。汉语语汇在语义表达上,往往通过"用典"(如成语"四面楚歌"、"守株待兔",惯用语"天子第一号"、"风马牛不相及")、比喻(如成语"开门见山",惯用语"一朵鲜花插在牛粪上",谚语"蛇无头不行,鸟无头不飞",歇后语"茶壶煮饺子,倒不出来")、夸张与想象(如惯用语"笑掉了大牙"、"鸡蛋里挑骨头",谚语"一寸光阴一寸金"、"只要功夫深,铁杵磨成针")、虚指和泛指〔如惯用语"打折扣"(从指商品降价出售——到指没按规定或承诺做事)、"灌米汤"(从指强制人或动物喝米熬的汤水——到指用甜言蜜语恭维奉承,使人迷惑)〕、意合〔"三一三十一"(本为珠算口诀,后指平均三分)、"不管三七二十一"(指不顾一切,不问是非情由)〕等多种手段,用以实现其语义表达的双层性。

(三)从形式与韵律上强化整体性

所有语汇在结构上相对固定,是使其与自由组合的普通词组与句子相区别的一个重要特征。此外,成语的四字格式(特别是语汇义与字面义基本一致的成语,如"小题大做"、"后来居上",如果没有凝固的格式,就很难称为成语了)、惯用语、谚语的对称性、排比性(包括句中的对称性,如惯用语"当面锣对面鼓"、"风里来雨里去"、"七大姑八大姨"等,也包括句与句之间的对称性与排比性,如谚语"三十年河东,三十年河西"、"金无足赤,人无完人"、"上有天堂,下有苏杭")等都强化了语汇形式上的整体性。

此外,韵律和谐也是强化语汇整体性的一个重要因素。如谚语"衙门口儿朝南开,有理无钱莫进来"、"人往高处走,水往低处流"、"火车跑得快,全凭车头带"、"农家一枝花,全靠粪当家"等,歇后语"墙头上的草,哪边风硬哪边倒"、"太行山照见运粮河,远水不解近渴"、"野狗钻篱笆,两面受夹"等。特别是有些语汇有多种变体,其中具有韵律和谐特征的往往更便于在群众中流传,如"狗咬吕洞宾,不识真人"——"狗咬吕洞宾,不识好人"——"狗咬吕洞宾,不识好丑人"——"狗咬吕洞宾,不识好人心"。目前口语中"狗咬吕洞宾,不识好人心"用得更多。

三 汉语语汇的形象性与汉民族思维的具象特征

语汇中的成语,语义上往往具有双层性(如满城风雨、纲举目张),有的还与具体的历史典故相联系(如朝三暮四、杯弓蛇影);惯用语则往往通过比喻造成一种修辞意义(如挨闷棍、开绿灯、泼冷水、半瓶醋、捅马蜂窝、吹枕头风、打擦边球)。这无疑增强了语汇表义的形象性。

民族心理和思维是民族文化生成的基础,而语言是人类思维发展到一定阶段的产物,是思维活动赖以进行的工具。语言的不同,尤其是语言构成形态的不同,反映并影响着思维及其文化的不同特征。创造了"梦幻"艺术的东方思维,更重视感悟与体验,是具象性、经验性的思维,比附和联想是其最显著的特征。正因为如此,古代思想家庄周将其深邃的哲理蕴涵于寓言故事之中;古代文学家屈原用美人香草的比喻、大量的神话传说和丰富的想象抒发了忠贞不渝的爱国情怀;革命领袖毛泽东则用"愚公移山"这样一个寓言故事形象地表达了中国共产党人领导全国人民推翻三座大山的决心。汉语的词语运用也富于形象性。汉语反映客观事物,习惯于用具体、形象的词语,用意象组合的方法,使语言的表达富于图像化。即使是在论述抽象的概念道理,也常用意象的比附,使语言具体、形象、生动。汉语的语汇,受这种民族心理与具象思维方式的影响,也往往采用表征式的组合方式,着重反映语言对象的具体形象和易为人感知的特征:其中成语如"蚍蜉撼树"、"唇亡齿寒"、"指鹿为马"、"画蛇添足"、"人面兽心"、"狼狈为奸"、"酒囊饭袋"、"和风细雨"等,惯用语如"狗咬狗"、"狗吃屎"、"刀子嘴,豆腐心"、"吃着碗里,看着锅里"等,谚语如"心急吃不了热豆腐"、"强龙压不住地头蛇"、"狗嘴里吐不出象牙"、"井水不犯河水"等,歇后语如"骑驴看账本,走着瞧"、"黄鼠狼给鸡拜年,没安好心"、"碟子里扎猛子,不知深浅"、"小葱拌豆腐,一清二白"等。这种表征式构成的语汇或词汇,无论是描写事物的外表,还是揭示事物的内涵,都能具体形象地显示其所反映的对象。

最后我要说明的是,通过对语汇特征形成机制的分析,我感觉到,汉语语汇的丰富性,包括汉语复合词语义内涵的复杂性,乃至汉语在语义、语法上与西方语言的种种区别性特征,可能都与汉语的基本单位包含"语素"(独立书写形式是"汉字")与"词"两个层级有关。以"语素"为突破口观察和分析汉语,对汉语语汇及词汇、语义、语法的研究都具有重要的意义。

附注:

①见李如龙"首届汉语语汇学术研讨会"论文《语汇学三论》一文。

②有关数据见商务印书馆出版的《新华成语词典》(2002)、《新华谚语词典》(2005)、《新华惯用语词典》(2007)的"凡例"。

③见王德春、许宝华主编《大辞海》(语言卷),上海辞书出版社2003年出版。

④见李如龙《汉语应用研究》,中国传媒大学出版社2004年出版。

⑤见苏向丽《现代汉语惯用语的词汇化等级分析》,"首届汉语语汇学学术研讨会"论文。

⑥见吕叔湘《语文常谈》,三联书店1980年出版。

参考文献：

[1] 吕叔湘 汉语语法分析问题[M],商务印书馆,1979。
[2] 吕叔湘 语文常谈[M],三联书店,1980。
[3] 苏宝荣 词义研究与辞书释义[M],商务印书馆,2000。
[4] 商务印书馆辞书研究中心编(温端政主编)新华谚语词典[K],商务印书馆,2005。
[5] 商务印书馆辞书研究中心编(温端政主编)新华惯用语词典[K],商务印书馆,2007。
[6] 商务印书馆辞书研究中心编(许振生主编)新华成语词典[K],商务印书馆,2002。
[7] 温端政 汉语语汇学[M],商务印书馆,2005。
[8] 温端政 汉语语汇学教程[M],商务印书馆,2006。

（作者单位：河北师范大学　石家庄　050016）

语词分立势在必行

李 行 杰

2000年,在《"龙虫并雕"和"语"的研究》中,温端政先生和沈慧云女士第一次明确提出语词分立的主张。2005年,温端政先生的《汉语语汇学》出版,2006年,《汉语语汇学教程》面世。这标志着汉语语汇学理论体系初步建立,并且逐步完善起来。语词分立的主张,虽然并没有"应者云从",但在语言学界确实产生了很大影响。我们一直关注着语汇学研究的进展,越来越觉得,语词分立势在必行。

语词分立是不争的事实

必须承认,语词分立,在客观上是不争的事实。经过温端政先生的反复论证,我们可以清楚地看到如下不争的事实:在构成成分上,词是由词素构成的,语是由词构成的;在语义上,词是概念性的语言单位,语是叙述性的语言单位;在结构上,词的结构是凝固的,而语的结构是相对固定的,没有凝固性;在语法功能上,二者都可以充当句子成分,但语具有词所没有的语法功能(如独立成句、被引用、被拆分开来充当不同的成分等等)。

两种不同的语言单位,被长期混为一谈,而且把一种当成另一种的附庸,即所谓语是词的"等价物",这不但有悖于学术的科学精神,而且在实践中也造成了种种混乱,温先生已经就此列举了许多弊端。仅从辞书编纂上看,就有许多矛盾的现象。比如,在词典中收入大量的语,把"擒贼擒王"当成词,显然是不合适的,"只许州官放火,不许百姓点灯",也是词吗？谁也不会说是,但它确实出现在词典中。这样编词典,显然不很合适。但是,这又是无奈之举。原因就在于词和语没有区分开来。科学发展是事物分类不断科学化和细致化的过程。当语还没有从词或词的等价物中独立出来的时候,只能把它编入词典中。尽管这样编有说不通的地方。尤有甚者,语词不分给辞书编纂造成了一些极端的错误:有一本惯用语词典,竟然给所有的惯用语都标明了词性！像"嘴吃屎",标明是"名";"嘴巴尖",标明为"形";"牛头不对马嘴"、"脚踩着刀尖儿"、"脚踩两只船"分明都是完整的句子,却都被标上了"动"字。这种混乱,已经超出了常识所能允许的范围了。不过,这种错误,想想也自有其根源:既然语是词的等价物,而词又是可以而且应当分词类的,即使不合理,也必须给它一个"类"。

语和词不仅在性质上是两类不同的语言单位,作为不同于词的语言单位,语的数量也是惊人的,上海辞书出版社出版的《谚语大全》收谚语10.8万条,《歇后语大全》收录8.5万条,《惯用语大全》收惯用语4.8万条,三书合计24万多条。如果加上成语,总数当在30多万条。倘若再加上方言语汇,数量将更加惊人。语言学家不能漠视这样一个庞大的语言事实。把这样一个性质独立、数量庞大的语言事实,混在另一语言单位里,既不利于语汇的深入研究,也不利于词汇研究。

科学研究的结论,来自于充分的实验数据,来自于大量的客观事实。语汇不像词汇,已经有了比较长的研究历史,首先是语汇的收集还不够全面系统,语汇在口语中使用比较多,在书面上使用得则不像口语中那样频繁,也没有学者作系统的搜集。要想对语汇作系统研究,第一步就是对语在古今书籍中的使用情况进行调查,也就是在古今典籍中寻找书证。为此,早在20世纪80年代,山西的学者就组织二十多人,阅读了两千多部古今图书,摘录书证十万多条,为以后的研究准备了雄厚的资料基础。在十万条书证基础上编成的《中国俗语大辞典》,其学术价值之高,是不容置疑的。而六卷本的《古今俗语集成》,在汉语语汇学研究上的作用,已经惠及整个语言学界,我们愿意真诚地向以温端政先生为代表的山西语言学界同仁说一声谢谢。有这样充分而又扎实的资料准备,语词分立,语汇学的建立,首先由山西语言学家提出,是必然的,结论的科学性也是不容怀疑的。

语汇学理论的提出,也许可以算中国语言学对世界语言学的一项贡献。在普通语言学理论中,只有语音、词汇、语法三分,没有语音、语词、语法三分之说,即有词汇而无语汇。我们认为,不妨更进一步,把语汇单列出来,形成语音、词汇、语汇、语法四分的局面。研究外语的朋友告诉我,外语中没有跟汉语完全对应的语汇单位,但是,也有类似于谚语、惯用语等等语言现象,汉语语汇的独立,也许会对国外语言研究产生一些启发作用。现在天天在讲创新思维,什么是创新思维,在充分占有资料的基础上,敢于标新立异,就是创新。外国有的,我们不见得一定要有,外国没有的,我们未必不可以有,一切从汉语的实际出发。

语汇研究的现状

语在性质上不同于词,数量上又十分庞大,语汇必须从词汇中独立出来,成为语言学中一个单独的学科部门。但是,语汇研究还没有引起语言学界足够的重视。

对语和词这两种语言单位的研究,词的研究已经取得了骄人的成绩,已经与国外的最新理论相衔接。对语的研究好像还在草创阶段。第一,从事语汇研究的语言学家很少,这与对语汇学的认识有关,语汇,除了成语之外,谚语、歇后语、惯用语一向被认为是俗语,俗的东西登不得大雅之堂,从事俗语研究似乎也不雅,学院派的学者是不屑于染指的;第二,研究成果少,对语汇的某一门类的研究,像成语研究、谚语研究、歇后语研究、惯用语研究等等,已经出现了一些可喜的成果,但是,较之语汇在语言中的实际地位,这些成果就显得远远不够了。至于对整个语汇体系的综合研究,能够看到的研究成果极少,而对语汇的理论研究,完全属于刚刚起步的阶段。

自从语词分立主张提出之后,我们看到了一些支持的意见,但是并不很多。至于反对的意见,我们还没有看到。一种新理论或新主张出现之后,应当有支持,有质疑,有反对,有补充。支持的意见固然十分重要,但是,反对和批评的意见更有价值。当今之计,最需要反对的意见,有反对的意见才会有争论,而科学是在争论中产生和发展的。反对的意见,首先可以考验新理论、新主张是否经得住检验,特别是事实的检验。如果经受不住事实的检验,倡导者不能说服反对者,那么,这种新学说新主张可能就是伪科学。其次,反对的意见可以促使新主张的提倡者深入研究和思考,从而修正和完善自己的主张,所谓去伪存真者即此。再次,反对的意见可以促使更多的人关注或参与研究和讨论新主张,这可能会带来两种结果:其一,是使研究更深入,从而使学说或主张更趋完善,或者暴露出更多的缺陷甚至错误,因而被否定。其二,在大规模的讨论中,新理论新主张得到绝大多数人的认同,形成广泛的群众基础,从而正式成为一门新的科学。

目前的状况是,语汇研究已经开始引起大家的重视,有这么多学者参加"首届汉语语汇学学术研讨会",并且提供这么多高质量的论文进行交流,就是一个很好的证明。但是,跟汉语语汇应有的地位相比,这还只能算是刚刚开始,我们希望这样的研讨会能够继续召开,我们期望有更多的学术园地,特别是主流学术平台,能够为语汇学研究成果提供更多的展示机会。我们相信,随着语汇学的发展,必将有更多的学者关注或参与语汇学研究,语汇学的研究成果也一定会日益增多,在中国语言学研究的主流平台上,理应有语汇学研究的一席之地。

研究成果得不到应有的响应,也是语汇研究所遇到的尴尬之一。有些成果,经过长时间的深入研究,已经比较成熟,应当得到公认。比如歇后语研究,研究者查阅《红楼梦》、《暴风骤雨》等520部古今作品,摘录4893条用例,经过全面排比归纳,得出的结论:歇后语前后两部分是引语和注释的关系,歇后语应当叫引注语;歇后语的后一部分不能省掉;歇后语的前半部分只起附加意义,后一部分才是歇后语的基本意义所在。这样的结论,其科学性已经不容怀疑,但在语言研究中没有引起重视,在语言实践中也没有得到反映。比如,我们查阅各种辞书,关于歇后语的解释,依然经常看到,"前一部分像谜面,后一部分像谜底,通常只说前一部分"一类的解释。

当然,语汇研究并非完全没有争论,只是这种争论仅仅限于某一语类的范围而已。例如,对什么是谚语,什么是惯用语,三字格是不是惯用语的主要标志,三字格是词还是惯用语等等。但是对语词分立这样的大问题,始终没有引起普遍关注。这是很令人遗憾的。

不容讳言,语汇学研究刚刚起步,整个学科体系仅仅搭起一个框架,本身还有很多问题需要深入研究,像语类划分标准问题,各类术语的界定问题等等,都需要志同道合者继续深入研究。

对语汇学研究的几点意见

语汇学要真正成为一门公认的独立学科,任重而道远。

进一步加强语汇理论的研究。理论来自于事实,理论又要接受事实的检验,并且指导实际。毫无疑问,语汇理论是语汇研究中的首要课题,我们期望,语言学家在语汇理论研究上有更大的突破。

语词分立的理论分析虽然比较充分,但是依然有加强的必要,应当更充分地说明语词分立的必要性和可能性,让更多的学者了解,语词必须分立,语汇学应当成为一个独立的学科部门。

概念的界定和划分是学科研究的重要任务,是学科成立的重要标志。"语是由词和词组合成的、结构相对固定的、具有多种功能的叙述性语言单位。"语的这种定义比较科学和清晰,也比较便于读者掌握,用这一定义,很容易把语和词区分开来。但是,对各种语类的定义现在还不够精密,还嫌过于简单。如:谚语是"非二二相承的表述语",惯用语是"非二二相承的描述语"。这样的定义,对专业工作者来说,也略嫌模糊,不便把握,对一般读者可能会更加困难一些。表述语和描述语,必须从意义上区分,而对于表述和描述,可能人言人殊。譬如"车走车路,马行马道",既可以理解为:车总是走车的路,马总是走马的路,表述一种客观经验,比喻品质不同的人总是走不同的路;也可以理解为车走它车的路,马走它马的路,比喻各走各的路,互不干预,这显然是描述事物的某一性状,这便属于惯用语了。从意义出发进行科学划分,必然更多地依赖人的主观感觉,而主观有时会因人因事而异,最可靠的办法是把意义和形式结合起来。对成语的界定就比较符合这一要求。

南开大学周荐教授在《论成语的经典性》(载《词汇学问题》,天津古籍出版社,1998。)一文中,对上海辞书出版社1987年版《中国成语大辞典》的收条情况进行统计,发现所收17934个条目中,由四音节构成的有17140个,约占总数的95.57%;非四音节构成的有794个,约占总数的4.43%。而这不到5%的非四字格的条目中,又大多数属于谚语和惯用语。这样的科学统计,结论是十分可靠的:四字格是成语的主要形式标志。早在20世纪50年代,吕叔湘先生就已经指出,二二相承是成语的语音结构特点。温端政先生综合意义跟形式两个方面,把成语定义为"二二相承的表述语和描述语",根据这一定义,很容易把成语从其他语言单位中划分出来。

我们期待,语汇研究者能够在深入研究的基础上,发现谚语和惯用语的更本质的特征,从而给二者以更加科学明晰的界定。

加强语典编纂工作。语典编纂可以促进语汇学的深入研究。首先,应当在现有的理论基础上编纂《成语大语典》《歇后语大语典》《惯用语大语典》《谚语大语典》,因为按照现有的划分标准,这四种语类大体上能够划清。读者手头有了区分大体清楚的规范性的分类语典,一方面便于检索,另一方面在检索过程中逐渐可以认识各种语类之间的区别,这其实是语汇知识普及的过程。专家的研究成果在不知不觉中渗透到读者中去了。此外,在编纂过程中会遇到一些交叉的现象,对于这些交叉现象,集中在一起,进一步比较分辨,可以找出更科学的划分标准,对各个语类给出更加严密科学的界定。理论要回答事实所提出的各种问题,语典编纂过程中必然会提出各种问题,回答这些问题,就是理论的建树。这样也就为理论的更新提供了新的途径和方法。最主要的是,四大语类的语典,有几百万条语料,专家们可以据此作深入研究,这就必然会极大地促进语汇学研究向更深更高的水平发展。

目前,语典编纂遇到两个根本性的问题。其一是正名问题。到目前为止,所有的语典,都叫"辞典"或"词典",如谚语词典、歇后语词典、惯用语辞典等等。我们企盼,出版家们能够有人率先用"语典"的名称出一本成语或惯用语、歇后语、谚语的工具书。这种开风气之先的举措,必将促进语汇学的发展。其二是语类划分标准的选用问题。现在所见的谚语、惯用语、成语"词典",条目交叉和重复比较严重,原因是没有统一的语类划分标准,编纂者各自根据自己心目中的标准立目,不仅不同的编纂者在不同的"词典"(语典)中收条互有重复,即使同一编纂者,在不同的语典中收条也互相重复(如《现代汉语成语规范词典》所收的条目中,有些在同一系列的《现代汉语谚语规范词典》、《现代汉语惯用语规范词典》、《现代汉语歇后语规范词典》又重复收入)。我们建议,在没有公认的、更严密精确的划分标准之前,不妨先采用温端政先生在《汉语语汇学》中所提出的标准。我们高兴地看到,上海辞书出版社2007年新一版《中国成语大辞典》已经采用了新标准,该书《出版说明》说:"新一版与时俱进,精益求精,吸收多年来成语语汇研究的成果;实施学术规范,只收成语,删汰结构松散的四字组合,去掉非四字组合,补充了一部分颇有查检价值的成语,使收条总量与第一版基本一致。"新版《中国成语大辞典》的改变是成功的,希望有更多的编纂者试验。

争取语汇教学进入现代汉语教学序列。这有两方面的工作要做：其一，争取在大学中文系单独开设语汇学课程，让青年学生了解和熟悉语汇科学，可以期望在他们当中出现一些语汇学的研究者。山西省的同仁已经这样做了，希望有更多的学校跟上。其二，争取在现代汉语教材中引入跟词汇学平行的语汇学内容。这件事，第一需要有相应的新现代汉语教材；第二，需要有肯于并且敢于大胆尝试的教学单位。目前，这两方面都还没有尝试者。假如语汇教学真正进入了现代汉语教学系列，汉语语汇学也就真的独立了。

汉语语汇学要真正独立，还有一个重要标志，那就是语汇学的各项术语被现代汉语词典收录。这首先要求语汇学研究者，按照词典的词条标准，为语汇的相关术语写出说解，现在的释义，还不能进入词典。

加强方言语汇的调查和研究。新时期汉语方言研究，是取得突破性进展的语言学学科之一，在国际语言学界产生了很大影响。语汇在口语中使用频率非常高，特别是在方言口语中。语汇的地方色彩特别浓重，是方言特点的主要载体之一。方言语汇的调查和研究，一方面可以更充分地描绘出各地方言的特点，另一方面，又可以为共同语语汇选用提供更多的素材。在汉语方言研究中，词汇的调查和描写，学者们取得了骄人的成就，但是，方言语汇的调查和描写却几乎完全是空白。我们建议，在方言调查工作中，在语音、词汇、语法、语料记音之外，另加一项：方言语汇。方言语汇调查是大有可为的。

(作者单位：青岛大学师范学院 青岛 266071)

关于"语"和"词"分立问题的思考

白 平

在过去,人们往往将成语、谚语、惯用语、歇后语这些语言材料视为词的等价物,对于这些"语"的研究和教学也是附设在词汇学的范围内进行的。温端政先生率先提出了"语"、"词"分立的观点,主张在语言学上建立一门"语汇学",将"语汇"问题从"词汇"问题中分立出来。笔者非常同意温先生的这些观点,受其启发,也试着对这一问题进行了一些粗浅的思考,布列于下,以期就正于方家。

一般认为,词是语言中最小的、能够自由运用的单位,是语言的建筑材料。

关于"语",问题看来要复杂一些,虽然它也可以看做是语链中的一种"单位",但肯定不是最小的单位。词汇中有不少成员是单音节的,而最小的"语"也是两个以上的词的组合,再大一点的话,它就可以是短语、单句,甚至可以是句群。例如太谷话中的这些例子:

（1）爬的竹竿子上,不说走投无路,还说高鹞子观景。

（2）老实疙瘩子,担的茅粪不偷吃,拐转弯弯捞稠的。

（3）取得经来全是唐僧的,闯下祸全是孙悟空的,倒霉的事全是猪八戒的。

单音节词谈不到结构问题,以复合词而言,其结构都是相对单纯的,有主谓、偏正、联合、动宾、补充、附加等类型。就短小的语的组成情况而言,当然也存在着这些相对单纯的结构类型,但是音节数较多的语,其内部的结构关系就复杂得很,对于它们的结构解析已经超出了词汇学的范畴,而进入了语法分析的范畴了。

凡是词,都可以根据其意义和功能而确定其属性,有名词、动词、形容词、代词、数词、量词、副词、介词、连词、助词、叹词等类别。语的研究显然不是如此,我们不可能仿照词性研究的观念而设立"语性"研究的科目。

词是语言的建筑材料,顾名思义,建筑材料就像是盖房子的砖、瓦、木料、水泥、钢筋等。语链就像是房子,它是由这些材料建筑起来的。语是否也是语言的建筑材料呢?这个问题看来还有斟酌的必要。温端政先生主编的《汉语词汇学教程》(第 2 页)中认为,概念性是词义的基本特征,而语义的基本特征则是它的叙述性。这一观察结论是很有见地的。实词所表达的意义往往都是相对单一的概念,而语所表达意义属性却绝不是如此,其复杂的程度是很难一言以蔽之的。

笔者认为,在表意方面,语当然不是词的等价物,用"材料"一词来标示,是会引起误解的。从在语链中的面貌来看,词很像是一台机器上的零件,而语则不是零件,而是用诸多零件组合而成的部件。有的简单的小部件,其作用与零件差不多,而不少大的部件,其本身就已经是生产流水线上诸多联合作业的机器中的一台相对独立的机器,甚至是一组机器了。就词和语的面貌对比而言,如果将词比作是音符,则语就是用音符组成的乐句或乐曲;如果将词比作是数学符号,则语就是由这些符号组成的数学公式;如果将词比作是元素,则语就是用这些元素合成的物质;如果将词比作是中药,则语就是用这些中药配好的方剂。

　　语汇应该是在语言学上单独开列门户的一个学科。在过去,由于人们认为语的性质和作用相当于一个词,是词的等价物,所以它的地位就成了词汇学的一个分支。现在看来,这种做法当然是不妥当的。从语的实际情况来看,它们有的是短语,也有的是单句、复句,从其结构和内容来看,都显然不能被视为词的等价物。词是语言的一种临时拼装单位,而语则往往是已经拼装好了的应用构件。语言的分析单位有词、短语、句子、句群等,形成了一个层级相对分明的序列,而语是不能够纳入这个序列予以看待的。这个单位序列是通过解剖语链的结构而得出来的,而语作为语链中的一种"集装箱",它是语言中的一种应用单位,并不是语言的结构单位。因此,语这种单位和词、短语、句子等这些单位性质不同,不处在同一个研究平面上。

　　词作为构成语链的基本零件,其个体本身所携带的修辞信息是极其贫乏的。语作为构成语链的部件,却大多是经过了语言艺术加工的成品,在加工这些产品时,各种修辞手段可谓无所不用其极。从这一点来看,词可以说是语言的自然原材料,而语则是语言的艺术成品,这也可以看做是词和语对立的一个特征性标志。例如太谷话里边的一些所谓"链子语":

　　(1) 临死碰上鬼撑搌,穷汉赶上润腊月。

　　(2) 犁哩嘛耙哩,人家看见你还怕哩。

　　(3) 猫儿不急不上树,狗儿不急不咬人。

　　(4) 胡胡公鸡,帽帽草鸡,活了今日不管早清。

　　(5) 河里洗脸庙里歇,做饭的老婆有七八百。

　　(6) 臭蒿长成树儿,毛驴喂成兔儿,婆姨们打扮成画儿。

(7) 粗狗不吃屎,细狗不撵兔。

(8) 当了阁老,没钱儿把你饿得跌倒。

(9) 小时恓惶,到大可怜,有心死了,又怕年月缓转。

(10) 有妻有儿有丈母,无兄无弟无父母。

(11) 嘴是蜜钵钵,心是辣角角。

(12) 清早不够,晌午将就,黑夜的米汤能映见星宿。

(13) 吃饭顶人半,做活计顶半人;站起来叫人绊倒,睡下能绊倒人。

(14) 吃惯的嘴儿,跑惯的腿儿。

(15) 出门见喜,跌倒就起,拾见核桃和柿饼。

(16) 肥猪儿也哼哼,瘦猪儿也哼哼。

(17) 沙蓬滚蛋树叶儿落,长工抱住当家的哭。

(18) 仇人转弟兄,恶人转妯娌。

这些"语"都是经过了修辞加工的套件,采用了比、兴、排偶等手段,刻意追求语句的对称、韵律、诙谐、生动、形象等多方面的美感,所有这些信息的传达和效果的实现都是语言中的词所无能为力的。所以,词典的内容只能给人以逻辑美感,而语典的内容则还能再给人以丰富的语言艺术的美感。

语不但是人们言语精华的艺术凝结物,而且往往是人们思想观点的艺术凝结物,这也可以看做是词和语对立的一个特征性标志。词是表达单一的概念的,它们只能携带简单的褒贬含义,不能表达相对复杂的思想观点,而语则不同,它们中的一些类别往往能够相对完整地表达一定的思想观点。在这一方面,词和语同样表现出了零件和部件的不同功能。例如:

(1) 鳖咬一口,入骨三分,贼咬一口,永世不得翻身。

(2) 不能百世流芳,也要遗臭万年。

(3) 车船店脚衙,无罪同可杀。

(4) 扯了龙袍也是死,打杀皇帝还是死。

(5) 车儿使的是木头,人使的是骨头。

(6) 打虎要上亲兄弟,出阵不打父子兵。

(7) 打人休打脸,骂人休揭短。

(8) 好人护三村,好狗护三邻。

(9) 好事都是姑娘来,赖事都是梅香来。

(10) 狼行千里吃肉,狗行千里吃屎。

(11) 老虎下山兔子欺,凤凰落架不如鸡。

(12) 溜舔财主有饭吃,欺负穷人没乱子。

(13) 明人不用细讲,响鼓不用重打。

(14) 宁和精明人打一架,不和糊涂人说句话。

(15) 婆婆的嘴碎,媳妇儿的耳背。

(16) 人抬富家,狗咬破家。

(17) 杀人放火吃饱饭,看经念佛常忍饥。

(18) 烧得纸多,引得鬼多。

这些"语"都能完整地表达人们的一些思想观点,其功能都是任何一个词所不能企及的。由于这类型的"语"具有语言部件的功能,可以完整地表达一种思想观点,从修辞、表意等许多方面都携带着比"词"更多的信息,所以它们成为了人们言语选材时的宠儿,尤其在文学语言中,"语"更是享有其独特的重要地位,这些都是"词"所不能取代的。

(作者单位:山西大学文学院　太原　030006)

"语汇学"及相关问题

李 小 平

随着"汉语语汇学"概念的提出,引发了人们对"语汇学"及相关问题的一系列思考。本文将从现代语言学的角度出发,针对"语汇学"及一些相关问题展开讨论,希望能对这些问题的解决尽一份力所能及的力量。下面将以若干问题为纲展开讨论,最后总结本文所主张的观点。

一 "语"的含义问题

"语"的含义问题,是语言学所面临的诸多问题中最基本的问题之一,也是本文讨论的"语汇学"及相关问题中最基础的一个问题。如果对这个问题不能很清晰地梳理清楚,其余问题就不太好展开讨论。为此,我们把这个看似不成问题的问题放在首位来讨论。

应当说,"语"的含义问题,到目前还并不是完全"不成问题"的问题,特别是把"语"放到汉语语言学中分析其含义,还是需要认真理一理的。

我们先看《现代汉语词典(第5版)》(以下简作《现汉》)对"语"的解释:

【语】①话:~言 | ~音 | 汉~ | 外~ | 成~ | 千言万~。

②说：细～|低～|不言不～|默默不～。③谚语；成语：～云，"不入虎穴，焉得虎子。"④代替语言表示意思的动作或方式：手～|旗～|灯～。⑤姓。

再看《现汉》对"语言"等语言学词语的解释：

【语言】①人类所特有的用来表达意思、交流思想的工具，是一种特殊的社会现象，由语音、词汇和语法构成一定的系统。"语言"一般包括它的书面形式，但在与"文字"并举时只指口语。②话语：～乏味|由于文化水平和职业的差异，他们之间缺少共同～。

【语言学】研究语言的本质、结构和发展规律的科学。

【语音】语言的声音，就是人说话的声音。

【语音学】语言学的一个分支，研究的对象是语音。

【语法】①语言的结构方式，包括词的构成和变化、词组和句子的组织。②语法研究：描写～|历史～|比较～。

【语法学】语言学的一个分支，研究语法结构规律。

【语料】语言材料，是编写字典、词典和进行语言研究的依据。

很显然，语言学中"语言、语言学、语音、语音学、语法、语法学、语料"等概念中的"语"可以理解为"语言"。对应到非语言学的解释，也就相当于上面"语"的第一个义项"话"。这是"语"在现代汉语语言学中的第一个义项。

下面我们再看《现汉》对"语汇、熟语、词语、词组、短语"等语言学词语的解释：

【语汇】一种语言的或一个人所用的词和固定词组的总和：汉语的～是极其丰富的|～贫乏是写不出好文章的。

【熟语】固定的词组,只能整个应用,不能随意变动其中成分,并且往往不能按照一般的构词法来分析,如"慢条斯理、无精打采、不尴不尬、乱七八糟、八九不离十"等。

【词语】词和词组;字眼:写文章要尽量避免方言～|对课文中的生僻～都做了简单的注解。

【词组】两个或更多的词的组合(区别于"单词"),如"新社会,打扫干净,破除迷信"。也叫短语。

【短语】词组。

仔细梳理这五个条目的解释,就会使人感到:严格地说,本词典对语的解释有不一致的地方。在对"语汇"一词的解释中"语"被认为是"一种语言的或一个人所用的词和固定词组",而在对"熟语"和"词语"两词的解释中"语"就变成(语言中的)"词组"了,而且在对"词组"和"短语"两词的解释中又明示"词组""也叫短语"。综合这些解释,我们可以认定,"语"在现代汉语语言学中的第二个义项就是"词和固定词组",第三个义项就是"词组",或者叫做"短语"。以此推论,其第一个义项"语言"("话")也许可以逆推称之为"长语"。当然,这是一句玩笑话,只是为了理解上的方便,现代汉语语言学中并没有这个术语。

接下来我们再看看现代汉语语言学中其他学者对"语"的另一种解释:

语是"由词和词组合成的、结构相对固定的、具有多种功能的叙述性语言单位。"(温端政《汉语语汇学》P17)

"语汇是语言里语的总汇,如同词汇是语言里词的总汇。汉语语汇,是汉语里所有的语的总汇。"(温端政《汉语语汇学》P17)

"综上所述,汉语语汇应当包括成语、谚语、歇后语和惯用语。包括格言在内的名句,专门用语和专名语、复合词,以及结构上缺乏必要固定性条件的某些习惯性说法等,都不是'语',不属于语汇成员。"(温端政《汉语语汇学》P26)

从以上叙述中我们可以看出来,温端政先生的这种解释与《现汉》中"语"的第三个义项"谚语;成语"有相通之处,与《现汉》中"熟语"的意思基本是一致的。

下面再看另一种影响较大的对"熟语"的解释:

"熟语的每一个小类,无论是成语、惯用语、歇后语,还是谚语、格言,其结构特点和语用特点都与词的固定组合一致,因而就其语言性质来看,熟语无疑是属于词的固定组合一类的语言单位的,是词的固定组合的一种,是词汇学的研究对象。"(孙维张《汉语熟语学》P8)

"熟语的性质是词的固定的组合,那么可不可以说,凡是词的固定组合都是熟语呢?不是,熟语只是词的固定组合中的一种,不是全部的词的固定组合。"(孙维张《汉语熟语学》P8)

从这两段话里可以看出,孙维张先生认为"熟语"是"词的固定组合的一种",包括成语、谚语、歇后语、惯用语、格言等五个小类。

另外,姚锡远先生在《熟语学纲要》中也认为熟语是一种词的固定组合,不过他认为,熟语除了包括成语、谚语、歇后语、惯用语、格言等五个小类外,还应当包括"俗语、警句"两小类,共有七小类。

很显然,温先生所说的"语"与语言学界通常所说的"熟语"所指是一致的,所不同的是所指称的范围略有不同。其主体部分(成语、谚语、歇后语、惯用语)是完全相同的。

为此,我们说现代汉语语言学认为"语"的第四个义项就是"熟语"。

通过上面的清理,我们现在可以清晰地看到,"语"作为一个语言学术语,它有四种含义:一是指"语言(话)",二是指"词和固定词组",三是指"短语(词组)",四是指"熟语"。

二 "语汇"的含义问题

按理说,理清了"语"的含义之后,"语汇"一词的含义也就自然清楚了,顺理成章地说一句"语汇是一种语言里语的总汇"就完全说清楚了。但事实上并没有如此简单。

首先,我们应当排除,"语汇"之"语"不是指"语言(话)",因为现代语言学中没有、也不应当有"语言汇"、"话汇"之类费解的说法。这一点无须多论述。

其次,我们还必须在后三个义项中做出选择,看看到底"语汇"应指什么。

第一,《现汉》对"语汇"的解释

作为一个语言学术语,与语言学界公认的术语"词汇(一种语言的词的总汇)"在所指上有明显的交叉和叠合现象,语言学作为一门严密的科学是不应当允许这种含义交叉的术语存在的。所以,我们有理由认为,现代语言学中的术语"语汇"不应当是"一种语言中词和固定词组的总汇"。[①]

第二,如果说"语汇"之"语"是"熟语"之义,那么,这种意义上的"语汇"就应当是"一种语言里的熟语总汇"了,也可以称之为"熟语汇"了。

我们认为,这样确立术语,有三个方面的不妥。其一,"熟语"

一词,作为语言学的一个术语从外语中借过来以后,一直运行正常,并且越来越为语言学界所接受,没有必要另造一个新的同义术语去人为替代它。否则容易带来混乱——同义术语会造成学术研究的不必要的负担。其二,用"语汇"指称"熟语",实际是一种应当避免的语言学术语资源的浪费。我们知道,"熟语"仅仅是"语"的一种(仅为语言中"固定词组"的一部分,连"固定词组"的全部都无法涵盖,更谈不上涵盖语言中的所有词组了)。以本可以指称全部词组(短语)的术语来指称其中的一部分,实在是一种浪费。其三,用"语汇"之名指称"熟语"之实,显然犯了名实不符之忌,增加了学术研究成本,即在每次提及这个术语时必须进行概念的圈定,说明"语汇实指熟语"的人为规定,显然不符合语言经济原则。

第三,我们讨论"语汇"之"语"表示"短语(词组)"的问题。

《现汉》对"词语"一词的注解,

尽管很好,可并不能完全把它看成是现代汉语语言学对"词语"一词作的术语性的解释。即使如此,这种解释还是很能给人以启发的。较真地说,"词语"一词是汉语词汇的老成员了,至少在现代汉语语言学产生之前就存在了。但若以现代语言学知识为背景来思考问题,我们还是能真切地感觉到,"词语"之"词"是与现代汉语语言学里所谓的"词"(语言里最小的、可以自由运用的单位)相对当的,而"语"则和现代汉语语言学里所谓的"词组"(两个或更多的词的组合(区别于"单词"))相对应。尽管到目前为止,现代汉语语言学还没有把词组直接称作"语"的,最多也只是称作"短语",但我们还是能体悟到,在现代汉语语言学中所谓的"词组"这种语言单位,在自然的汉语中本就是用"语"来称说的,对这一语言单位并不是没有指称词的。为此,我们放胆建议,把"语"作为语言学术语引进语言学科来,并顺应自然语言的本来所指取向,以"语"指称现代汉语学中的"词组（短语）"。这样,相应的"语汇"含义也就确定下来了——语汇指词组的总汇,也就是短语的总汇。

三 "语汇"的范围和分类问题

当我们明确了语汇的含义之后,语汇的范围其实也就圈定了,即一种语言中的语汇包括这一种语言中全部的词组（短语）。这是不需要再多论证的问题。但是,在确定范围之后,对语汇进行分类还是一个一言难尽的问题。

我们先回顾一下历史上人们对汉语语汇进行的不自觉的分类。这些分类,从历史上遗留下来的关于语的一系列名称可以反映出来。请看如下关于语的名目:

第一组:"语"类

语、里语、俚语、民语、鄙语、俗语、常语、古语、直语、谚语、成语、歇后语、惯用语

第二组:"言"类

言、里言、俚言、乡言、俗言、传言、迩言、常言、恒言、名言、格言

第三组:"谚"类

谚、里谚、野谚、乡谚、俗谚、古谚

第四组:"话"类

俗话、炼话、古话

第五组:"谈"类

常谈、俗谈

第六组:其他

警句、典故

很显然,这一系列的名称,可以看做是语言使用者在语言运用过程中进行的一种下意识的、随意性极大的分类,因而彼此间的交叉现象很普遍,严格地讲,完全是一种非科学的分类。这种下意识的"分类",实实在在是随意的"多标准一次性展开"的分类。清理一下,这种分类所持的标准有如下一些:

一是以意义的雅俗为标准。凡认为不雅的就称为"俗语、俗言、俗谚、俗话",或者冠之以"里、俚、乡、野"之类字眼,标明其俗的属性;凡认为雅的就称之为"名言、格言、警句、典故"等,但又对其他的"雅语"没有称说。

二是以结构的固定性为标准。把长期沿用而结构形式相对固定的词组称为"成语、惯用语"等。对结构固定性不强的词组不去在意,没有留下相应的名称。

三是以结构的独特性为标准。把结构上具有汉语特点的、通常分为前后两部分的一种固定语称之为"歇后语"。

接下来,我们再看看语言学者们进行的自觉的分类情况。首先,根据语内部成分结合的惯常性、固定性,把语一分为二:固定语(固定词组/固定短语)和非固定语(自由词组/自由短语)。其次,再对固定语和非固定语进行进一步的分类(实际对非固定语关注极少,主要分类是在固定语中进行的)。对固定语的分类,正如前文已经提到的情况,通常分为成语、谚语、歇后语、惯用语、格言、警句等几类。

当然,语言学者们进行的自觉分类比历史上人们下意识的分类要科学得多,应当算是科学的分类了。这种分类,很有效地继承和借用了自然语言中的一系列名目,巧妙地使之科学化,减少了另造术语的麻烦,并提高了语言学科本身的大众可接受度。但是,尽

管如此,现行的这些分类还是存在明显的不足。这种不足主要体现在如下几个方面:

第一,缺乏全局观念,漠视非固定语部分。到目前为止,对语的分类还基本上是局限在固定语的范围之内,对非固定语关注甚少。

第二,分类标准仍不够科学,造成了大量兼类现象。就现在对固定语部分的分类来看,也还有不尽如人意的地方,大量兼类现象常常使人感到无法判定某个具体的固定语应归属哪一类。从语汇类词典收条的重见现象就能看出这方面的问题。可以这样说,除了歇后语是按其独特的结构形式从固定语群体中分立出来之外,其他语类的划分都或多或少参照了意义的标准。而意义标准实在是一个甜蜜的陷阱,常常使语言学者在给语分类时陷入"斩不断,理还乱"的尴尬境地。

针对当前语的分类中存在的问题,我们提出以下建议:

第一,让分类工作覆盖全部的语汇,而不是把分类工作只局限在固定语范围之内。用现代语言学的目光观照历史上的汉语使用者对汉语自身的一些指称和表述,我们会发现一些很有趣的现象。在汉语中,词—语—句,各是各,另外还有"词语""语句"的说法,如说"词语丰富,语句通顺"。似乎可以这样理解,在汉语中,人们通常的感觉是"积词成语,以语成句"。比照到现代语言学里,就是:词→语(词组)→句(句子)。不过,从对语言本身的研究来看,传统的语文学十分重视"词"的研究,而疏于"语、句"的研究,到现代汉语学里,情况大有改观,不过,似乎在词和句子方面的研究功夫下得更多些,而对语(词组)的研究仍然不是很到位。在语法分析中情况好一些,自从朱德熙先生强调的"词组本位"理论行世以来，对词组的分析是越来越受到重视了。但是，直到目前为止，在汉语学中还没有一门像"语音学、词汇学、语法学"一样的"词组学"（专门以词组为研究对象的语言学分支学科）。为此，我们强调研究"语（词组）"的重要性，希望在研究语的分类时把分析的触角延伸到语（词组）的每一个角落。

第二，加强对语的分类标准的研究，突出语类结构在分类标准中的地位，努力使语的分类走上科学化的道路，尽量减少语的兼类现象。关于语的分类标准问题，确实是一个说来话长的问题。理论上讲，语的分类标准应当也能够以形式和意义相结合的标准进行。但实际操作起来却是有相当难度的。特别是意义本身的复杂属性使得其作为标准进行分类之后带来的一系列的交叉叠合现象常常使人陷入欲弃不忍、欲进不能的困境。为此，我们强调用结构形式的标准对语进行穷尽性的分类，这样起码可以做到减少一定数量的兼类现象。比如，以音节数目（字数）对语进行分类，列出二字语、三字语、四字语等分类系列，或以语节[②]数对语进行分类，列出单语节语、双语节语、多语节语等分类系列。此外，还可以从语音学、词汇学、语法学、修辞学等多个角度对语进行研究性分类，列出相应的分类系列。

四 "语汇学"的学科定位问题

如前所述，汉语语言学中的"语"其实际所指就是现代语言学中所谓的词组，而语汇学就是以语为研究对象的语言学分支学科，它研究的对象就是词组。之所以还要提出这个问题来讨论，是因为当前的汉语学界对"语汇学"和"词汇学"以及"语汇学"和"熟语学"的关系问题还有模糊的认识，甚至可能认为这三个名称表示的是一门学科。其实,三者各有自身研究的领域,并不是一回事。系统地说,词汇学研究语言的词汇系统,语汇学研究语言的语汇(短语)系统,互相独立,是两个平行的语言学分支学科。它们的上一级学科还没有一个公认的说法,似乎称之为"词语学"就比较合适。③熟语学以词组中的固定词组为研究对象,从研究对象来说,应当属于语汇学的下级学科。有关学科之间的关系正如下图所示。

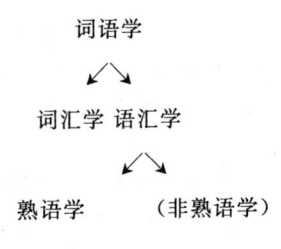

```
            词语学
             ↙↘
        词汇学  语汇学
             ↙↘
        熟语学   (非熟语学)
```

五　结语

通过以上的论述,本文所持的主要观点是:

A."语"作为一个非语言学术语,可以有四种含义:一是指"语言(话)",二是指"词和固定词组",三是指"短语(词组)",四是指"熟语"。作为语言学术语,应当特指"短语(词组)"。

B.汉语学中的"语汇"指词组的总汇,也就是短语的总汇。

C.汉语学中"语"的分类是一个难度较大的问题,应当进行全面分类,应当重点对语的结构形式标准分类进行研究。

D.语汇学和词汇学是语言学中的并列学科,它们的上级学科应当称"词语学",熟语学是语汇学的下级学科。

附注：

①关于语词分立的问题，温端政、沈慧云先生曾经有极有说服力的论证，认为词和语是两种性质的语言单位，词和语的数量都很庞大，应当分立开来研究。参见《"龙虫并雕"和"语"的研究——敬以此文纪念王力先生百年诞辰》(《语文研究》2000年第4期)、《论语词分立》(《辞书研究》2002年第6期)。

②"语节"是温端政先生《汉语语汇学》中的一个概念，指"构成语的具有相对独立性的'部件'"。比如成语"胸有成竹"就是一个语节构成的，惯用语"公说公有理，婆说婆有理"就是由两个语节构成的。请参见本书第86页。

③温端政先生在《"语词分立"与语汇教学》(山西省语言学会2006年会论文(未刊稿))一文中就认为词汇学和语汇学的上级学科为"词语学"。

参考文献：

[1] 孙维张 汉语熟语学[M]，长春：吉林教育出版社，1989。
[2] 温端政、沈慧云 "龙虫并雕"和"语"的研究——敬以此文纪念王力先生百年诞辰[J]，语文研究，2000，(4)。
[3] 温端政 论语词分立[J]，辞书研究，2002，(6)。
[4] 温端政 汉语语汇学[M]，商务印书馆，2005。
[5] 温端政 "语词分立"与语汇教学[A]，山西省语言学会年会论文（未刊稿），2006。
[6] 姚锡远 熟语学纲要[M]，北京：中国传媒大学出版社，2005。
[7] 中国社会科学院语言研究所词典编辑室 现代汉语词典（第5版）[K]，商务印书馆，2005。

(作者单位：山西省社会科学院语言所　太原　030006)

关于"语"和非"语"的界限问题

史 秀 菊

"语汇学"是近几年才由温端政先生发起的一门新兴学科,主要区别于词汇学。"语汇学"的兴起,无疑开创了一门新学科,填补了语言学领域的研究空白,意义重大。作为一门新兴学科,首先需要做的是确立自己的研究领域,明确自己的研究对象。具体来说,就是首先需要确定哪些属于"语"的范畴。关于这一点,温端政先生在他的《汉语语汇学》里已经有较为全面的分析与论述。本文只就"语"和非"语"的界限问题,谈几点粗浅的看法。

一 "语"的标准

哪些语言单位属于语汇学领域中的"语",哪些不是"语"呢?这就需要首先确立"语"的标准。参照《汉语语汇学》的论述和个人的体会,笔者认为应该从五个方面确定"语"的内涵:

第一,凡是"语"大多由词构成。

第二,凡是"语"结构都相对固定。

第三,凡是"语"形式都比较短小。

第四,凡是"语"意义都具有整体性或警示性。

第五,凡是"语"都应具有很强的群众性,是广为流传、习用已久的现成话。

关于这五个方面,我们做以下说明:

首先,"语"基本上由词构成。《汉语语汇学》也说:"'语'是由词和词组合而成的,是大于词的语言单位"①。但成语比较特殊:既有完全由词构成的,如"万水千山",又有由语素构成的,如"虎视眈眈",还有既包含词,又包含语素的,如"画蛇添足"等。而成语是公认的"语",所以我们只能说"语""大多由词构成"。

其次,"语"的结构都相对固定。"结构相对固定"是与词和自由短语相比较而言的。我们知道,自由短语可以自由组合,无任何"固定"可言,不应属于"语";而词的结构具有凝固性,不能随意增添、调换或删减语素,也不能扩展(动宾结构的"离合词"除外),是最典型的"固定"单位。与词的凝固性相媲美的是成语。成语除了极少数外,绝大多数具有像词一样的凝固性。"语汇"的其他成员,结构都是相对固定的,很多可以扩展,如惯用语"碰钉子"可以扩展为"碰了一个大钉子";"走后门"可以扩展为"走走你的后门"等。有的组成成分可以替换、增删、调换语序等,例如《中国俗语大辞典》中收录的"强拧的瓜儿不甜",日常口语中可以说成"强扭的瓜不甜";"清官难断家事"也可说成"清官难断家务事";"不是东风压倒西风,就是西风压倒东风"也可说成"不是西风压倒东风,就是东风压倒西风";"小葱拌豆腐——一青(清)二白",黄伯荣等的《现代汉语》教材说成"韭菜拌豆腐——一青(清)二白"②等。但是总体上看,各种"语"的结构大致是固定的,所以我们说"语"在结构方面的特点是"相对固定"。这方面我们与《汉语语汇学》观点完全相同。

第三,"语"的形式都比较短小。吕叔湘先生在《中国俗语大辞典·序》中转述英国教士特伦奇的话,认为"谚语得具备三个S,就是：shortness（短小），sense（意味），salt（风趣）"，而且吕先生认为"警句诗跟谚语其实是一类东西，所不同的是警句诗有作者，用诗体，谚语的作者一般是无名氏，多数不是诗体"。而且援引了罗马诗人马提阿尔讲警句诗的警句诗：

警句像蜜蜂，三件东西不能少：

得有刺，得有蜜，身子还得小[③]。

所以"短小"应是"语"的一条重要标准。

成语、惯用语、歇后语形式都比较短小，无须赘言，但谚语则有长有短，我们认为谚语中结构复杂的长句或多句话组合成的片断不是"语"。例如"九九歌"："一九二九不出手，三九四九冰上走，五九六九沿河看柳，七九河开，八九雁来，九九加一九，耕牛遍地走。"这样长的片断不应包含在"语"之内。

第四，"语"意义都具有整体性或警示性。

意义的"整体性"这里是指"语"具有超越字面的意义，如比喻义或形容义等。例如：

蜻蜓点水：比喻做事肤浅，不认真，不深入[④]。

精打细算：形容计算得十分精细[⑤]。

近水楼台先得月：坐落在水边的楼台先得到月光。比喻由于近便而优先得到某种好处[⑥]。

意义的"警示性"则指"语"是对自然、社会规律的经验总结或是对人的言行的规劝、警示。例如：

早霞不出门，晚霞行千里。　　——对自然规律的总结

时势造英雄。　　　　　　　　——对社会规律的总结

若要人不知，除非己莫为。　　——对人的规劝、警示

所以，作为"语汇"成员的"语"，应该具有意义的"整体性"或

"警示性"特点,当然也可以二者兼具。例如:

拔苗助长:比喻违反事物规律,强求速成[⑦]。

不入虎穴,焉得虎子:比喻不亲身进入险境,就不能取得成功[⑧]。

强拧的瓜儿不甜:比喻非出于自愿,勉强去办的事情后果不好。多指男女婚姻[⑨]。

第五,"语"都应具有很强的群众性,是广为流传、习用已久的。这里包含两个意思:一是"语"不应是生僻的,而应是活跃在口语中的。二是"语"不是临时产生的,必须是习用已久的,例如修辞中的比喻等辞格不是"语",虽然这些修辞格有了形容或比喻义,但都是临时造出来的,不是广为流传或习用已久的现成话。

综上所述,我们可以把"语"界定为"由词构成,结构相对固定,形式比较短小,意义具有整体性或警示性的现成话"。

二 "语"的内涵

根据以上分析,"语"应该包含哪些语言单位呢?

(一)成语、惯用语、歇后语应该是"语"

成语、惯用语、歇后语是三种公认的"熟语",几十年以来一直被认为是词汇的组成部分,它们的共同特点是结构比较固定,也比较简短,大多由词构成,意义具有整体性或警示性,不是字面意思的简单相加,而是习用已久的现成话,完全符合以上"语"的条件。

值得注意的是,在这三种"语"中,成语有点特殊。从对"语"的惯常理解来看,成语应是理所当然的"语",但是,正是这种应该最没有争议的"语",因其来源极其广泛:既有来自书面的神话寓言、历史故事、诗文语句,又有民间形成的口头俗语;既有非常古老的,也有现代形成的,所以要让所有的成语完全符合"语"的五个条件,似乎不太可能。

首先,成语的构成成分有的是语素。如前所述,从现代汉语的角度看,有的成语不完全由词构成,即成语中有语素的成分。例如"学而不厌""画蛇添足"两个成语中,"厌"和"足"在现代汉语中不能独立运用,是语素;部分成语甚至完全是由语素构成的。例如"虎视眈眈"的四个字在现代汉语中都不能独立运用,都是语素。而口语性较强的成语,则大多由词构成,例如"三长两短""万水千山"等。

其次,有一部分成语不具有意义的整体性或警示性。例如"精耕细作""惊喜交集""虽死犹生"等,一般通过字面就能理解成语的意思。但这些是广为流传、习用已久的现成话,是公认的成语。而且大多数成语的意义是具有比喻、形容或警示意义的。所以,尽管成语中有例外现象,但不能因此把成语排除在"语"之外。

(二)形式较为短小的谚语应该是"语"

谚语结构比较固定,都由词组成。虽然部分谚语没有比喻义或形容义,常常显示的是字面义,但谚语是民间约定俗成、习用已久的现成话,是广大人民群众对生活、生产、自然规律的经验总结,具有一定的警示性。也基本符合"语"的条件。只是太长的如前面引用的"九九歌",不应是"语"。

(三)部分名句也应是"语"

以上所说的"语"与《汉语语汇学》基本一致,只是我们给谚语加上了"形式较为短小"的限制。除此之外,拿我们给"语"所下的定义来衡量,笔者认为部分名句也应该包括到"语"之中。"名句通常是指传世的著名句子,能找到出处,有明确的作者"[10],例如"山重水复疑无路,柳暗花明又一村"、"春蚕到死丝方尽,蜡炬成灰泪始干"、"高处不胜寒"等,这样的名句短小精悍,朗朗上口,经过长时间流传,实际上已经经过了重新的约定俗成,具有了超越字面的整体意义,而且在现代汉语中的使用频率很高。在使用中,人们可以不管这是谁说的话,事实上,很多人在使用中确实已不知道这是谁的诗句,下面是笔者随意在网上查询到的例子:

> 有时候觉得真的很奇怪,世事好像充满了戏剧性和偶然性,明明已经面临"山重水复疑无路"的绝境,忽然却出现"柳暗花明又一村"的转机。好像有一股神秘的力量,在冥冥中主导着一切:在绝望时给你希望,在欢笑时给你泪水,在成功时又给你沮丧。

——摘自 http://blog.sina.com.cn/shanghaichenchunmei

> 马健虎同志是从基层成长起来的优秀干部……他的先进事迹表现出"孺子牛"公仆情怀,集中体现了共产党人"春蚕到死丝方尽,蜡炬成灰泪始干"的精神风貌和政治本色……

——摘自 www.riyuemeng.com/Article/wg/20975.htm 10K 2007-6-21(天水日报)

> 有一句话叫"高处不胜寒",给身在高处的人们一份理解,一份关爱,一份温暖吧,让他们下来歇一歇,休养一下再继续攀登吧。

——摘自 http://aspnetblog.bishanren.com/blog-151304.html

我们可以看出,以上例句中的名句,在现代汉语的运用中,已经赋予了新的意义,其意义具有了整体性。

还有一类名句,虽然意义没有整体性,但却具有警示性,这类短小精悍的名句,应该也纳入"语"中。例如毛泽东的名言"虚心使人进步,骄傲使人落后""没有调查就没有发言权"等,以下也是笔者从网上摘引的例子:

人们常说"虚心使人进步""学习使人进步"。为什么这位同事即虚心又好学可就是不进步呢?

——摘自 http://www.cgmgc.com/Forum/printpage.asp? BoardID = 39&ID = 2530

在所有的名言中,我最喜欢"虚心使人进步,骄傲使人落后。"……

——摘自 http://www.csdyxx.com/qsg/Article/ShowArticle.asp? ArticleID = 217

有人说过:没有调查就没有发言权。对于一个真正的手机玩家来说,我对 T65 的了解只是一点皮毛而已。

——摘自 http://bible.younet.com/files/2002/12/02/12960.html

从上面的例子我们可以看出,作者在引用这些名句时,大都不知道或不需要知道作者是谁,因为这些名言大都习用已久,家喻户晓,与成语、谚语等基本没有了区别。事实上,很多成语和谚语都有出处,最初来源于某位名人的言语,由于广为使用,后来变为成语或谚语,例如"约定俗成"出自荀子的《正名篇》;"学而不厌"出自《论语·述而》,"近水楼台先得月"(《中国俗语大辞典》已作为俗语收入)出自苏麟献给范仲淹的诗,其中两句是"出水楼台先得月,向阳花木易为春"(详见宋·俞文豹的《清夜录》)。我们看不出"近水楼台先得月"和"柳暗花明又一村"有什么区别,既然前者可以是"语",后者当然也应该是"语"。

所以,是否是个人言语作品,只是有无书证可查——是无名氏和"有名氏"的言语作品的区分而已。笔者认为有无作者、是否个人言语作品并不重要,应该把短小精悍、朗朗上口、在现代汉语中使用频率颇高、具有意义整体性或警示性的名句纳入"语"之中。

当然,各个时期流传下来的名句浩如烟海,这些名句能不能进入"语",应该区别对待。

首先,如前所述,较为复杂的长句和由几句话构成的片断应不属于琅琅上口的现成话,不宜进入"语"。例如:"天将降大任于斯人也,必先苦其心志,劳其筋骨,饿其体肤,空乏其身,行拂乱其所为,所以动心忍性,增益其所不能。"这样长的句子,只有在知识界才会偶尔引用,不能进入"语"。

其次,虽然较为短小,但意义不具有整体性或警示性的,也不能归入"语"。例如"明月松间照,清泉石上流。"虽是名家名言,但意义不具有整体性和警示性,在现代汉语口语中引用频率也不高,不应进入"语"。

三 余论

前面说,"词"和"语"的根本区别在于"词"是由语素构成的,而"语"则是由词构成的,所以"语"都大于"词"。但是,构词要素中有一部分是成词语素,如"电灯""水草""白菜""水电站"等,乍一看,也是由词构成的语言单位,但是可能没有人会认为这些语言单位是"语"。判断这些语言单位是语还是词,得借助温端政先生的标准:是否是"概念"性语言单位[11]——词是表示概念的,"语"不是表示概念的,不是简单的概括义。

但是,有一部分具有比喻义的语言单位是词还是"语",恐怕不好断定。例如,"空炮""后门""饭碗""小鞋"等,它们常常是惯用语的一部分,如"放空炮""走后门""铁饭碗""穿小鞋"。但这些语言单位结构都很固定,意义也具有整体性,构成要素——"空、炮、后、门、饭、碗、小、鞋"都可以独立成词,尤其是这些单位都可以独立成句或独立作句子成分:

媒体时评:宏观调控房价"空炮"有多少?(标题)

——摘自 http://news.xinhuanet.com/house/2006-05/10/content_4530621.htm

要堵死后门,就得所有公仆都"养天地正气,法古今完人",用公心执掌公权。

——摘自 http://www.pladaily.com.cn/pladaily/20001207/gb/20001207001115_gdyl.html

博客在为人们提供交流平台的同时,有时也能威胁到写博人的饭碗。

——摘自 http://tech.sina.com.cn/i/2006-07-20/10071046872.html

工作以来一直没有很开心。刚刚毕业在clinic的压力大是一方面。更主要的是天天看人脸色,天天被穿小鞋……唉,也没什么好抱怨的,顺顺利利地找到了工作,薪水也不低,对大多数人来讲已经很不错了。小鞋就小鞋吧,俺认了!

——摘自 http://ssayuri.spaces.live.com/blog/cns!E30C674E30C6AA71!443.entry

如果拿我们提出的五个条件来衡量,这些例句中的"空跑""后门""饭碗""小鞋"恐怕要算是"语"了。但是我们和另一些语言单位例如"近视""骨干""包袱""结晶"等相比较,就会发现这些语言单位结构也都固定,也都具有比喻义,也是习用已久的现成话,都能独立成句或独立充当句子成分,唯一的不同是它们是由语素构成的,所以它们肯定是词,是具有比喻义的词。

从以上分析中可以看出,"空炮""后门"等语言单位和"近视""骨干"等语言单位各方面都基本相同,唯一的区别是前者的构成要素可以成词,后者的构成要素不能成词。如果仅凭这一点说前者是"语"后者是"词"恐怕不能成立,所以笔者认为应该把二者都处理为"词"——前者是由成词语素构成的词,后者是由不成词语素构成的词,这两类词都有比喻义。

总之,"语"与"非语"的区别问题是语汇学的首要问题,只有把两者的界限基本划定,语汇学才能进入实质性的研究阶段。

附注:

① 温端政《汉语语汇学》,商务印书馆,2005,第10页。
② 黄伯荣等《现代汉语》(上),高等教育出版社,2002,第322页。
③ 温端政等《中国俗语大辞典》,上海辞书出版社,1989,第1页。
④ 向光忠等《中华成语大辞典》,吉林文史出版社,1986,第971页。
⑤ 同④,第650页。
⑥ 同③,第428页。
⑦ 同④,第1468页。
⑧ 同④,第132页。
⑨ 同③,第658页。
⑩ 同③,第25页。
⑪ 同②,第11页。

(作者单位:山西大学文学院　太原　030006)

"汉语语汇学"核心术语英译

袁 婷

一 引言

2000年,我国当代著名语言学家、山西省社科院资深研究员温端政先生在其发表的《"龙虫并雕"和"语"的研究——敬以此文纪念王力先生百年诞辰》(与沈慧云合作)一文中首次提出了汉语"语词分立"的观点。2002年5月,在第四届汉语词汇学学术研讨会上,温端政先生提交了学术论文《论语词分立》,深入阐述了"语词分立"的理论,为"汉语语汇学"的创立奠定了理论基础。2005年1月,温端政先生的著作《汉语语汇学》出版发行,标志着我国"汉语语汇学"科学体系的建立。随着"汉语语汇学"研究的深入,语汇学相关术语的翻译工作也就被提到了议事日程上来。英语是当今世界上流通最广的语言,要想让世界尽快认识我们中国创立的语汇学理论,语汇学相关术语的英译工作就显得尤为紧迫。

对于"汉语语汇学"核心术语的英译问题,当前一部分学者主张可以使用汉语界早已存在的术语"熟语"的英译-idiom 来直接替代"语"、"语汇",但究竟"熟语"能否等同于"语"、"语汇"?"熟语"的英译-idiom 能否直接替代"语"、"语汇"的英译?这些问题学术界是存在争议的。如果不能替代,又该如何确定"语"、"语汇"的英译?与此同时,"汉语语汇学"理论体系中其他几个核心术语——"语词"、

"语汇学"和"语词学"的英译问题也是非常有必要进行研究和探讨的,这是解决"汉语语汇学"术语英译问题的关键所在。

二 熟语

(一)熟语的来历

在温端政先生提出"语词分立"理论之前,语言中的"语汇"现象,有着不同的称谓。如成语、谚语、惯用语、歇后语、俗语、格言、警句等,传统上还有谚、传言、俗谚、俚语、鄙语、直语、常言常语、谣言、习语等称谓40余种(姚锡远,1998)。当时词汇学论著和教科书都把"语"列为"词汇的熟语系统",但在20世纪50年代以前,我国还没有"熟语"这个术语。一般认为我国语言学界是在50年代以后,从俄国引进的"熟语"这个术语,它是从俄语 фразеология 译借过来的。Фразеология 这一术语源自希腊语 phrasis 和 logos,直译为"短语学",18世纪末从法语移入俄语。Фразеология(熟语)是个多义的、较宽泛的词,它有三个含义:①成语(熟语)学,即语言学的一个部门。研究语言中 фразеологизмы 及其现状和历史发展;②语言中成语(熟语)单位的总和;③(某人、某时代的)用语,语言风格。(张豫鄂,2002)时代出版社1956年版的《俄华大辞典》也对"熟语"作了如下解释:①成语;②措词法;③好听的话。商务印书馆1963年版《俄汉大辞典》作:①成语,成语学;②语言风格,用语;③空泛的词藻,漂亮的话。(温端政,2005)"熟语"被借译到汉语后,主要用于两个意义:①熟语学;②熟语,而后者兼有两种含义,有时代表类概念,指的是熟语系统,有时代表个体概念,指的是熟语单位,即一条条具体的熟语。

(二)熟语的争议

1.俄语言学界对"熟语"理解的争议

С.И.Ожегов 早在1957年就提出了关于"广义的熟语"和"狭义的熟语"的概念。他认为"广义的熟语"是指组合性熟语和谚语、俗语、名言等；而"狭义的熟语"指类词词语（即溶合性熟语和接合性熟语）。

П.М. Шанский 认为"俄语熟语学的研究对象是熟语，是在语义上与词等价的词的固定组合，以及在语义和结构上是句子的词的固定组合，即所有再现性单位"。

А.И. Молотков 认为"熟语是词的等价物"，"它在意义上是词，在形式上是词组"，"是有转义的词的组合"，"具有隐喻性、形象性和情感色彩。"（吴芳，2006）

原苏联科学院俄语研究所编写的百科词典《俄语》中关于 фразеология 的定义是这样的："广义的熟语，包括全部具有固定性和再现性特点的词的组合。狭义的熟语只限于成语性熟语，这个熟语的功能相当于语言中的一个指称物名单位的词。"（孙维张，1989）

以上可以看出，俄罗斯语言学家们对于熟语的概念、性质和范围还没有形成统一的认识。以 Шанский 为代表的学者倾向于"广义的熟语"，认为熟语是词或句子的固定组合，将谚语、俗语、名言列为熟语的组成单位；而 Молотков 等学者则倾向于"狭义的熟语"，认为只有某些带转义的词的组合才是熟语（包括溶合性熟语和结合性熟语）。

2.汉语言学界对"熟语"的不同理解

"熟语"在20世纪50年代被译借到汉语以后，理解和应用上也出现了很大分歧，有人把"熟语"作为一个属概念，而把成语、惯用语、格言、歇后语作为种概念来使用。如胡裕树主编的《现代汉语》（修订本）认为，"熟语的范围相当广，包括惯用语、成语、歇后语、谚语、格言等"。有人虽然也把"熟语"当做属概念来使用，但把成语排除在外，同熟语并列。如刘叶秋等编写的《成语熟语词典》，把"成语"、"熟语"并列为书名。有人则把"惯用语"当做属概念,而把"熟语"作为种概念。如北京师范大学出版的《语言学概论》说:"就现代汉语的惯用语来说,可以分为熟语、成语、歇后语和谚语几小类。"还有人认为"惯用语"又叫"熟语",是人民群众口头上惯用的一种固定词组。(温端政,2005)

由此可以看到,无论是俄罗斯语言学界还是汉语言学界,在"熟语"的理解和应用上都存在较大分歧。原因是"熟语"这个术语本身是个模糊概念,自身缺乏系统性。正如温端政先生所说的:"科学术语的前提条件是概念必须明确。'熟语'的这种模糊性和实际应用中的随意性和不确定性,使它失去了作为科学术语的必要条件。同时,汉语里的'语',并不存在生熟问题。因此,我们建议不用这个术语,而用概念明确的'语汇'来替代它。"(温端政,2005)

三 "汉语语汇学"的体系

"汉语语汇学"的理论体系,是建立在温端政先生提出的"语词分立"理论基础上的。"汉语语汇学"是以汉语语汇为研究对象的学科。传统语言学认为语言由语音、词汇、语法三个要素组成。根据"语词分立"的主张,应当用"语词"来替代"词汇"。语汇学与词汇学,是语词学里两个相辅相成的分支学科。

所谓"语"是指汉语里由词和词组合成的、结构相对固定的、具有多种功能的叙述性语言单位。根据语的叙述性特征,可以把语分为三种类型:表述语、描述语和引述语。其中二二相承的表述语属于成语,非二二相承的表述语属于谚语;二二相承的描述语属于成语,非二二相承的描述语属于惯用语;引述语的惯用名称是歇后语。语的构成成分包括语素、语步和语节三个单位。语汇是"语"的总汇。

我们可以通过图式来清晰地展示"汉语语汇学"科学的术语理论体系：

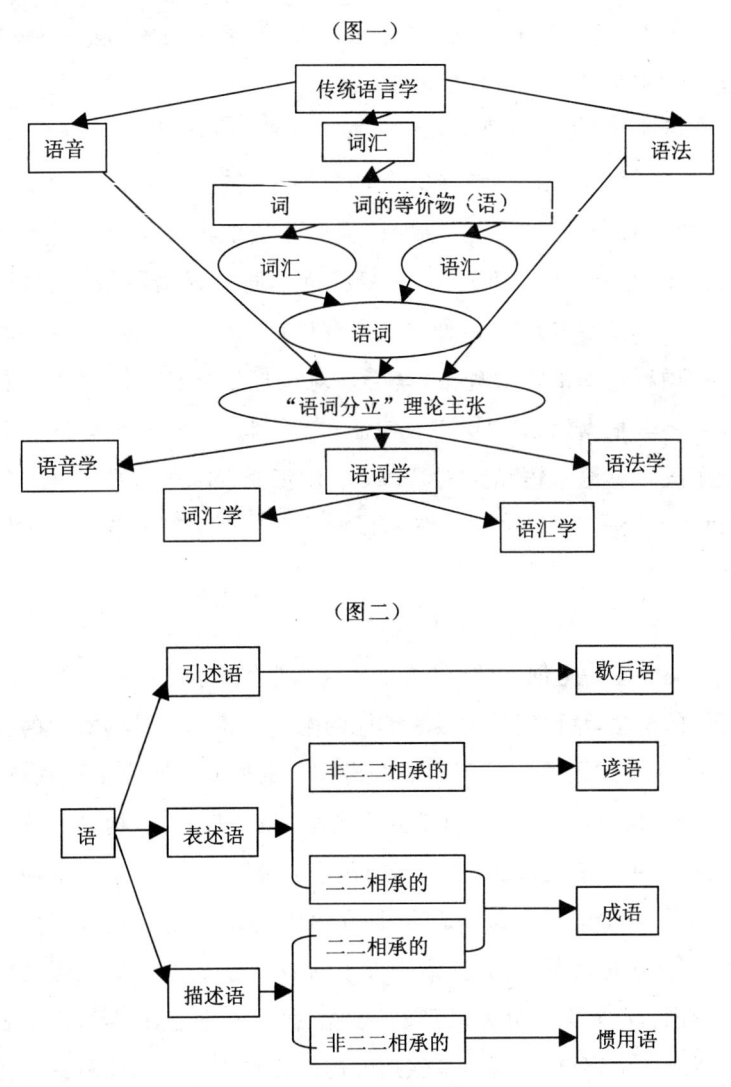

（图一）

```
                    传统语言学
         ↙            ↓            ↘
       语音          词汇          语法
                ↓
            词    词的等价物（语）
              ↓        ↓
            词汇      语汇
              ↘    ↓    ↙
                 语词
                  ↓
            "语词分立"理论主张
       ↙        ↓        ↘
    语音学    语词学    语法学
           ↙      ↘
        词汇学    语汇学
```

（图二）

```
            ┌─ 引述语 ──────────────── 歇后语
            │
            │              ┌─ 非二二相承的 ── 谚语
            │  ┌─ 表述语 ─┤
       语 ──┤  │           └─ 二二相承的 ──┐
            │  │                            ├── 成语
            │  │           ┌─ 二二相承的 ──┘
            └─ 描述语 ─────┤
                           └─ 非二二相承的 ── 惯用语
```

73

四 术语英译

随着"汉语语汇学"研究的深入,语汇学相关术语的翻译工作也就被提到了议事日程上来。由于"汉语语汇学"完全是从汉语实际出发,提出了语汇和词汇并列为语词的两个同等分支,从而形成了语音、语词、语法三分的新格局,故在印欧语言中没有与汉语中的"语"、"语汇"等术语完全相应的语言单位。"语"和英语中的"idiom"(习语)不一致,也不同于译借自俄语的"熟语"。(李行杰,2006)故此要让全球语言学界认识和了解这一具有中国特色的语言学理论,就必须对该理论的相关术语进行英译。笔者根据汉语"语汇"的特征和英语构词法理论,尝试着创立了五个英语术语用以对应"汉语语汇学"中的"语"、"语汇"、"语词"、"语汇学"和"语词学",以此建立一个全新的英语术语体系与之相对应。

(一)关于"语"对应的英语术语

温端政先生创立的"汉语语汇学"理论体系的核心是提出了"语"的概念,从而使"语"摆脱了词的附庸地位。"语"的概念的提出是基于对"语"、"词"不同点的考察。根据温端政先生的观点,"语"和"词"的异同可从以下几个方面来认识:第一,构成成分不同:词是由词素构成的,构成词的最小成分是词素;而语是由词构成的,构成语的最小成分是词,词在语中是以"语素(构成语的要素)"身份出现的。因此,语是大于词的语言单位。第二,语义功能不同:词,除了部分虚词只表示语法意义之外,所有实词都是表达概念的语言单位,而语是叙述性的语言单位。概念性和叙述性是它们的根本区别。第三,结构形式不同:词的结构是固定的,具有凝固性,而语的结构的固定性具有相对性。第四,语法功能不同,虽然语和词一样,都可以作各种句子成分,但是,语的语法功能大于词:其一,语有单独成句功能;其二,语有被引用功能。(李行杰,2006)故此,温端政先生给出了"语"的定义:"语"是指由词和词组合成的、结构相对固定的、具有多种功能的叙述性语言单位。(温端政,2005)

目前英文中还没有与"语"相对应的术语,但笔者查阅了《牛津英语大词典(简缩本)》(*Shorter Oxford English Dictionary*)、《韦氏在线英英词典》(*Merriam-Webster Online Dictionary*)和《剑桥美式英语词典》(*Cambridge Dictionary of American English*)等英英辞典后发现,"phrase"这个词比较接近"语"的特征。

《牛津英语大词典(简编本)》(*Shorter Oxford English Dictionary*)对"phrase"的解释是:"a small group of words expressing a single concept, or extering with some degree of unity into the structure of a sentence",用来表达一个概念或构成句子的一组词。

《韦氏在线英英词典》(*Merriam-Webster Online Dictionary*)的解释是:"a word or group of words forming a syntactic constituent with a single grammatical function",构成句子的某个成分并具有语法功能的一个或一组词。

《剑桥美式英语词典》(*Cambridge Dictionary of American English*)对"phrase"的解释是:"a group of words expressing a particular meaning or idea",一组用于表达特殊意义的词。

通过对比上述词典对"phrase"的解释我们可以发现,"phrase"表达的含义具有以下特征:第一,"phrase"是由词或词组构成的,通常是以一组词的形式出现的语言单位;第二,"phrase"可以构成句子成分;第三,"phrase"具有语法功能。由此,笔者认为"phrase"一词的含义比较适合"语"的含义,于是笔者根据"语"的定义对"phrase"加以全新的阐释:"phrase"指的是"a relatively fixed and descriptive language unit formed by group of words with a variety of functions."即由词和词组合成的、结构相对固定的、具有多种功能的叙述性语言单位。据此笔者主张"phrase"这个英文单词可以作为"语"的英文对应术语。

(二)关于"语汇"对应的英语术语

所谓"语汇"即"语言里语的总汇"。(温端政,2005)通过温端政先生对"语汇"的定义我们发现,"语汇"是基于"语"产生的一个词,是表示"语"的量的一个术语,这就如同"词"与"词汇"的关系一样。故此笔者认为要想解决"语汇"对应的英语术语问题,就应当从"语"和"语汇"的关系入手。从本质上讲,"语"和"语汇"两个术语反映的是个体与群体的关系。恰巧在英语当中也存在反映个体与群体关系的术语形式,这就是英语中可数名词"单数"与"复数"关系的形式。

从语言体系的差异上看,汉语和英语分别属于世界七大语系中的汉藏语系和印欧语系。汉语基本上属于分析性语言。所谓分析性语言,是指它的语法关系和句法关系主要不是通过词语本身来体现,而是通过虚词、词序等手段表现出来的。与汉语截然不同的是,英语属于屈折分析性语言。英语源于屈折性语言,经过发展已带有很强的分析性特征,但还保留着许多屈折特性。英语是屈折性语言,是指英语主要通过本身的形态变化(如数、时、格等)来表达其语法意义。从上述汉语和英语的差异分析可以得出结论,

"语汇"对应的英语术语也应当遵循屈折性语言是通过本身的形态变化(如数,时,格等)来表达其语法意义这一基本特征。

上文笔者已经提出可以使用"phrase"这个英文单词作为"语"的英语对应术语,现在依据"语"和"语汇"的关系即个体与群体的关系,同时结合屈折性语言通过形态变化表意的原则,我们就可以很轻松地推导出"语汇"对应的英语术语,就是"phrase"这个英文单词的复数形式"phrases"。笔者根据"语汇"的定义对"phrases"加以全新的阐释:"phrases"指的是"All the phrase in a language."即语的总汇。据此笔者主张"phrases"这个英文单词可以作为"语汇"的英文对应术语。

(三)关于"语词"对应的英语术语

温端政先生"语词分立"理论是把"语"从"词"里分立出来,从另一个角度来说,也就意味着把"词"从"语"里分立出来。这样"词汇"成了名副其实的"词"的总汇,"语汇"也成了名副其实的"语"的总汇,而"语词"则成了"语汇"和"词汇"的总称,取代原来的"词汇"成为传统说法的语言三要素之一(见图一)。(温端政,2002)由此产生了汉语语汇学中一个非常重要的术语"语词"。

"语词"这一术语是由"语汇"和"词汇"两个术语组合而成的,是"语汇"和"词汇"的上级单位(见图一)。根据汉语构词法理论,两个或两个以上的词合成一个新词的构词方法称为合成,所构成的新词称作"合成词"。恰巧的是英语中也存在大量的合成词。英语构词法中合成词的造词方法有说明法、比拟法、引申法、简缩法等。合成词的产生,基本上都是根据社会交际和表达的需要,从说明的角度选用现有的语言材料组合而成的。合成词的形式是人们组合现有语言材料以说明某种新的认识成果。(陈建生,2000)

同样对于作为一个新生术语的"语词"来说,其对应的英语术语完全可以使用合成造词法。即使用"语汇"对应的英语术语"phrases"和"词汇"对应的英语术语"vocabulary"通过简缩法创造出和"语词"相对应的英语术语"phrasbulary"。笔者根据"语词"的定义对其英语对应术语"phrasbulary"作出英语阐释:"phrasbulary"指的是"all the phrases and words"即"语汇"和"词汇"的总称。据此笔者主张"phrasbulary"这个英文单词可以作为"语词"的英文对应术语使用。

(四)关于"语汇学"和"语词学"对应的英语术语

根据汉语语汇学的理论,如同"词汇学"是以"词汇"为研究对象的学科一样,"语汇学"是以"语汇"为研究对象的学科,并且二者又同是"语词学"的分支学科(见图一)。

众所周知,在英语词缀中,后缀"-(o)logy"的主要意思是"the doctrine, study or science of…",即表达"……学,……论"的含义,该后缀常加在名词上构成科技术语,例如"zoology(动物学)"、"technology(工艺学)"和"lexicology(词汇学)"等。(李平武,2003)因此,作为独立学科的"语汇学"和"语词学"这两个术语,它们的英文对应术语自然就少不了后缀"-(o)logy"。

首先我们来研究"语汇学"的英语对应术语。根据上文笔者提出"语汇"的英语对应术语是"phrases",再结合上后缀"-ology"就自然产生出了"phraseology"这个表达"语汇学"的专门术语。基于"语汇学"的定义,笔者给出的"phraseology"这个术语的英文解释是"a branch of linguistics concerned with the signification and application of phrasis",语言学的一个分支,以语言中的语汇为研究对象,研究语汇的意义及应用。据此笔者主张"phraseology"这个英文单词作为"语汇学"的英文对应术语。

对于"语词学"对应的英语术语表达则稍微有些复杂。虽然上文笔者提出"语词"相对应的英语术语可以是"phrasbulary",但在这个单词后面再加上后缀"-ology"表示"语词学"显然十分勉强,故此笔者放弃了这种造词法。从"语词学"的含义可以看出,"语词学"是"语汇学"和"词汇学"的总称,是"语汇学"和"词汇学"的上级单位。根据英语构词法的合成词理论,名词+名词→名词合成词,笔者提出名词"phraseology(语汇学)"+名词"lexicology(词汇学)"→名词合成词"phrase-lexicology(语词学)",其英文解释是"a branch of linguistics concerned with the signification and application of phraseology and lexicology"即语言学的一个分支,是"语汇学"和"词汇学"的总称。据此笔者主张"phrase-lexicology"这个英文单词可以作为"语词"的英文对应术语使用。

五 结语

通过上文的分析不难看出,由于"熟语"这个词本身存在的模糊性和实际应用中的随意性及不确定性,无法与体系相对健全的汉语"语汇"相对等,因此"熟语"一词不能等同于汉语"语汇",当然"熟语"的英译"idiom"也不能替代"语汇"的英译。那么如何解决"汉语语汇学"术语英译的空缺问题呢?笔者根据温端政先生创立的"汉语语汇学"理论体系,对"汉语语汇学"中的核心术语进行了系统梳理(见图一)后,从该体系术语的基本特征入手,结合英语构词法理论,尝试着创立了与"汉语语汇学"核心术语相对应的五个英语术语。当然这只是笔者的探索性观点,能否得到汉语语汇学界的认可,还需要更加广泛和深入的讨论。另外在汉语语汇学体系中还存在着很多新创立的术语缺乏对应英语术语,笔者在今后的文章中还会继续对该问题提出探索性的观点,以供学界讨论、参考。

参考文献:

[1] 陈建生 现代英语合成词形成的有理性[J],外语与外语教学,2000(6)。
[2] 剑桥美式英语词典 http://dictionary.cambridge.org/define.asp?key = phrase * 2＋0&dict = A
[3] 李平武 英语词缀与英语派生词[M],外语教学与研究出版社,2003。
[4] 李行杰 构建中国语言学特有的语汇学[J],语文研究,2006 (1)。
[5] 孙维张 汉语熟语学[M],吉林教育出版社,1989。
[6] 特朗博(Trumble,W.R.)& 史蒂文森(Stevenson,A.)牛津英语大词典(简编本)[K],上海外语教育出版社,2004。
[7] 韦氏在线英英词典 http://www.m-w.com
[8] 温端政,沈慧云 "龙虫并雕"和"语"的研究[J],语文研究,2004 (4)。
[9] 温端政 汉语语汇学[M],商务印书馆,2005。
[10] 温端政 论语词分立[J],辞书研究,2002 (2)。
[11] 吴芳 俄汉熟语概念的对比分析[J],中国俄语教学,2006 (2)。
[12] 姚锡远 "熟语"的种属地位及其定义域[J],汉字文化,1998 (2)。
[13] 张豫鄂 对俄语 Фразеология 与汉语成语(熟语)概念之关系的梳理分析[J],华中师范大学学报,2002(4)。

(作者单位:山东中医药大学外国语学院　济南　250355)

语汇研究与语典编纂

温 端 政

本文结合笔者从事语汇研究和语典编纂的实践,讨论语典编纂与语汇研究的关系。

一 语典编纂为语汇研究提供坚实的基础

语典编纂过程,含有三个基本环节:一是收集语料,筛选出语目;二是对语目作个体研究,撰写出释文;三是把条目按照一定的次序编排起来,便于查检。在这三个环节中前两个环节,对语典编纂和语汇研究都同样重要。

语典编纂前期所收集的大量语料,在为语典编纂提供资料基础的同时,也为语汇研究提供资料基础。不占有大量语料,任何语典都是编纂不出来的,而大量的资料正是严肃的科学研究所必需的。

释义是语典编纂的中心环节。释义总是逐条进行的。正确的释义,离不开对构成语目的语素及其结构关系的分析,离不开对相关语料的考察和辨析。因此,语典里的释义,实际上是对语的个体研究。而这正好为个别到一般的归纳提供了可靠依据。

在这方面,我们有许多感受和体会。先从歇后语研究说起。
1980 至 1983 年,笔者曾经发表了多篇关于歇后语的论文。

这些文章的主要内容,包括主要观点和资料,后来写入"汉语知识丛书"中的《歇后语》一书(商务印书馆,1985)。

这些观点和资料是从哪里来的呢?主要来自笔者参与编写的《歇后语词典》。为什么会编这本词典呢?事情要追溯到1958年。那时,笔者在山西省忻县师范专科学校(今忻州师范学院前身)任教,在调查忻州方言的时候,发现群众口语中流行着大量的歇后语,便顺便作了记录。当时只是一种兴趣,对歇后语并没有什么理性认识。

1978年,调到刚刚成立的山西省社会科学研究所语言研究室(今山西省社会科学院语言研究所前身)之后,便联合同室的沈慧云女士和时任《晋阳学刊》主编的高增德先生,有计划地收集歇后语资料,主要是作家作品中的歇后语资料。经过筛选语目,注音、释义,挑选例证,编成《引注语(歇后语)例释》一书。后经修订,改名《歇后语词典》,由北京出版社于1984年5月正式出版。在这过程中,逐步加深了对歇后语这种语言形式的理性认识。其中,比较重要的是:

1. 组成歇后语的前后两个部分之间,并不像前人所说的是"譬喻"与"解说"的关系,或类似谜语中"谜面"与"谜底"的关系,而是"引子"与"注释"的关系。提出"引注关系是歇后语内部关系的基本特征"的新观点。

2. 歇后语并不像某些学者所说的是"半截话","后半截说出来不说出来并不重要"。通过对《红楼梦》《儒林外史》《西游记》《暴风骤雨》《李自成》等520多部古今文艺作品中所用的歇后语的考察,发现"歇"去后一部分的占不到十二分之一。而且后一部分的"歇"都有一定的条件限制。从中得出歇后语并不"歇后",也不能都"歇后"的新结论。

3.歇后语前后两个部分在表义上的作用不相等,前一部分只起辅助作用,表示某种附加的色彩意义(包括形象色彩、感情色彩、风格色彩、阶级色彩等),后一部分才是表义的重点所在,表示整个歇后语的基本意义。认为"歇后语的语义,就是由前一部分所表示的附加意义和后一部分所表示的基本意义有机地构成的"。

正是这些基本观点形成了上述歇后语论著的基本内容。

此后,我们对语汇研究逐步深入,不断取得新成果,这同样是与语典编纂分不开的。

1983年11月,我们应上海辞书出版社之约,开始编纂《中国俗语大辞典》。在收集资料阶段里,我们组织了二十多人,阅读古今图书近2000种,摘录书证十万多句。这些资料除了一部分作为书证被《中国俗语大辞典》引用外,还编成六卷本《古今俗语集成》。两书于1989年分别由上海辞书出版社和山西人民出版社出版后,我们又先后编纂了《汉语常用语词典》(上海辞书出版社,1996)、《谚海》(语文出版社,1999)、《中国歇后语大词典》(上海辞书出版社,2002)等。它们所提供的大量语料和丰富的编纂实践,使我们对"语"的认识不论在广度上还是在深度上,都达到了前所未有的高度。其中,最重要的是对"语"的性质和功能的认识。

过去,有一个说法,认为"语"的性质和作用相当于词,"是词的等价物(equivalent)",许多论著,乃至教材都采用这种说法,似乎已经成为定论。然而,它经不起语言事实的检验。大量的语言事实证明,"语"与"词"固然有相同的一面(如都是语言单位,都是语言的"建筑材料"),但不同的一面却是不能忽视的。我们把"语"和"词"的异同进行归纳后,把语定义为:由词和词组合成的、结构相对固定的、具有多种功能的叙述性语言单位。①依据语具有与词不同的性质和功能,语汇具有相对独立于词汇的系统性,我们提出了"语词分立"的主张。②并以此为基点,构拟了汉语语汇研究的理论框架,并在吸取前辈和时贤研究成果的基础上,初步构建了与汉语词汇学相平行的汉语语汇学。

由于这些理论是通过语典编纂,考察分析大量语言事实之后归纳出来的,所以比较能够经受得住语言事实的检验。当然,语典编纂并非是语汇研究的唯一途径,然而,语典编纂,特别是大型的语典编纂,要求对语料进行尽可能穷尽性的收集和整理,对语目进行更加全面细致的个体考察,这无疑更加有利于提高语汇研究的广度和深度。

二 语汇研究对语典编纂的指导作用

理论来源于实践,理论一旦形成,必然会反过来指导实践。语汇研究和语典编纂的关系也是这样。语汇研究对语典编纂的指导作用,主要表现在以下三个方面:

1.从宏观上指明语文辞书的分工,引导语典编纂向正确的方向发展。

目前,语文辞书品种越来越多,分工越来越细致,越来越明确。如果说,字典是"以字为单位,按一定次序排列,每个字注上读音、意义和用法的工具书";词典是"收集词汇加以解释供人检查参考的工具书",③那么,语典就是收集语汇加以解释供人检查参考的工具书。

随着辞书业的繁荣和发展,汉语语文辞书已经越来越明显地出现了字典、词典、语典"三足鼎立"的局面。明确语典与字典、词典的分工,确立语典在语文辞书中的地位,对于语典编纂事业的发展有重要的意义。

随着语典编纂事业的发展,语典自身的分工也越来越细化,出现了类型多样化、规模大型化的趋势。从类型上看,既有综合性语典,收条包括语汇所属的谚语、惯用语、成语、歇后语等各种语类;还有收谚语、惯用语、歇后语等俗语的"准综合性语典";又有专收某一语类的专语语典,如成语语典、谚语语典、歇后语语典、惯用语语典等。从规模上看,从小到大,已经呈现出小、中、大型并举的局面。

语典编纂和出版越是繁荣,越需要学术支撑。当前,碰到一个尴尬的问题,就是名称问题。迄今为止,汉语语文工具书有字典、词典之别,而无"语典"一说。语典不管是综合型还是专语型;不管是大型、中型还是小型,一概命名为"××词典"或"××辞典"。这显然是名不副实。语典和词典收条对象不同,应当根据"语词分立"的主张,把"语典"从"词典"里分立出来。例如,成语类工具书应当称为"(汉语)成语语典",小型的称为"(汉语)成语小语典",大型的称为"(汉语)成语大语典"。谚语、惯用语、歇后语类工具书依此类推。至于综合性的语类工具书,则宜径称为"(汉语)语典",小型的称为"(汉语)小语典",大型的称为"(汉语)大语典"。这样做反映了汉语语文辞书的现实,做到名副其实,有利于语典的发展。

由于理论研究相对滞后,语典编纂的水平受到制约。加强语汇的理论研究是当务之急。

2.指导语典的总体设计,处理好继承和创新的关系。

和字典、词典编纂一样,语典编纂也存在继承和创新的问题。

如何在继承的基础上不断创新,是语典编纂的生命力所在。

在这里,想谈谈我们编纂歇后语语典的一些体会。

我们曾经编纂过一些小型的歇后语语典,也编纂过大型的歇后语语典,编得多了积累的经验似乎也多了。经验丰富本来是好事,但如何突破过去的经验,就感到很难。当我们接受商务印书馆交给的编写中型的《新华歇后语词典》的任务时,就碰到这个问题。

如前所说,我们在研究歇后语的语义时,曾经发现一条规律,即前后两个部分在表义上所起的作用是不相等的,"意义的重点都在后一部分,即后一部分表示整个歇后语的基本意义;前一部分除了表示某种附加意义之外,主要是起'引子'的作用,从中'引'出后一部分"。[④]既然歇后语的表义重点在后一部分,那么,在立目上是否可以改变过去的做法,实行主条和副条按语目后一部分所表示的意义进行类聚呢?经过试验,发现这种做法有许多好处。其中,最大的好处是使前一部分(引子)取材不同,而后一部分(注释)所表示的语义相同或基本相同的所谓"同义歇后语"得以类聚。实行这种做法之后,全书果然面貌一新。加上深入发掘歇后语的双关义和设置"知识窗"等新的做法,使编纂达到了一个新的水平。

3. 从微观上指导语典的撰写,特别是立目和释义。

(1) 立目。

语汇具有系统性,表现在语典的立目上也具有系统性。为什么同一种类型的语典在立目上往往会出现相当大的不同呢?这在很大程度上跟对语或其所属语类的性质和范围的认识不同相关。

在这方面,一个突出的问题,是如何划清语与复合词的界限,划清语与自由词组的界限。这种情况在一些惯用语语典里表现得尤为明显。有不少惯用语语典所收的语目相当一部分是词而不是语,如"二流子、八字步、土皇帝、门外汉、千里眼、黄昏恋、防空洞、鸡毛信、倒插门"等等。应当说,由于人们对于惯用语有不同的定义,立目上有所不同,这是可以而且应当允许的。然而,区分语和非语则是任何一部语典所必须坚持的。

前面曾经说过,语是结构相对固定的叙述性的语言单位。复合词虽然结构固定,但属于概念性的语言单位,所以不是语;自由词组属于叙述性的语言单位,但结构上缺乏固定性,也不是"语"。语典编纂首先要解决立目问题,而明确语的性质和范围是确保正确立目的前提。

当前语典编纂在立目上的另一个突出的问题,是不明确语所属各语类包括成语、谚语、惯用语、歇后语的性质和范围,划不清它们之间的界限,从而造成混乱现象。常见的是成语语典,也收谚语、惯用语,乃至歇后语,谚语语典也收成语和惯用语,惯用语语典也收成语和谚语。这种现象的产生,是同理论上没有解决语的分类问题分不开的。

对于成语的性质和范围,历来众说纷纭。经过长期的讨论,虽然取得某些比较一致的认识,即成语"一般都是四个字",或"基本形式为四字节",或"绝大多数为四字格",但仍然存在模糊的空间,即成语可以是非四个字的。这是目前成语语典出现收条混乱的根子所在。

根据这种情况,有必要对成语进行更加明确的界定。我们把成语放到整个语汇系统中去考察,把成语界定为"'二二相承'的表述语和描述语"。[⑤]这个见解得到了辞书出版界的呼应。上海辞书出版社2007年新一版《中国成语大辞典》"实施学术规范,只收成语,删汰结构松散的四字组合,去掉非四字组合,补充了一部分颇有查检价值的成语"(见"出版说明")。这是语汇的理论研究指导语典编纂的一个最新例证。

(2) 释义。

语汇研究对语典释义的指导作用同样明显。主要表现在两个方面:

(一) 从理论上进行原则性的指导

我们曾经提出,语的释义必须坚持两条基本原则,一是坚持"从语料中来,到语料中去"的原则,二是坚持释文的叙述性原则。[⑥]"从语料中来,到语料中去",是指释义要从收集和分析语言事实入手,在正确理解语义的基础上进行描写,然后又用语言事实来验证。这是释义的基本原则,有非常重要的指导意义,是所有语文辞书所必须坚持的。释义中发生的问题,从根本上说,都是由于背离了这个基本原则。试以惯用语"摇头不算点头算"为例。

这个惯用语,从字面上看似乎很容易解释:摇头表示不同意,点头表示同意。许多辞书,包括过去我们自己编写的惯用语语典,也是这样解释的。然而这样的解释,没有抓住它的语义的核心内容,既不是认真分析语料的结果,也就经不起语料的检验。试看下面这个用例:

> 老姑被扫了面子,又找一位同姓的老长辈出面,不许鸽婶儿这个后娘说话,摇头不算点头算,吓唬一线红。无依无靠的母女也就只得忍气吞声,摇头不算点头算了。(刘绍棠《京门脸子》二章三)

值得注意的是这个例证里的后一个"摇头不算点头算"。能说它是"指要明确表示态度","明确表示同意或不同意"吗?明显不能。只要仔细分析这些例证,我们就会发现,这个惯用语的字面意义是:摇头(表示不同意)不算数,点头(表示同意)才算数。核心意义是:只能同意,不能不同意。使用时,多用来催促人尽快表示同意,或用来表示在无可奈何的情况下,不得不表示同意。

坚持释文的叙述性原则,只适用于语典。具体来说,表述语(谚语和表述性成语)的释文要坚持知识性原则,描述语(惯用语和描述性成语)的释文要坚持描述性原则。这是我们从语典编纂的实践中得来的,对语典释义具有实际的指导意义。

(二)对语义的个体描写进行具体指导

这方面涉及的问题可能很多。这里试就如何描写语的比喻义进行讨论。

汉语语汇有一种构语法叫做"转化法":把特指具体、个别事物的意义,经过抽象,转化为虚指或泛指的意义,从而使自由词组或行业用语转化为"语"。例如:灌米汤,本来是自由词组,指给人或动物喝米煮的汤水。当它的意义固定性地虚化为指用甜言蜜语奉承迷惑人时,就由自由词组转化为语(惯用语)。又如:打预防针,本来是卫生保健方面的用语,当它又固定性地用来泛指预先进行提醒、教育,使人有所警惕,以防发生不利的事情时,就成为惯用语。正是这种带有固定性的"虚指"和"泛指",使它们形成了比喻义。

值得注意的是,当前语的释义中,出现了某种滥用"比喻"的现象,甚至一些规范性的辞书也难以避免。这里试以《现汉》(第5版)为例,例子后面的数字表示所在页码。试看下面几组例子:

A组

【不刊之论】比喻不能改动或不可磨灭的言论(刊:古代

指削除刻错了的字,不刊是说不可更改)。113

【九牛二虎之力】比喻很大的力量。730

B组

【如日中天】比喻事物正发展到十分兴盛的阶段。1159

【如汤沃雪】像热水浇在雪上,比喻事情极容易解决。1159

C组

【波澜壮阔】比喻声势雄壮浩大(大多用于诗文、群众运动)。102

【拆东墙,补西墙】比喻处境困难,临时勉强应付。145

A组里,语目的中心语素和释文里的中心词,是同一样东西。如果去掉修饰成分,就变成:"……论"比喻"……言论"、"……力"比喻"……力量",显然都不能成立。因为,构成比喻要具备一个前提条件,即本体和喻体必须异质。释文中的"比喻"都应当改为"指"。

B组里,语目都含有比喻词"如",构成"如 ABC"式。在《现汉》(第5版)里,用比喻词构成的语,释文一般多用"形容",而不用"比喻"。如:

【爱财如命】形容非常吝啬或贪财。5

【口若悬河】形容能言善辩,说话滔滔不绝。784

【若隐若现】形容隐隐约约:远望白云缭绕,峰峦～。1166

【如出一辙】形容两件事情非常相像。1158

这些释义都是正确的。由此可见,含比喻词的语,在整体上不具有比喻义,释文宜用"形容",而不宜用"比喻"。

C组都属于描述语,描述事物的性质和状态。《现汉》(第5版)"比喻"条指出,比喻是"用某些有类似点的事物来比方想要说的某一事物,以便表达得更加生动鲜明"。可见,比喻的对象应当是事物,而不是事物的性质和状态。下列条目的释文证明了这一点:

【白驹过隙】形容时间过得飞快,像小白马在细小的缝隙前一闪而过。25

【流星赶月】形容非常迅速,好像流星追赶月亮一样:他～似地奔向渡口。876

【鹅行鸭步】像鹅和鸭子那样走路,形容行动迟缓。也说鸭步鹅行。355

由此类推,C组释文里的"比喻",都应当改为"形容"。

综上所述,可以得出以下规律性结论:

语目的中心语素和释文的中心词同质的,释文不能用"比喻",一般要用"指";

语目采用比喻手法构成,含有比喻词的,释文不能用"比喻",一般宜用"形容";

语目描述的是事物的性质和状态的,释文不能用比喻,一般也宜用"形容"。

这说明,语义的个体描写也是有规律可寻的。掌握这些规律,有利于提高释义的质量。这是语汇研究对语典编纂起指导作用的又一证明。

三 建立语汇研究和语典编纂之间的良性互动关系

要使语典编纂真正能为语汇研究提供坚实基础,使语汇研究充分发挥对语典编纂的指导作用,必须建立起二者之间的良性互动关系。要做到这一点,关键是要提高认识,明确以下两个问题。

1.明确语汇研究与语典编纂之间的相辅相成性和相对独立性。

语汇研究和语典编纂之间的相辅相成性,是建立二者之间良性互动关系的基础。这种相辅相成性,主要表现在资料收集和资料分析上的一致性。所谓"巧妇难为无米之炊",这对于语汇研究和语典编纂是一致的。在收集语料基础上,对语料进行理性分析,对二者来说,也基本上是一致的。但语汇研究并不等于语典编纂,语典编纂也不等于语汇研究。首先,它们的任务不同,语汇研究的根本任务在于建立和完善汉语语汇学的理论体系,不仅要为语典编纂服务,还要为语汇教学和语汇运用服务;语典编纂的主要任务,则在于汇集语汇,通过释义和提供例证,以及便利的检索,满足人们理解、运用和丰富语汇的需要。其次方法不同,语汇研究除了采用描写法外,还要采用比较法、归纳法,由个别到一般,由个性到共性,探究反映语汇本质特征的规律,使人们对语汇的认识实现从感性到理性的飞跃;语典则主要通过单个条目的处理(包括注音、释义、考源和提供相应例证等),并把语条按一定方式排列起来,以便为读者提供与某个语条相关的信息。第三,成果的形式不同,语汇研究的成果表现为专著或论文;语典编纂的成果表现为工具书。总之,语汇研究属于语汇学的范畴,而语典编纂则属于辞书学的范畴,语典编纂不仅要接受语汇学的指导,也要接受辞书学的指导。

语汇研究与语典编纂之间的这种相辅相成性和相对独立性,要求我们既不要把二者割裂开来,也不要把二者等同起来。从事语汇研究的学者须要多参加语典编纂的实践,从事语典编纂的学者,更要自觉地从事语汇研究。这样,才能建立起二者之间的良性互动,实现语汇研究和语典编纂双丰收。

2. 要充分认识建立语汇研究和语典编纂之间良性互动关系的艰巨性和长期性。

语汇研究和语典编纂之间的相辅相成性,为建立二者之间的良性互动提供了客观可能性,但要把这种可能性转化为现实,还要作艰苦的努力。

建立语汇研究和语典编纂之间良性互动关系,首先要过资料关。要从浩如烟海的古今典籍里,收集所需要的例证,谈何容易!现在,随着电脑和网络技术已被广泛地运用于辞书编纂特别是语料库建设,可以不必再像过去那样用手工的办法去做一张张卡片。但是,这种艰苦奋斗的传统依然不能丢。即使是辞书编纂已经进入数字化的时代,资料的收集仍然是一件十分艰苦的工作,须要长期不懈地投入,不断地更新和充实。

收集资料固然不容易,把资料整理成一部工具书,更不容易。面对浩瀚的资料,进行分析归纳,从中找出规律,建立起理论体系,更是须要作长期艰苦的努力。我们的事业正处在一个新的起点,需要有更多的有志于语汇研究和语典编纂的"复合型"人才,借助现代化的手段,创造更加辉煌的未来。

附注:

①参看温端政、沈慧云《"龙虫并雕"和"语"的研究——敬以此文纪念王力先生百年诞辰》,《语文研究》2000年第4期;温端政《汉语语汇学》,商务印书馆,2005,第17页。

②参看温端政《论语词分立》,《辞书研究》2002年第6期。

③《现代汉语词典》第5版"字典"、"词典"条。

④见温端政《歇后语》,商务印书馆,1985,第17页。
⑤见温端政《汉语语汇学》,商务印书馆,2005,第70页。
⑥见温端政主编《汉语语汇学教程》,商务印书馆,2006,374~381页。

参考文献:

[1] 晁继周 把词典编纂与词汇研究结合起来[C],中国辞书论集,商务印书馆,1997。

[2] 程 荣 字·词·词典[M],上海辞书出版社,2001。

[3] 韩敬体 20世纪的中国辞书编辑出版事业[C],中国辞书论集,上海辞书出版社,1999。

[4] 刘叔新 汉语描写语汇学(重排本)[M],商务印书馆,2005。

[5] 苏宝荣 应当提高语文辞书编纂的理论内涵[C],辞书的修订与创新,商务印书馆,2003。

[6] 温端政 汉语语汇学[M],商务印书馆,2005。

[7] 温端政主编 汉语语汇学教程[M],商务印书馆,2006。

[8] 杨祖希 建设具有中国特色的辞书学[C],辞书论集,知识出版社,1987。

[9] 周 荐 词汇学词典学研究[M],商务印书馆,2004。

(作者单位:山西省社会科学院语言研究所 太原 030006)

词语的混同、分立与辞书编纂问题

韩 敬 体

词和语分辨清楚还是混同起来界限不清,对辞书编纂工作会产生一定的影响。

语言单位有语素(词素)、词、短语(词组)、句几个,其界限,都有一些难以划清的情况。

有的语素能独立成词,有的不能,所以有成词语素和不成词语素的划分。单音节词都是由一个单音节语素形成的,双音节词一般由两个语素构成,也有的由一个双音节语素形成。三音节和三音节以上的词更复杂一些。词与短语之间,还有难以分清的现象。短语由词组成,但有的成分却难以确定是词还是短语,所以又有短语词(吕叔湘),造句词、过渡词(赵元任)的名称。

词类是现代汉语中词的语法上的分类。这就要求要确定一个语言单位或辞书中的一个条目是不是现代汉语的词的问题。

三十多年前主编《现汉》初稿的时候,曾经试着做而没有做成的两件事,一件事是区别单字能不能单用,也就是分别词和非词;另一件事是在一个词或一个词的义项之后标明词类。在实际工作中遇到不少困难。(吕叔湘)

多字条目是词就要标注词类。短语,不管是固定的还是不固定的,都不必标注词类。当然,那些介于词和语之间的短语词标不标词类就需要进行研究了。

有些词典也标了词类,多是不分词和非词,都标上词类。甚至连语也标上了。在实用性上也可能会对读者产生误导作用,把非词的单位当词去用。

"词典中所收条目,包括字、词、词组、熟语、成语等,共约五万六千条。"(《现汉》初版由丁声树先生写的"前言")词和语是分得清楚的,但字与词也有纠缠。

收单字10000余个,带注解的复合词3500余个。(《新华字典》第9版的"修订说明")但却收了"琉璃"之类的单纯词,也收了少数成语。

酌收少量复音词。(《新华多功能字典》的"凡例")收条中却包括了语(如成语"沆瀣一气、锱铢必较"之类)。

以上仅举几种影响较大的语文辞书,其他更多的辞书,情况就更加混乱。

一些辞书把"收词"改作"收辞",但对"词"与"辞"的区别,"辞"包括的条目的语言单位类别并没有说明。由于字、词、语关系不够清楚,字典、词典在收的表述上陷于含混不清,字中含有词,词中带有语。

辞书名称问题

它有着较高的社会信誉和经济价值。20世纪80年代后,凡是有点查考和浏览作用的工具书纷纷以词典或辞典命名。

过去叫"阅读与欣赏"的诗文作品集叫辞典:唐诗鉴赏辞典、元曲鉴赏辞典、八大家散文鉴赏辞典、中华诗词鉴赏辞典、现代散文鉴赏辞典等等。

书画文物集录叫辞典：古代名画辞典、文物收藏鉴赏辞典、中国吉祥图案大辞典、书法鉴赏辞典、外国名曲辞典、图像辞典，民族民俗文物辞典，应用文书写作格式与范本大辞典等等。

介绍各种信息的手册之类的也称作辞典：香港辞典、港澳台辞典等等。不少收录句子的名为辞典：常用古文名句分类辞典、历代诗词名句实用辞典、中国古代名句辞典、教育名言辞典、儒道佛名言辞典、名言警句辞典、英语句子辞典等等。还有什么WTO国际惯例辞典、名人传记辞典之类。

收语汇而称辞典者更多：成语词典、谚语词典、惯用语词典、歇后语词典、黑话行业语词典等等。

收句子、短语的叫词典，叫词典的不收词。更怪的还有《日语常用汉字辞典》，明明是收字，却名辞典。

总之，"辞"可指任何语言单位和别的什么东西。

更有甚者，别有用心的人在书名上大肆炒作，叫什么"大典、宝典、辞海、辞天、辞洋"之类不一而足，则根本与词语单位分合毫无关系，纯粹是以假冒伪劣的东西扰乱市场，欺骗读者。这给混乱的辞书名称更增添了杂乱。

语和词分立问题

语言单位中词和语模糊不清给辞书编纂工作带来不少的问题。也可以看出我国语言学界、辞书学界的一些有识之士坚持对语进行深入研究，主张语词分立、语汇和词汇分立，有其积极意义。

温端政先生2002年提出语词分立问题，2005年出版了有开创意义的《汉语语汇学》，对语汇的研究更加系统化、理论化。2007年5月，他还在一个会议上进一步提出辞书中字典、词典、语典鼎足分立问题,建议把"语典"从词典中分立出来。提出这一问题是有价值的,对促进词和语的研究、词典分类编辑、词典收词范围、更新辞书的某些观念都是有意义的。

字典、词典、语典分立

辞书中字典、词典、语典鼎足分立,是有意义的,有学术价值的。对提高辞书编纂的科学性是好事。但有些具体问题值得进一步研究。辞书作为一种工具,首先要求它有实用性,提高辞书编纂的科学性,又要提高其实用性,正像吕叔湘先生肯定过的,二者虽然并不矛盾,但侧重点是不同的。汉语词典收字或语素是难以避免的,因为不少单字就是成词语素,就是词。而词典也不能不顾语汇,成语运用就有类似词的地方,何况还有难以分清词语的所谓短语词存在呢?从实用性出发,不能要求一个人,特别是小学生既备字典、又备词典,还要备语典。尽管说,不能要求一本词典什么问题都能解决,但它能为读者力所能及地较多地解决一些问题总是好的。

余 论

语汇和词汇分立,语汇的语素与词汇的语素,名称相同,内涵参差,在词典、语典中名同实异,如都标注语素会给读者带来麻烦,也必须认真考虑。

词汇和语汇的系统上,能不能从单位序列上进行术语整合:词素-词-词组,语素-语-语组。

(作者单位:中国社会科学院语言研究所 北京 100732)

熟语的分类和词典收语问题

晁 继 周

一

熟语是汉语自有文献记载以来就存在的语言单位,然而直到今天,如何为它定名还在学术界争论着。为叙述方便,我们得先给它一个名称,还是叫它熟语。由于熟语的定名又和下面的几个小类的定名有关系,所以还是得把它的名称和所指讨论一番。

"熟语"一词的使用原是比较混乱的。1956年,俞敏、黄智显在他们的《语言学概论讲义》(北京师范大学出版社出版)中称"熟语是某些语言里特有的词组",并把熟语和成语、歇后语等并列起来,上面冠以"惯用语"的总名。1958年,上海外国语学院和哈尔滨外国语学院合编的《语言学引论》(北京时代出版社)提出了不同的观点,认为"语言中现成的、固定的词组或句子,叫做熟语","熟语包括语言中的成语、谚语、惯用语,等等"。《现代汉语词典》试用本(1965)"前言"中说:"词典中所收条目,包括字、词、词组、熟语、成语等,共约五万三千条。"《现汉》第一版(1978)"前言"里沿用了这个提法,只是改变了数字。按照这个提法,熟语和成语是并列的概念。《现汉》对"熟语"的解释是:"固定的词组,只能整个应用,不能随意变动其中成分,并且往往不能按照一般的构词法来分析,如慢条斯理、无精打采、不尴不尬、乱七八糟、八九不离十等。"从释文和所举的例子看,熟语包含俗成语和惯用语,不包含歇后语和谚语。

《语言学引论》的观点为学术界的多数人所接受。这主要表现在两个方面:一是较有影响的高等学校现代汉语教材采用了这个观点,二是一些工具书的释义采用了这个观点。高校教材方面,如胡裕树主编的《现代汉语》(上海教育出版社1962,增订再版1981),黄伯荣、廖序东主编的《现代汉语》(甘肃人民出版社,1981),北京大学中文系现代汉语教研室编、朱德熙、林焘审订的《现代汉语》(商务印书馆,1991),都持类似观点。北大中文系现代汉语教研室编写的《现代汉语》的叙述可作为代表,它指出:"词汇中也包括成语、谚语、歇后语、惯用语等,总起来叫熟语,也叫固定结构。"这段叙述包括三层意思:一是给熟语定名;二是明确熟语与成语、谚语、歇后语、惯用语等是上下位概念的关系,套用生物学的说法,是属与种的关系;三是认为熟语属于词汇范畴。工具书方面可以举两种,一是《语言学百科词典》(上海辞书出版社,1993),二是《应用汉语词典》(商务印书馆,2000)。《语言学百科词典》说,熟语是语言中固定的词的组合。熟语与一般词组和句子的差别在于,前者作为现成的语言材料存在和使用,后者则是在言语过程中临时组织起来的,所以熟语是语言单位,一般的短语和句子是言语单位。熟语有两个特征:(1)语义的统一性。在语义上是不可分割的整体。(2)结构的固定性。其结构是定型的,不能随意改变结构模式或增减其组成成分。熟语主要包括成语、惯用语、谚语、警句、歇后语、套话等。《应用汉语词典》对"熟语"的解释是:只能整个应用,不能随意变动其组织,并且往往不能按照一般的构词法来分析的固定词组,包括成语、谚语、俗语、惯用语、歇后语等。

《语言学百科词典》是专科词典,叙述得比较详尽;《应用汉语词典》是一般语文词典,解释得比较简约,但它们的大致意思是一致的。《应用汉语词典》把熟语说成是"固定词组"是不够全面的,因为成语、惯用语可以看做固定词组,而有些谚语、歇后语等是很难看成词组的。

温端政先生是我国研究熟语问题的顶级专家。温先生不赞成"熟语"这个概念,希望用"语"来代替它。温先生的意见是有道理的。古文献里,成语、谚语等就是总称为"语"的。《穀梁传·僖公二年》:"语曰:唇亡则齿寒。"《史记·范雎蔡泽列传》:"语曰:日中则移,月满则亏。"从传承上来说,熟语这类语言单位叫"语"是没有问题的,是于史有征的。但是也有困难,现代汉语里,"语"早已是不成词语素,把它当成一个单音节的词赋予意义,说汉语的人不容易接受。"语"不像"词","词"作为单音节词,表示"最小的音义结合的可以自由运用的语言单位"的意义,早已深入人心。"语汇"一词,作为"语的总汇",与"词汇"对称,也是有道理的。但"语汇"这个词作为词汇的同义词早就存在了。吕叔湘先生1958年在主持编写《现代汉语词典》的时候写过这样一段话:"一个语言的所有语素和所有具有特定意义的语素组合,总起来构成这个语言的语汇。罗列一个语言的语汇,解释每一个语汇单位意义的是词典。词典是语汇研究的成果。"(《语言和语言学》,载《语文学习1958年2、3期》)他主持编写的《现汉》试用本,"前言"第一句话就是"这部《现代汉语词典》是以记录普通话语汇为主的中型词典"。在这些地方,"语汇"应该被理解为词和熟语的总和,和"词汇"至少是近义词,现在再作为"语的总汇"的意义来理解和使用也有一定困难,主要是由于先入为主吧。"熟语"是20世纪50年代开始使用的,至今已有半个多世纪。它的产生可能是参照了国外的语言学术语，但它不是音译词，而是用汉语的语素和汉语的构词法组成的新词，因此不应被视为"舶来品"。从字面上看，"熟语"包含着"习见、常用、定形"等意义，用来统称汉语里的成语、惯用语、谚语和歇后语等，能够得到汉语使用者和研究者的认同。

二

熟语包括成语、谚语、惯用语、歇后语，这是得到学术界公认的。也有人主张把格言、警句等包括在熟语中，此种主张并未得到学界的普遍认同。不主张把格言、警句归入熟语的理由，一是格言、警句多出自具体人之口，属于言语单位而非语言单位；再有，格言、警句是因不同人的需要而使用的，因而不具有普遍性。成语、谚语、惯用语、歇后语如何界定，学术界认识也相当分歧。我们认为，为这几类熟语定出标准，还要从形式和意义两方面着眼，能从形式上判别的先从形式上判别，不能完全从形式上判别的，以形式和意义的双重标准来判别。

熟语中最容易从形式上判定的是歇后语。这是由于它具有明显的结构特征，即由引语和注语两部分组成，比较容易认定，如"骑驴看唱本——走着瞧"、"外甥打灯笼——照旧（舅）"。歇后语之外，比较容易从形式上定出标准的是成语。成语在熟语中数量最大，在语言使用中也最重要。在说到熟语时，我们常常要说"成语和其他熟语"，把成语突出出来，就是这个道理。成语是人们长期以来习用的、形式简洁而意思精辟的、定型的短语或短句。汉语的成语大多由四个字组成。根据这样一条标准，可以把一些人主张归于成语的双音节复合词（涂鸦、请缨、献芹、鸡肋等）、三音节复合词（破天荒、闭门羹等）和惯用语排除在外；也可以把"留得青山在，不怕没柴烧"、"路遥知马力，日久见人心"等谚语排除在外。仅仅用"由四字组成"作为判定成语的形式上的标准是不够的，因为熟语中四个字的太多了，因此还应该补充其他标准，这就是温端政先生提出的节律上的二二相承。四字格成语，读起来节律上都是二二相承的。有些成语在结构上不能分成 AB-CD，读起来仍要按二二相承来读。比如，"作壁上观"，结构是 A-BCD；"一衣带水"，结构是 A-BC-D；"饥不择食"，结构是 A-B-CD。这些成语结构虽然不同，但读起来的节律都是 AB-CD。用这一条标准，可以把成语和其他四字熟语区分开来。成语以外的四字熟语，读音节奏都是按熟语内部结构来确定的，如"吃大锅饭、喝西北风、打马虎眼"等，只能按照内部结构读成 A-BCD，而不是像成语那样，一律读成 AB-CD。

下面谈谈惯用语和谚语。惯用语是结构凝固的短语或短句，它的内容是描述一种事物或现象。惯用语与一般短语不同，它的字面意义是虚指，所要表达的是比喻义或引申义，如"唱双簧、戴高帽、敲竹杠、抱粗腿"等。惯用语的核心部分是三音节动宾关系的固定短语。也有少数惯用语多于三个音节，如"吃大锅饭、捅马蜂窝"。有的惯用语是一个完整的语句，如"大鱼吃小鱼"、"当面锣对面鼓"、"死马当做活马医"、"好心当做驴肝肺"、"按下葫芦起来瓢"、"只许州官放火，不许百姓点灯"。三个音节或四个音节的动宾短语构成的惯用语，很容易从形式上同谚语区分开来。但是，还有大量的成句的惯用语，从形式上同谚语加以区分就有一定困难了。这里就需要把形式和意义综合起来考察。一般说来，惯用语即便是完整语句的，多比较短小，而谚语语句较长，并且多采用对联式的韵语上下呼应。从内容上看,惯用语和谚语也是有明显的区别的。惯用语是描述一种事物或现象,而谚语是表述一种规律,一个道理,是人们生产活动和社会活动经验的总结,如"庄稼一支花,全靠肥当家","只要工夫深,铁杵磨成针","虚心使人进步,骄傲使人落后"。由于惯用语是描述一种事物或现象,温端政先生称它为描述语;谚语是运用判断、推理表达某种道理和规律,温先生称它为表述语,这是有一定道理的。从形式和意义两个方面出发,基本上能把成语、谚语、惯用语和歇后语区分开来。

三

熟语是不是属于词汇的范畴,学术界看法很分歧。《现汉》说词汇是"一种语言里所使用的词的总称",既然是词的总称,就可以理解为不包括熟语。《应用汉语词典》对"词汇"的解释是:"一个语言里的所有词素以及具有特定意义的词素组合,合起来构成这个语言的词汇。"这个定义显然是套用了吕叔湘先生在《语言和语言学》里的论述。按照这个定义,词汇向两个方面都延伸了——向下延伸到词素,向上延伸到固定词组,即熟语。目前通行的高等学校现代汉语教材,也大都把熟语包括在词汇范围内。北大中文系编的《现代汉语》,更是非常明确地说:"词汇是词语的总和,不仅包括词,也包括熟语(成语、谚语、歇后语、惯用语等)。"有些教材虽然不是明确地说词汇包括熟语,但也都无例外地把熟语问题放在词汇一章来讲。应该怎么看待这个问题?我想可以不过多地在概念上纠缠,只要明确词和熟语都是语言的建筑材料就行了。建筑材料也是多种多样的,有最基本的,像砖和瓦;也有比砖和瓦大的各种构件,如预制板和其他特型构件等。词就是语言中最基本的建筑材料,相当于砖和瓦。熟语可以分出各种层次,有的(如成语和由短小语句构成的惯用语)作用相当于词,它们在语言中的作用也像建筑材料中的砖瓦一样,最基本,最常用;有的可能相当于预制板和其他预制构件,它们在语言中的"建筑材料"作用不是最基本的,但也是必不可少的。

下面我们要讨论的是熟语如何入"典"的问题。我们注意到的一个事实是:所有已出的词典,无例外地在收词的同时也收了熟语。读者不会关注词汇包括不包括熟语这样的学术问题,他们关心的是需要查的词或熟语能不能查到。不管我们对熟语属于不属于词汇范畴存在着多大的分歧,今后编词典还是要一如既往地收一些常见的熟语,这一般是不会有异议的。

成语、谚语、惯用语、歇后语虽然都是熟语,但它们的结构和在语言里所起的作用是有区别的,因而吸收它们进入词典所采取的原则也不一样。成语和惯用语结构形式短小,它们在语言使用中的作用几乎相当于一个词。它们使用频率高,在人们的交际中须臾不可或缺。一般的语文词典(如《现代汉语词典》)应该对成语和惯用语敞开大门。至于收多少,收哪些,还要看词典的规模和读者对象。未能进入普通语文词典的成语和惯用语,可以进入专门的成语词典和惯用语词典。谚语一般较长,普通语文词典可以吸收其中较为短小的,如《现代汉语词典》就收了"只要工夫深,铁杵磨成针"、"三个臭皮匠,赛过诸葛亮"等条目。全面收录、解释谚语是专门的谚语词典的任务。歇后语的情况更为特殊。歇后语生动、风趣、活泼,有时会产生特殊的表达效果。但是由于歇后语非常口语化,有的近于俚俗,因而基本上没有进入书面语的机会。歇后语地域性强,除少数常用的在较广大的地区流行,有许多只在个别地区使用。歇后语形式不稳定,同样一个意思往往有几种变体甚至几种完全不同的表达形式。歇后语的数量是完全开放的,根据说话的需要可以随时造出新的歇后语来。歇后语北京人叫俏皮话,有的人张口就来。比如借某人五音不全,就即兴编出"某某唱歌——没谱"这样的歇后语;针对参加有小输赢的博彩活动,就编出"猪尿泡灌团粉——小赌(小肚)"这样的歇后语,简直是信手拈来。由于上述种种原因,一般语文词典收录歇后语,是经过较严格的选择的。甚至不收的占多数,收的占少数。词典收录歇后语的原则,一般应是习见常用、流行范围广、内容积极而力避低俗。《现汉》收词语6万多,歇后语只有"打开天窗说亮话"、"打破沙锅问到底"、"老鼠过街人人喊打"等寥寥数条。收注歇后语的任务,主要应该由专门的歇后语词典或熟语词典来承担。

(作者单位:中国社会科学院语言研究所 北京 100732)

汉语语汇研究的思考*

乔 永

汉语中成语、谚语、惯用语、歇后语等语汇，千百年来广泛流传在书面语或群众口语之中，具有强大的生命力，但过去这些方面的专门研究却很少，学界未予以足够的重视。

温端政先生长期从事汉语语汇研究，20世纪60年代起，就致力于歇后语、谚语的整理与研究。80年代，先后发表过《歇后语的语义》《引注语（歇后语）的性质》等论文，至今已发表研究论文30余篇。1985年商务印书馆"汉语知识丛书"中的《歇后语》《谚语》都是温先生写的。温先生还积极参与语汇辞书编纂，将他的语汇学研究成果转化成辞书，主编了《中国俗语大词典》和《古今俗语集成》等十余种大型辞书。2005年，温先生集几十年汉语语汇研究和辞书编纂研究之功，将长期的语汇研究成果汇集到了《汉语语汇学》中，从汉语的语、语汇、语汇学的角度，全面论述了"语汇"的性质、范围和系统性，为语汇学学科的独立提供了科学依据，对汉语语汇研究的进一步深入产生了重大的推动作用。

---

* 为了目录能放在一页里，我们把副标题"——兼评温端政汉语语汇研究"略去。

一 理论研究与语言发展相适应

成语、惯用语、俗语、熟语、语汇等术语,内涵外延到底是什么,到底哪些才是科学的,哪些不科学,语言学界认识并不一致。汉语语汇和语汇学研究,能否作为一门独立的学科,也一直是汉语学术界讨论的课题。汉语成语、谚语、惯用语、歇后语等语言单位的特点与归属,也是研究的难点,而且一直没有定论。

语汇学是门新兴的学科,以前只有一些零散的研究。1989年,孙维张先生《汉语熟语学》一书出版,可以说是开语汇研究的先河,但他认为"熟语系统是语言词汇的一个子系统,熟语单位是词汇单位的一种","熟语学"的性质是典型的语言词汇科学,是"词汇学的分支学科",这表明学界当时还没有认清"语"和"词"在性质和功能上的重要区别。温先生给"语汇"下了明确的定义"语汇是语言里语的总汇",并明确了汉语语汇的范围,确认谚语、歇后语、惯用语和成语是语汇的组成部分。语汇和词汇一样是语言的建筑材料,是语言的构成要素。语汇单位是比词汇单位更加复杂的语言单位。

20世纪50年代始,汉语"语汇"所包括的成语、谚语、歇后语和惯用语等通称为"俗语""熟语"或"惯用语",都被看成是词汇研究的组成部分。谚语、成语、惯用语等语言单位一直被当做词汇研究的一部分,放在大学现代汉语词汇学中,是词汇研究中的内容。温先生认为"熟语概念的模糊性和实际使用中的随意性和不确定性使它失去作为科学术语的必要条件",改用"语汇"代替"熟语"。这虽然看似简单,却开辟了系统研究语汇的先河,填补了国内语言研究的空白。吕叔湘先生在《语言和语言学》中曾用"语汇"指称

"词汇",后来也有学者把语汇学和词汇学等同,认为语汇学就是词汇学,研究的内容还是词汇。无论指称熟语,还是把语汇作为词汇的同义术语,都没有弄清语汇的本质。语汇和词汇一样是语言的建筑材料,语汇是历代人民群众创造的语言财富,为群众所喜闻乐见,具有广泛的应用价值。语汇不仅具有浓厚的民族特色,而且具有极其深刻的意义。直到2002年,温先生明确提出"语、词"分立思想[1],尔后,根据"语"有与"词"不同的性质和功能,提出建立汉语语汇学科的理论和方法,认为"语"和"词"是两种性质不同的语言单位。把"语"定义为"汉语里由词和词组合成的、结构相对固定的、具有多种功能的叙述性语言单位",廓清了两者概念、范围等方面的不同。

语汇的内部特点表明,词汇具有系统性,语汇也具有系统性。温先生突破了"语汇"无学的禁锢,明确提出"语词"分立的主张,这对语汇学学科具有开创意义。语汇是由词和词组合而成的、结构相对固定的叙述性语言单位。温先生以"叙述性"作为"语"区别于名词、专门用语等其他定型的语言单位的主要特征,提出:"语汇是语言里语的总汇,如同词汇是语言里词的总汇。汉语语汇,是汉语里所有的语的总汇。"并明确提出"语汇学和词汇学是语词学里两个相辅相成的分支学科"。创立新见,发人所未发,见人所未见。把语汇学作为与词汇学并行的学科进行研究,建立具有相对独立于词汇学的语汇学理论体系,以语汇为研究对象的语汇学不仅具有广阔的领域、深厚的基础,而且具有重要的意义。

温先生提出了"语素""语步""语节"等概念。语素是语的构成成分中最小的能独立运用的音义结合体。语步是语内部的自然语音停顿所形成的音节组合。语节是构成语的具有相对独立性的部件,由此明确语汇系统的上下位概念。又根据语的叙述性特征,以叙述方式为标准把"语"分为三种类型:表述语、描述语和引述语。表述语的特点,是具有知识性,谚语属于表述语;描述语的特点,是描述人或事物的形象和状态,描述行为动作的性状,惯用语属于描述语。引述语的特点,是由引子和注释性叙述两个部分组成,它的惯用名称是歇后语。从语汇的形成发展、形式意义结合原则和各种语类的相互联系以及语义的类聚等角度分析,语汇具有系统性,语汇学是一门独立的学科。这个观点完善了汉语语汇学的理论框架,对语汇学在现代汉语的发展具有较大的推进作用。"语汇"是一个动态的范畴,是汉语语汇独特性的具体体现。温先生提出了汉语语汇学的田野作业法、文献采集法、描写法、比较法、计量法等研究方法和手段,对汉语的表达和深化词汇语汇研究都有推动作用。

温先生《汉语语汇学》(商务印书馆 2005)《汉语语汇学教程》(商务印书馆 2006)的出版,特别是首届汉语语汇学研讨会在太原的召开,应该结束了语汇与熟语等的纠葛及其内涵与外延的长期讨论,给了这些语言单位以明确的定义,标志着汉语语汇学作为成熟学科的建立。

二 语汇理论指导辞书编纂

《汉语语汇学》在理论的深度和广度上都达到较高的水平,对现代语汇辞书编纂有指导意义。近 20 年来,成语、谚语、歇后语、惯用语类的辞书,品种越来越多,但各类辞书收词范围、原则等互有交叉,质量参差不齐。成语、谚语、惯用语、歇后语等"语"类辞书的编纂与质量的提高,有赖于学术界对"语汇"的理论研究。只有理论研究取得进展,辞书编纂才能取得突破。温先生语汇理论系统分析了成语、谚语、惯用语、歇后语等的类别、结构特征和语义特征,涉及了这些语汇的学术分类和辞典分类,许多思想和编纂技艺都在语汇研究的基础上有所创新。

在语汇研究中,语汇与词汇概念有时难以分清,既要将"词汇"与"语汇"区别开来,又要将"语汇"系统内部共同点和区别分析清楚,是很难的课题。温先生采用对比总结的方法,主张根据"语汇"的特点,采用形式与意义相结合的原则进行分类,从语汇的内部分类入手,讨论"语汇"分类的主要原则和基本要求;定量分析,将包括格言在内的名句,专门用语和专名语、复合词,以及结构上缺乏必要固定性条件的某些习惯性说法等,都排除在语汇范围之外,这在辞书编纂中有指导意义,虽然我们对此仍然持有异议。

温先生多年从事辞书编纂工作,积累了大量第一手资料。在研究成语、谚语、惯用语、俗语等性质、范围的基础上,提出了一套语汇学辞书编纂的原则和方法,并且一以贯之,应用到辞书编纂中。比如成语词典的语目确定。当前的大型成语词典,语目数量从1.7万到4万余条,差距甚大。哪些是自由词组,哪些是语,需要甄别。确定了语,又要考虑是语中的哪一种,是成语,还是谚语或者惯用语、歇后语。进一步哪些语成语语典该收,哪些应收在其他语典中,这也是编纂者需要费尽心力考虑的问题。

语典收语的原则依赖于对成语等语汇成员的界定,标准不同将决定不同语类辞书收条的多寡。温先生对比分析成语与谚语、惯用语、歇后语的区别特征,提出成语是"二二相承的表述语和描述语",谚语为"以传授知识为目的的俗语",给谚语划定了明确的范围,使它与成语等清楚地区别开来。这体现了理据性、可接受性和可操作性。温先生理论上廓清了成语和谚语、成语和惯用语、歇后语的区别,并且使之有可操作性。按照形式和意义相结合的原则给"语汇"分类。谚语和成语的区别、成语和惯用语的区别,温先生提出以"二二相承"为标识,表述语中二二相承的是成语,剩下的是谚语。描述语中二二相承的是成语,剩下的是惯用语。有许多语,如"不入虎穴,焉得虎子、满招损,谦受益"等,是成语词典和谚语词典都收的,这种情况带有普遍性,说明成语和谚语之间的界限,确实存在模糊不清的问题。对比《现代汉语成语规范词典》和《现代汉语谚语规范词典》的收条,就发现多有交叉。

辞书编纂过程中始终贯彻语汇学理论,是温先生一贯坚持的做法。而且辞书编纂要达到对传统认识"匡谬正俗"的目的,温先生跟我交流中经常提到这一点。如四字格的成语和有些惯用语,在结构上相似,很多成语词典都收录"打退堂鼓"、"喝西北风"等。实际上,这些语有一点明显不同于成语,中间可以插入别的成分,如"打了退堂鼓"、"喝几口西北风"等,成语词典不应该收入。还有的惯用语在形式上和谚语、格言相似,如"哪把壶不开提哪把壶"、"白刀子进,红刀子出"等,而有的谚语词典收录了。这些语都是描述性的,不是以传授知识为目的,所以不是谚语。商务印书馆新华系列的《新华谚语词典》《新华惯用语词典》《新华歇后语词典》收条严格遵守语汇学理论,给人耳目一新的感觉。

温先生在《新华谚语词典》《新华惯用语词典》《新华歇后语词典》中设置了"知识窗",挖掘了语源背景和相关知识,扩展了知识面,有利于增强读者理解和运用语汇的能力。鉴于歇后语的表义重点在后一部分,《新华歇后语词典》试行主条和副条按语目后一部分所表示的语义进行类聚的做法[2]。实践表明,这样做的优点是显而易见的,同义歇后语得以类聚又便于查检。辞书编纂的过程也是学术探讨的过程,贵在不断创新,温端政先生做到了这一点。

三 字、词、语研究,立足语言事实

温先生总结前人的研究成果,立足于汉语的语言实际,许多观点具有一定的理论深度。从《说文解字》以字为语言单位的研究,到《辞源》以词为语言单位研究,再到以语为语言单位研究,反映了人们认识水平的提高。我们认为字典——词典——语典,也是人们对语言单位认识的发展和提高。语汇独立研究,编写语汇词典,是语言研究发展的需要,有重要意义。

温先生立足于语言事实,从现代语用学、语义学角度,用浅近流畅的语言解释语汇与熟语、语汇与词汇等概念范围的区分。讨论语的内部分类,根据定义,确认谚语、歇后语、惯用语和成语是语汇的组成部分。过去,由于在理论上对语汇、语汇学的认识没有上升到学科的高度,语汇研究显得薄弱。许多现代汉语教材中只有"熟语"一节,现在需要从改变对语汇的观念入手,丰富语汇的研究内容,根本上解决这个问题。

温先生系统梳理了散见于古代文献中的有关"语"的理论。"语"的历史考察、"语"的性质、"语"的范围与系统性等问题的讨论以及汉语语汇学研究的回顾和前瞻等,既提高了语汇在现代汉语教学中的分量,又提高了语汇在整个语言学中的分量。从语汇的叙述性特征角度,温先生分语汇为表述语、描述语、引述语三种。给语汇以定性分析,从语汇学概念、分类、构成和结构以及语义等4方面,对语汇做了历史考察,认为语和词一样都属于语言单位,但语是由词和词组合而成的,是大于词的语言单位。强调语和词一样,都具有整体性,但语不是概念性而是叙述性的语言单位。语汇具有词所不具备的"成句功能""被引用功能",这是语的区别性特征。这为语汇研究打下了基础。

我们知道,"语汇"的分类是十分复杂的,研究语汇必须具备系统的观点。谚语、惯用语、成语和歇后语,这些语汇的具体特点和它们之间的区别与联系应该具体分析。谚语、惯用语、成语、歇后语等的性质和范围,结构、语义和分类,以及语法功能和修辞功能等各有特点。只有分类目的明确,分类标准合理,语类之间界限清楚,分类结果才能为多数人接受。

四 对语汇学研究的思考

任何学术理论都是在不断发展、丰富和完善中,也都有其不足之处。从传统认识的俗语、熟语等,到现代语汇理论建设,语汇学的内涵、外延等需要进一步研究,温先生的语汇的分类、范围等仍有一些可补之处。

我们认为语汇作为汉语中语的总汇,是十分复杂的系统。语言生活中的詈语、隐语、引语等,应该也是语汇的一部分。谚语、惯用语、成语和歇后语是语汇的核心,这是毫无异议的。语汇必须具备系统的观点,我们对"语汇"研究仅包括这4种语提出过疑义。汉语词的分类尚有名、动、形、数、量、代、副、介、连、助、叹等十余种,而语的分类仅有谚语、惯用语、成语、歇后语4种,是否过窄,显得薄弱不丰满。传统语言中的典故、俚语、詈语、行业术语、隐语、名言隽语等有鲜明特色的,与普通词组或句子有显著区别,也应该是语的成员,语类应尽量多一些。很多人认为格言、警句、詈语等也应归入语汇,这是可以继续研究的问题③。

温先生语汇的范畴太窄了,只有成语、谚语、惯用语、歇后语4种。其实语言中语汇丰富多彩,像语言生活中一些格言、警句、詈语等,是可以归入语汇的。如孙维张先生早就认为"谚语和格言同属于'表述性熟语',基本性质相同,语用功能也相同,但风格特点不同",这实际是认同格言是语汇的一种。格言与引用语是不在温先生语汇学体系中的,但我们分析格言是含有哲理或具有劝诫和教育意义的名句,大多来自书面语。正像我们对有些成语的态度,引用语与格言性质相同,应该也是语汇家族的成员,应当允许语汇中有一些"过渡性、有考察期"的不同处理意见,这比较合乎语言实际。④

同样,用语汇学理论指导辞书编纂,是我们的传统,也是我们的目标。然而我们在运用语汇理论的实践中也遭遇到了困难。如惯用语。传统认为惯用语是"以动宾关系为基本语法结构,以三字格为基本形式,以比喻引申为基本修辞手法和表义手法的固定词组",而温先生认为惯用语"分为两种类型":一类是不表示完整意思的词组,如"喝西北风"、"不管三七二十一",一类是表示完整意思的句子,如"七口子当家,八口子主事"、"公说公有理,婆说婆有理"、"生米煮成了熟饭",认为后一类惯用语是用来对人或事物的特点、形状等进行某种描述的。《新华惯用语词典》是严格按照温先生语汇学理论确定惯用语语目的,而在我们编辑加工中与编纂者发生冲突。首先是语目的选择,考查前四个字母的语目,三字格只占十之三四。这与惯用语是短小定型的习惯用语,相去甚远。如"八面光、拔白旗、半吊子、包打听、不倒翁、吃白眼、吃豆腐、出气筒、戳伤疤、凑热闹"之类,具有明显的口语色彩,我馆以前出版的

《汉语惯用语词典》均予收录,而《新华惯用语词典》一概摒弃,这恐怕令众人难以接受。相反地,多字条目所占比重过大。其二是语目和例句不符。惯用语结构定型程度低,中间可以添加其他成分,如"碰钉子",可说"碰了个大钉子","挨闷棍",可说"挨了一闷棍",例句应该和语目一致。而从前三个字母的例句看,与词目不一致的有150余条,有的是离合添加了附加成分,如"挨闷棍",例句全是"挨了一闷棍"。还有一些语目例句和语目结构完全不一致,如"撑门户",例句是"……才把门户撑得住"。

再如语类系统的分类标准,如成语非并列型的"主谓式"和不完全"二二相承"式的"主谓关系型"区别是什么?就成语语法结构分析,应该是一致的,应该分析并找出语汇内部的区别性特征,用量化定性的方法加以解决。辞书在具体收语上,不能拘泥保守,如"不A不B""七A八B""可A可B""AABB"这些镶嵌格式以及新生四字格,辞书应该收录,应当允许有成语"过渡性"、"有考察期"的不同处理意见。这比较合乎语言实际,对成语辞典和其他语汇词典的收词有指导意义。针对成语鉴别与成语词典收词标准与范围问题,本人不能完全同意温先生的观点。我根据参加编写成语辞书的实践,曾阐明成语的基本特性:A.词组性;B.凝固性;C.骈偶性;D.潜意性;E.雅典性;F.历史性;G.习用性。认为,凡符合上述五种以上基本特性,就可断定是成语。

当然,语汇能否真正取代熟语,语汇学能否真正被学界接受并健康发展,并不是几个人几篇文章说了算的,需要学界同仁的关注和支持,需要有真正的收语全面的语典支撑。语汇学的全面发展还有待时日。总结30多年来对成语、俗语、谚语、歇后语等的理论研究和辞书编纂实践,总结汉语语汇研究理论与方法,对语汇学学科建设、辞书编纂,有重要意义。作为语汇学研究者,我们需要开拓语言研究的新视野,建立和发展成熟的现代汉语语汇学。

附注:

① 温端政《论语词分立》,《辞书研究》2002年第6期。

② 由于照顾检索习惯等原因,出版时排方式又作了调整。

③ 此意见马志伟先生与我探讨过很多次,我们认为语汇的范围可以扩大一些,希望此问题能够进一步讨论。另在编辑加工《新华惯用语词典》《新华歇后语词典》时,经常对照《汉语语汇学》理论,产生了不少想法,有些也跟作者进行了沟通。特别是在惯用语上有较大的分歧。

④ 我在《汉语成语鉴别和成语词典收词量化定性研究》中,提出了量化定性法,认为成语应是具备下列特点的词组。A、词组性;B、凝固性;C、骈偶性;D、潜意性;E、典雅性;F、历史性;G、习用性等七种特性。文章提出凡一短语有两种以上不符合这七种基本特性者,就可断定不是成语。见《语文研究》2006年第4期。

参考文献:

[1] 符淮青 现代汉语词汇[M],北京大学出版社,1985。
[2] 李行杰 构建中国语言学特有的语汇学——读温端政《汉语语汇学》[J],《语文研究》,2006(1)。
[3] 马国凡 成语[M],内蒙古人民出版社,1978。
[4] 孙维张 汉语熟语学[M],吉林教育出版社,1989。
[5] 温端政 汉语语汇学[M],商务印书馆,2005。
[6] 温端政 汉语语汇学教程[M],书海出版社,2006。
[7] 温端政,周荐 二十世纪的汉语俗语研究[M],书海出版社,2000。
[8] 向广忠 成语概说[M],湖北人民出版社,1982。
[9] 张永言 词汇学简论[M],华中工学院出版社,1982。
[10] 张志公主编 现代汉语(试用本)[M],人民教育出版社,1982。

(作者单位:商务印书馆汉语编辑室　北京　100710)

从词典编纂的角度看语汇学的相关问题

程 荣

汉语言文字古今传承历史悠久,蕴含着生动鲜活的华夏文化,特别是在大量的固定语汇当中有着更加突出的体现。汉语语汇学的建立将促进汉语词汇和语汇的研究,推动汉语言文字学的发展,也将有助于汉语词典和汉语语典的编纂。汉语语汇学建立之初有必要理清一些基本概念之间的关系,探讨并解决一些相关问题。

一 语汇与词汇的关系

一般来说,一部标注词类的词典大约都要划清词与非词的界限,才便于给词标注词类。在非词当中,小于词的是语素,大于词的就是语。语与词经常共存于词典的多字条目中。《现代汉语词典》(以下简称《现汉》)的多字条目以收选词为主,标注词类,也兼顾收选少量的语,不标注语类。因此词典的编纂需要考虑词与语的区分问题。而现代汉语语汇学的建立,既然要把语汇学从词汇学中独立出来,首先也需要对语汇的范围加以界定,区分语汇与词汇。

对语汇的解释,学界历来有不同的看法。归纳起来主要有六种:1.语汇即词汇,是词汇的另一种说法。2.语汇是所有的词加上固定短语的总和,大于词汇。3.语汇是所有的词加上短语的总和,包括小于句子的所有的词和短语。4.语汇是短语的总汇,词汇是词的总汇。5.语汇是固定短语的总汇,不包括一般短语。6.语汇是成语、惯用语、谚语、歇后语等固定短语和固定短句的总汇。

正是由于语言文字学界对语汇的看法和界定不同,因此也导致辞书中对语汇的解释有所不同。《辞海》和《新华词典》把语汇与词汇视为全等关系,对"语汇"的释文都是"即词汇",在"词汇"的释文中都注明"也叫语汇"。《现汉》对"语汇"与"词汇"的解释是有所区分的,但原版对"语汇"的解释是:"一种语言的或一个人所用的词和短语的总和。"第5版改为"一种语言的或一个人所用的词和固定词组的总和。"

学界从不同角度对语汇的界定和解释,有宽有严,宽到包括所有的词和短语,窄到专指固定短语。而词跟短语的界限是什么,能否严格区分?固定短语又包括哪些?词语的缩略形式是看做词呢?还是看做语?四字组合的"粗心大意""麻痹大意""骄傲自满"等是算固定短语呢,还是算两个词组合的一般短语呢?诸多语言现象在词与语上的界限并不十分明确,均需研究探索。

温端政先生认为:"语汇是语言里语的总汇,如同词汇是语言里词的总汇。""……长期以来,语被看成是'词的等价物',使本来并不复杂的问题复杂化了。"他主张词、语分立,给词、语,特别是"语"下一个确切的定义,把语从词汇里分立出来,把词从"语汇"里分立出来,"划清语与词特别是复合词的界线,划清和其他固定、准固定词组的界线"。这是十分必要而有实际意义的。

学界对语汇与词汇界定的不一致性,与现代汉语词汇学研究一直比较薄弱有关,而现代汉语语汇学的研究则几乎还是空白。

从这一点来看,现代汉语语汇学的建立更有实际意义,特别是在这几年现代汉语词汇研究有了长足的发展以后显得尤为突出。语汇学从词汇学中分立出来,对现代汉语词语分类分层地深入研究是十分有利的,这样可以使语汇学和词汇学的研究相互促进,改变以往重词汇轻语汇的状况。

要建立现代汉语语汇学,就要确立语汇学的研究对象,使其与词汇学的研究对象有所分工,明确各自的研究范围,而其中还有不少问题有待研究解决。除了语汇与词汇的区别以外,还有固定语与一般短语的区别,固定短语与多字词的区别等诸多问题需要研讨。

二 固定语与多字词的关系

按照一般的理解,固定语是语汇学的研究对象,多字词属于词汇学的研究对象,宏观上讲是很明确的,但在纷繁的具体实例面前,固定语与多字词的界限有时则显得模糊不清。拿词典多字条目中具有凝固性的三字格来说,就存在三字词与惯用语的区分问题。

在普通语文词典中被作为三字词对待的,包括比喻性和非比喻性的,如"磨不开"属于前者,"难为情"属于后者,由于这两类三字条目在组合后的意义均难以拆分,所以均被视为词,而且均标了词类。

在较大型的惯用语词典中,把比喻性的三字词归入了语汇范畴。如《中国惯用语大全》(简称《惯全》)和《语海》中几乎收入了《现汉》第4版中所有的带比喻性的三字词,如"磨不开"(《现汉》第5版增收了"磨得开"尚未被吸纳其中)、"闷葫芦"、"敲门砖"、

"倒插门"等均收入其中。同时还把由非比喻性本义产生出比喻义或比喻用法的三字格条目也纳入惯用语范围，如"防空洞""导火线""安全岛"等均收入条目，只是在释义上略有不同。比如，《现汉》对"防空洞"条目的处理是先出具体义的义项，再出比喻义的义项："名①为了防备敌人空袭而挖掘的供人躲避或者储存物品用的洞。②比喻可以掩护坏人、坏思想的事物。"《语海》只解释其比喻义，分成两个义项："惯用语①喻掩护坏人坏事的事物、条件。②喻借以掩饰逃避矛盾、冲突的事情。"《惯全》只收条，不释义。《现汉》对"导火线"的处理也是先出具体义的义项，后出比喻义的义项："名①使爆炸物爆炸的引线。②比喻直接引起事变爆发的事件……"《语海》的解释是："惯用语本指爆炸物爆炸的引线。喻直接引发冲突或事件的原因……"《惯全》只收条，不释义。对"安全岛"，《现汉》第5版尚未把比喻用法立为义项，只解释了具体义；《语海》从具体义出发解释了比喻义；《惯全》只收条，不释义。对"防空洞""导火线""安全岛"，《现汉》都标为名词，《语海》都标为惯用语。

就一般而言，把带有比喻性的三字格条目归入惯用语是很正常的事，视为三字词也无可厚非，但无论是从研究的角度还是从词典编纂的角度都需要对惯用语和三字词加以区分，特别是在为词标注词类的词典中，更需要如此，因为只要标了词类就等于认可了它词的资质。如，《现汉》把"磨不开""倒插门"等标为动词，把"闷葫芦""敲门砖"等标为名词，就等于说明了它们有词的身份；《惯全》把它们收入其中，《语海》还标为惯用语，表明这两部辞书的作者是把它们作为固定短语看待的。其中的分歧是显而易见的，在语汇学和词汇学的研究中需要对惯用语或三字词作出较好的分析解释。

"防空洞""导火索"等与"闷葫芦""敲门砖"等有些不同,它们不是直接用比喻方式形成的词语,而是由普通义词语引申出的比喻义或比喻用法,对这些词语应当如何看待和处理,也需要研究讨论。

《语海》除了把以上两种类型的三字词作为惯用语收入其中,还把一部分带比喻性的二字格的词也视作惯用语收入。例如,对"倒台""倒爷"等不仅收作条目,而且都标为惯用语。这样处理不能说完全没有理由,但从总体上看还是以不作为语看待为宜。因为二字格当中比喻造词的情况多见,如"龙眼、驼背、鸡胸、雀斑、银耳、碰壁、拆台、瓶颈、领袖、首领、炮灰"等都是,有比喻义或比喻用法的更是数不胜数,如"后台、包袱、流产、露头、麻醉、松绑、消化、桥梁"等都是。如果仅仅把有无比喻义作为区分词与语的唯一的界限和标准恐怕是很难有说服力的。

三 语汇与短语的关系

在确定语汇学的研究范围时还涉及区分固定短语和一般短语的问题。固定短语是语汇中的主要成员,是语汇学研究的主要对象,这一点是没有意见分歧的。那么一般短语也是语,是否也该纳入语汇学的研究当中,看法就不见得一致。另外有一部分短语,是算固定短语还是算一般短语,是不够明确的,或者可算作准固定语。

例如,"粗心大意"这个四字格的词语是被收入《中国成语大辞典》(以下简称《成大》)的,大多数的成语词典也都收入其中。也就是说,它是被作为固定语中的一类——成语看待的,但它与真正的固定语还有所不同,因为它相对松散,可以拆分成"粗心"和"大意"两个能够独立使用的双字词,按四字固定语跟按两个双字词组合的非固定语在意义的理解上是没有差别的。"粗心"和"大意"分开使用的情况很常见,搭配在一起使用的时候也很多。对"粗心大意"的组合视为固定性还是非固定性都不无道理,或者也可看做准固定语。与"粗心大意"类似的短语在汉语使用中为数不少,可以作为语汇学的研究对象。

又如,"满腔热忱"被收入《成大》,"满腔热情""满腔热血""满腔仇恨""满腔怒火"等均未收入;《现汉》在收条时由于考虑到"满腔"具有组构能力,把"满腔"立为条目,以"满腔热情""怒火满腔"等作例。"满面""满口""满门""满腹"等也属于跟"满腔"类似的情况,它们是词,还是构语成分?《现汉》收"满面",不收"满面笑容",而以之为例;收"满口",不收"满口答应""满口谎言",但在举例中体现;收"满门",不收"满门抄斩",而用作举例;收"满腹",不收"满腹牢骚"和"牢骚满腹",用"牢骚满腹"作例。这是中型汉语词典编纂的一种编纂方法。但从语汇学研究考虑,这些由"满腔""满面""满口""满门""满腹"等组构的短语,是归入固定短语,还是一般短语?这些都是需要分析研究的。语汇学应当把它们纳入研究范围。

还有一种由四个单字词组构成的短语似乎也应当做为固定语或准固定语纳入语汇学的研究范畴。诸如"鸡鸭鱼肉""锅碗瓢盆""酸甜苦辣"等类型的四字格,在汉语中普遍存在,它们的组合较为固定,组合后原来的四个单指义往往发生一定程度的语义转化,变为泛指或特指。"鸡鸭鱼肉"泛指带荤腥的各种美味佳肴,"锅碗瓢盆"泛指家庭日常生活中使用的各种器皿;"甜酸苦辣"泛指各种口味,也喻指生活中所有的安逸和艰辛。此类短语如果广泛收集起来还是有一定数量的,而且很有特色,应当在语汇研究中受到应有的关注。

总之语汇研究中需要涉及非固定短语,应当包括对准固定语的研究,否则那些经常性的短语的用法搭配就无人研究,而这一块恰恰是开放式的而且是很有生命力的,完全有可能随着使用频率的增加而逐渐固定下来,成为未来的新成语,新的固定短语。

四 语汇与缩略语问题

缩略语或叫缩略词语,表示人和事物一类的缩略词语或叫简称。它是一种很常见的语言现象,在汉语中具有突出的个性特征。缩略词语从某种角度看像是属于介于语跟词之间的一类。因为缩略语的词化是新词产生的途径之一,其词化后的固定式进入到汉语词汇系统,成为词汇中的一员,应视为词,即缩略词,尚未词化和未能词化的缩略式似乎仍应视为短语,即缩略语。

缩略语词化情况呈多样性。有些缩略语词化后与一般词的使用无别,并能以此为新的基本式组构新的短语,而原式短语与之相比则使用频率较小。例如,"体检"曾是"体格检查"这一普通短语的缩略,但其使用频率大大超过原式短语,而且又组构了新的短语"体检项目""体检中心"等等,《现汉》原版对"体检"的释文是"体格检查的简称",第 5 版对其标注词类为动词,释文改为"体格检查",删去了"简称"二字,把它按一般词处理,明确了"体检"的词化。又如,"政委"是"政治委员"的缩略,使用频率超过原型,而且作为一种职务,常在前面加姓氏作称谓,诸如称"王政委""刘政委"

等;《现汉》对"政委"的释文始终是"政治委员的简称",第 5 版标为名词。再如"化肥",它曾是"化学肥料"的缩略,目前其使用频度已超过原型短语,而且能组构新的短语"化肥基地""化肥生产"等,《现汉》也始终把它解释为"化学肥料的简称",第 5 版标为名词。《现汉》对"政委"和"化肥"虽然仍按简称释义,但由于标注了词类,也就等于确认了它们作词的资格;其相应的全称作为短语,不标注词类。

有些缩略语词化后,与原式短语表现为一种类似分化的使用状态。即:一方面缩略式按词的方向发展,使用频率很高,并能以词的功能与其他词组合成新的常用短语,另一方面原式短语仍不失往日风采,在普通短语中也十分常见。例如,"科研""调研""研讨"是分别由"科学研究""调查研究""研究讨论"缩略后词化的,它们独立性很强,搭配对象已与原式短语发生分化,由缩略式重新组构的"科研局""科研处",一般不换用原式短语"科学研究局""科学研究处","调研员""调研会""研讨会"一般也不换用"调查研究员""调查研究会""研究讨论会"。《现汉》中对此类缩略词均按普通词汇释义,标注词类。

还有一类缩略词语,因缩略后影响到区别性,所以真正发生词化的可能性较小,原式全称始终处于主流地位。例如,"山大"是"山东大学"的简称,也是"山西大学"的简称,如果离开具体的语境或地域就无法区别,很难组构新的短语,也无法取代全称。对这类简称普通语文词典一般是不收条的,即使收条也不宜作为双字词看待,不宜标注词类。

在探索缩略语的词化与未词化,以及词典中如何处理好这些条目的释义及其是否标注词类等方面,目前还显得较为薄弱。此时要严格区分出缩略词和缩略语有较大困难,使之分别纳入词汇学和语汇学的研究范畴就极难操作。因此在需要区分语汇与词汇而缩略词和缩略语还不易区分的情况下,似可考虑从总体上先不作硬性拆分:或者仍作为词汇学研究中的一部分,或者纳入语汇学的研究范围。

五 语汇与固定短句的问题

把谚语纳入语汇学的研究对象,这是被普遍认可的。从语法功能上看,多数的谚语,甚至还包括少量的成语,表现为短句形式,但它们不是一般的短句,而是寓意或内涵已经完全超越了字句本身的固定短句。例如人们在说"种瓜得瓜,种豆得豆"的时候所要表达的不是字面上具体的种瓜和种豆,而是要表达做什么样的事就会得到什么样的结果这样一个具有哲理性的意义。也就是说,对此种形式的固定短句,不能按普通的语句去理解,而它们在汉语当中又是普遍存在的,因此将其纳入语汇学的研究范围就很有必要。

寓意深刻或富有哲理性的固定短句主要存在于谚语当中,但有些成语从形式上分析,也很像固定短句,或者说成语与谚语之间有时难以划界。例如,"事在人为""老马识途"等虽然是四字格形式,但在实际应用中相对独立,具有固定短句的性质,成语词典和谚语词典一般都收入其中。又如,"一言既出,驷马难追""吃一堑,长一智""有志者事竟成"等也表现为固定短句形式,大多数成语词典和谚语词典也都是收选的。

《现汉》作为普通语文词典,从实用性考虑,在多字条目中收入了一部分固定短语,也包括少量的最常见的固定短句,"事在人为"

"老马识途""塞翁失马""一言既出,驷马难追""吃一堑,长一智""有志者事竟成""种瓜得瓜,种豆得豆"等常见的固定短句都收入其中。今后词典与语典收条的分工以及相互兼顾的问题,特别是对固定短句的收选问题,是值得讨论的。

另外,在语汇学的研究中,对于某些短句式名言隽语似乎也应当有所考虑。比如"桃李不言,下自成蹊"、"流水不腐,户枢不蠹"等既见于《现汉》和《谚海》,也见于《中国古代名言隽语大辞典》。谚语、成语、名言隽语之间的界限并非十分清晰,无论是从结构上看还是从内容上看,古代的一些名言隽语同时也可以是成语或谚语。既然如此,我们把那些从古代延续至今仍有生命力的名言隽语纳入语汇学的研究范畴自然也就在情理之中了。

总而言之,语汇学从词汇学中分立出来进行专门研究是很有必要的,但一经分立,势必会产生出一些新的研究课题,亟需确定语汇学研究的范围,与词汇学研究有明确分工,还需要大致廓清语汇与词汇和短语、短句的关系,等等。在此基础上才便于把语汇学的研究纳入全面性系统性的轨道,进而促进现代汉语研究的发展。词典编纂应当注意吸收语汇学的研究成果,处理好词与非词、词与短语的关系,特别是标注词类与标注语类的问题,使语词类词典的编纂和语汇类词典的编纂在原有的基础上有所创新,更加适合社会语言生活的实际需要。

参考文献:
[1] 何承伟等 语海[K],上海文艺出版社,2000。
[2] 马国凡、高歌东 惯用语[M],内蒙古人民出版社,1982。
[3] 商务印书馆辞书研究中心 应用汉语词典[K],商务印书馆,2000。
[4] 孙常叙 汉语词汇[M],吉林人民出版社,1956。

[5] 王涛等 中国成语大词典[K],上海辞书出版社,1987。
[6] 温端政 汉语语汇学[M],商务印书馆,2006。
[7] 温端政主编 中国惯用语大全[K],上海辞书出版社,2004。
[8] 中国社会科学院语言研究所词典编辑室 现代汉语词典(第4版、第5版)[K],商务印书馆,1996、2005。

(作者单位:中国社会科学院语言研究所　北京　100732)

试论《现代汉语词典》熟语的收录原则

李 志 江

语文词典以收录词汇为主,通常也收录一些小于词和大于词的语言单位。小于词的,有不成词语素,也有单纯记音的汉字。大于词的,除了惯用语、成语,也有少量的谚语、歇后语等。《现代汉语词典》(以下简称《现汉》)前言中说,这部词典"是以记录普通话语汇为主的中型词典","词典中所收条目,包括字、词、词组、熟语、成语等"。这里的"语汇",主要是指通常所说的词汇;这里的"熟语",主要是指非典型惯用语(典型惯用语为三字格、四字格的,《现汉》作为词组处理),也包括少量的谚语和个别的歇后语,简言之,即五字及五字以上的"语"。

长期以来,汉语的"词汇"和"语汇"常常被理解为同一事物的两个名称,类似"词素"和"语素"那样,经常混用。如果细加分别,则一般认为"词汇"包括词和词组(典型惯用语和成语也在其列),而"语汇"除了以上内容外,还包括谚语、歇后语等。作为研究领域,过去只有词汇学,没有语汇学,所以上述各类均在词汇学范畴内讨论。客观地说,学界对于词和词组的研究相对充分一些,而对其他则较少论及。2000年,温端政和沈慧云先生合写了《"龙虫并雕"和"语"的研究》一文,指出"语"不是"词的等价物",建议建立与汉语词汇学相平行的汉语语汇学。2002年,温端政先生在《论语词分立》一文中进一步阐述了上述观点,明确提出了语词分立的主张。这一主张是很有道理的,很快得到学界同仁的广泛关注和重视。

过去,许多学者从不同的角度,先后对《现汉》的收词问题进行了一系列的研究,但是对其中熟语的收录,考察和分析都还不够。本文拟对《现汉》熟语的收录情况作一梳理,并尝试着对其收录原则予以归纳。

熟语是《现汉》所收条目的一个部分,它的收录原则必然要与其他部分保持一致,即要从社会的语言实际出发,注重通用性、稳定性和规范性等几个方面。但是具体到熟语范围之内,如何把握它的通用性、稳定性和规范性,《现汉》的编写细则没有作出详细说明,所以,我们只能从目前已经收录的条目入手分析。

据初步统计,《现汉》(第5版)共收录熟语(五字及五字以上的"语")210个(参看附录一),可以分为非典型惯用语、谚语和歇后语三个部分。

非典型惯用语

温端政等先生认为:"确定惯用语范围的前提,是要把惯用语放到汉语语汇的整个系统中去考察,要尽可能地把除成语、谚语、歇后语以外的其他语汇单位都包括进来。"(2006,193页)按照这一观点,我们将《现汉》熟语中除去成语、谚语、歇后语以外的,一律称之为非典型惯用语。我们认为,假如给这类非典型惯用语另外定名(比如定名为"俗语"),或许比较妥当,那样会既照顾到了人们的习惯认识,也便于称说。

《现汉》收录的非典型惯用语有142个,如"八九不离十"、"拆东墙,补西墙"、"针尖儿对麦芒儿"等。

我们看到,《现汉》收录的非典型惯用语,数量相对较多。从语体上说,可以分为文言色彩和口语色彩两个部分。文言色彩的如"过屠门而大嚼"、"山雨欲来风满楼"、"无所不用其极"、"欲速则不达"、"反其道而行之"、"只许州官放火,不许百姓点灯"等,它们来源于历史文献,凝固性强,在某种角度上也可视为成语,通常不能见词明义,需要详细作注。口语色彩的如"八竿子打不着"、"不管三七二十一"、"吃不了,兜着走"、"胳膊拧不过大腿"、"羊毛出在羊身上"、"着三不着两"等,它们来源于社会日常生活,生动灵活,形式多样,是一个大的独立使用的语言单位,通常没有与之相对应的"词",因而有收录的价值。

谚语

《现汉》收录的谚语有 66 个,如"百闻不如一见"、"磨刀不误砍柴工"、"三个臭皮匠,赛过诸葛亮"等。

我们看到,《现汉》收录的谚语,数量也还不少。从分类上说,主要是哲理性、常识性谚语,而不是行业性谚语。例如"庄稼一枝花,全靠粪当家"(农业谚语),"早霞行千里,晚霞不出门"(气象谚语),"饭后百步走,活到九十九"(养生谚语)等等,都未在收录的范围之内。尽管类似这样的行业谚语不可谓不常见,不可谓没有知识性,但是《现汉》毕竟是语文词典,其中专科条目所占比例仅仅在 25% 左右,为了突出重点,又考虑到篇幅有限,这类谚语只好忍痛割爱了。

歇后语

《现汉》收录的歇后语有 2 个,即"老鼠过街,人人喊打"和"打破沙锅问到底"。

我们看到,《现汉》本来是不收录歇后语的,但也未采取一概排斥的态度。基本上不收歇后语,道理在于歇后语是由前后两段组成的,其语义中心在后段,即所谓类似谜底的注释部分,而这一部分或者是现成的语词,已经收录,例如"外甥打灯笼——照舅(照旧)","照旧"已经收词,不必重复;或者是一个句子、一个短语,语义显豁,不能收录或不必收录,例如"飞机上吹喇叭——响(想)得高","想得高"是自由短语,不符合收词要求。再者,歇后语的前段是类似谜面的描述性引子,同一个注释可能对应几种不同的引子,例如"头头是道"就有"斑马的脑袋——头头是道"、"蚂蚁钻磨盘——头头是道"、"蛐蟮钻磨盘——头头是道"、"玄妙观的当家——头头是道"等。与此相反,同一个描述性引子又可能对应几个不同的注释,例如"鸡蛋里挑骨头——找茬儿"、"鸡蛋里挑骨头——吹毛求疵"、"鸡蛋里挑骨头——没事找事"、"鸡蛋里挑骨头——无中生有"等。另外,歇后语在文字上不够定型的情况是比较普遍的,例如"鸡蛋里找骨头——无中生有",也有说成"鸡蛋里挑刺——无中寻有"的。

至于《现汉》为什么收录了这两个歇后语,我们的理解是,它们通常两段连说才能完整表达意义("打破沙锅问到底"已经成为一段),"歇后"的功能已然退化了。

我们注意到,在《现汉》收录的条目中,有一些是已经凝固化的古汉语短语或句子,如"不期然而然"、"山雨欲来风满楼"、"无所不用其极"、"无所措手足"、"勿谓言之不预"、"有过之无不及"、"欲速则不达";有一些是五字以上的成语,如"城门失火,殃及池鱼"、"皮之不存,毛将焉附"、"千里之堤,溃于蚁穴"、"庆父不死,鲁难未已"、"司马昭之心,路人皆知"、"同声相应,同气相求"、"五十步笑百步"、"言者无罪,闻者足戒"、"欲加之罪,何患无辞"。以上所列举的,或者可以视为成语,或者可以视为熟语,处于二者交叉的地带,将它们划分得一清二楚恐怕有些困难。我们考虑,是否可以用文言、口语的语体色彩不同来区分成语和熟语,这些属于古汉语层面的短语或句子,视为成语相对比较稳妥。

总起来说,《现汉》收录熟语的原则是正确的,但还偏于谨慎,数量上很少,未能反映出熟语在现代汉语中使用的基本面貌。为此,建议在今后修订时予以全面考虑,做出适量增补。据我们初步考察,认为补充400条左右的熟语是完全可能的(参看附录二)。

目前,社会上各类语典品种繁多,但是除去成语词典,其余各类在广大读者中间使用得并不普遍。究其原因,恐怕与编纂缺乏从读者角度思考有一定的关系。惯用语、谚语、歇后语之类往往口耳相传,意思显豁,人们接触到这些"语"的时候,借助语境,语义通常不说自明,无需查检语典;相反,人们在知道某种语义的情况下,却不了解表达这种语义的生动形式,是希望通过查检语典来学习的。现行的语典大都是按汉语拼音音序排列的,而按义类排列、由语义导出"语"的则比较少,倒序排列的更少,因此还不能很好地满足读者多层面、多角度的需求。

另外,就一般而言,语汇的查考率总是低于词汇的查考率的,单纯收录惯用语、谚语、歇后语之类的语典,读者面相对较窄,使用范围有限也是正常现象。假如将语典中的一些"语"收录到学习型的语文词典中,"嫁接"在与之语义照应的"词"的下面,作为词的释义的拓展,以此建立起"词-语族",相信能够使词典中"词"和"语"彼此映衬,相得益彰。

我们认为,今后在语文词典的编写修订中,一方面,规范型词典（如《现汉》）不妨适当增加"语"的收录比重；另一方面，学习型词典可以在释义中加强"词"、"语"之间的沟通，使其功能不断趋于完善。试举例如下：

【清楚】qīng·chu（释义略）成语 昭然若揭 歇后语 小葱拌豆腐——一清（青）二白

【摆设】bǎi·she（释义略）歇后语 喝茶拿筷子——摆设。

【反对】fǎnduì（释义略）歇后语 倒贴门联——反对

【孤掌难鸣】gū zhǎng nán míng（释义略）谚语 一个巴掌拍不响

【欲速则不达】yù sù zé bù dá（释义略）谚语 一口吃不成胖子；一锹掘不出井来；心急吃不了热豆腐

参考文献：
[1] 武占坤《汉语熟语通论》，河北教育出版社 2005 年版。
[2] 温端政《汉语语汇学》，商务印书馆 2005 年版。
[3] 温端政《汉语语汇学教程》，商务印书馆 2006 年版。

附录一
《现汉》（第 5 版）收录的五字及五字以上的熟语
（前加※的表示带有文言色彩）

一、非典型惯用语

按下葫芦浮起瓢	搬起石头砸自己的脚	不见棺材不落泪
八竿子打不着	板板六十四	※不可同日而语
八九不离十	※彼一时，此一时	不知天高地厚
八字没一撇	不费吹灰之力	拆东墙，补西墙
※百尺竿头，更进一步	不管三七二十一	陈谷子烂芝麻

※成事不足,败事有余
※成也萧何,败也萧何
吃不了,兜着走
吹胡子瞪眼
此地无银三百两
此一时,彼一时
打开天窗说亮话
打鸭子上架
打肿脸充胖子
※大旱望云霓
当面锣对面鼓
刀子嘴,豆腐心
丁是丁,卯是卯
钉是钉,铆是铆
※东风吹马耳
二一添作五
※反其道而行之
※风马牛不相及
干打雷,不下雨
赶鸭子上架
高不成,低不就
胳膊拧不过大腿
胳膊肘儿朝外拐
※更上一层楼
挂羊头卖狗肉
※过屠门而大嚼
※何乐而不为
恨铁不成钢
横挑鼻子竖挑眼
后浪推前浪
花岗岩脑袋
※化干戈为玉帛

换汤不换药
鸡蛋里挑骨头
脚踩两只船
脚踏两只船
敬酒不吃吃罚酒
※九牛二虎之力
※可望而不可即
空口说白话
快刀斩乱麻
拉大旗,作虎皮
※老死不相往来
雷声大,雨点小
脸红脖子粗
驴唇不对马嘴
蚂蚁搬泰山
蚂蚁啃骨头
卖狗皮膏药
※冒天下之大不韪
眉毛胡子一把抓
※明修栈道,暗度陈仓
※鸣鼓而攻之
抹一鼻子灰
牛头不对马嘴
赔了夫人又折兵
碰一鼻子灰
皮笑肉不笑
平地一声雷
破题儿第一遭
前怕狼后怕虎
枪打出头鸟
秋风扫落叶
※人为刀俎,我为鱼肉

※如堕五里雾中
※三寸不烂之舌
三天打鱼,两天晒网
三下五除二
三一三十一
杀人不见血
杀人不眨眼
神不知鬼不觉
生米煮成熟饭
※失之东隅,收之桑榆
狮子大开口
十八般武艺
※十目所视,十手所指
十年九不遇
十万八千里
※手无缚鸡之力
※树倒猢狲散
太岁头上动土
※螳螂捕蝉,黄雀在后
天字第一号
铁杵磨成针
头痛医头,脚痛医脚
※图穷匕首见
万事俱备,只欠东风
※为渊驱鱼,为丛驱雀
无可无不可
※无源之水,无本之木
※项庄舞剑,意在沛公
像煞有介事
小巫见大巫
※心有灵犀一点通
※迅雷不及掩耳

135

羊毛出在羊身上　　　一是一,二是二　　　　有眼不识泰山
一鼻孔出气　　　　　一退六二五　　　　　　有一搭没一搭
※一波未平,一波又起　一碗水端平　　　　　　照葫芦画瓢
※一不做,二不休　　　※一蟹不如一蟹　　　　针尖儿对麦芒儿
一步一个脚印　　　　※一言以蔽之　　　　　※只许州官放火,不许
一锤子买卖　　　　　※一字长蛇阵　　　　　　百姓点灯
※一而再,再而三　　　※以眼还眼,以牙还牙　　竹筒倒豆子
一竿子到底　　　　　※以子之矛,攻子之盾　　着三不着两
一个萝卜一个坑儿　　※银样镴枪头　　　　　※醉翁之意不在酒
一棍子打死　　　　　※英雄无用武之地　　　　坐山观虎斗
※一人得道,鸡犬升天　有鼻子有眼儿

二、谚语

※百闻不如一见　　　※割鸡焉用牛刀　　　　三百六十行
※百足之虫,死而不僵　狗嘴吐不出象牙　　　　三个臭皮匠,赛过诸葛
饱汉不知饿汉饥　　　※解铃还须系铃人　　　　亮
※冰冻三尺,非一日之　※近朱者赤,近墨者黑　　山高皇帝远
　寒　　　　　　　　井水不犯河水　　　　　上梁不正下梁歪
兵来将挡,水来土掩　靠山吃山,靠水吃水　　※失之毫厘,谬以千里
不到黄河心不死　　　烈火见真金　　　　　※十年树木,百年树人
※不经一事,不长一智　※流水不腐,户枢不蠹　※识时务者为俊杰
※不入虎穴,焉得虎子　留得青山在,不怕没柴　※水至清则无鱼
※差以毫厘,失之千里　　烧　　　　　　　　※桃李不言,下自成蹊
※差之毫厘,谬以千里　磨刀不误砍柴工　　　　天高皇帝远
长江后浪推前浪　　　※蚍蜉撼大树　　　　　　万变不离其宗
车到山前必有路　　　※千里之行,始于足下　　无事不登三宝殿
※吃一堑,长一智　　　※牵一发而动全身　　　　新官上任三把火
大鱼吃小鱼　　　　　※前事不忘,后事之师　　星星之火,可以燎原
※道高一尺,魔高一丈　墙倒众人推　　　　　※惺惺惜惺惺
独木不成林　　　　　巧妇难为无米之炊　　　※薰莸不同器
※放下屠刀,立地成佛　※人同此心,心同此理　　一朝天子一朝臣
※覆巢无完卵　　　　※仁者见仁,智者见智　　一个巴掌拍不响

一失足成千古恨
一物降一物
※一言既出,驷马难追
有奶便是娘
有志者事竟成

※鹬蚌相争,渔人得利
远水解不了近渴
远水救不了近火
这山望着那山高

真金不怕火炼
※只要工夫深,铁杵磨成针
种瓜得瓜,种豆得豆

三、歇后语
老鼠过街,人人喊打
打破沙锅问到底

附注:
　　以上分类参考了温端政主编的《新华惯用语词典》(商务印书馆,2007)和《新华谚语词典》(商务印书馆,2005)。

附录二
建议《现汉》补充收录的惯用语、谚语、歇后语

矮子里拔将军
拔出脓来才是好膏药
拔了毛的凤凰不如鸡
百动不如一静
百万买宅,千万买邻
败军之将,不敢言勇
半部《论语》治天下
伴君如伴虎
棒打不回头
包子有肉不在褶上
报喜不报忧
本地姜不辣
兵马未动,粮草先行
兵熊熊一个,将熊熊一窝

病急乱投医
不打不相识
不当家不知柴米贵
不到火候不揭锅
不管白猫黑猫,抓住老鼠就是好猫
不见高山,不见平地
不见兔子不撒鹰
不看僧面看佛面
不怕不识货,就怕货比货
不求有功,但求无过
不是一家人,不进一家门
不是冤家不聚头

不受苦中苦,难为人上人
长痛不如短痛
常在河边站,哪有不湿鞋
朝里有人好做官
撑死胆大的,饿死胆小的
秤杆离不开秤砣
吃别人嚼过的馍没味道
吃亏人常在
吃水不忘挖井人
船到江心补漏迟
船到桥头自然直
慈不掌兵,义不主财

打蛇先打头
打水漂儿
打顺风旗
打铁先要本身硬
打游飞
大路通天,各走一边
大难不死,必有后福
大树底下好乘凉
大眼瞪小眼
大意失荆州
戴帽子
但行好事,莫问前程
当断不断,反受其乱
当一天和尚撞一天钟
到什么山上唱什么歌
得理不饶人
得便宜卖乖
低头不见抬头见
滴水之恩,当涌泉相报
东方不亮西方亮
多一事不如少一事
恶人先告状
恶人自有恶人磨
儿大不由娘
儿行千里母担忧
二八月,乱穿衣
二虎相斗,必有一伤
二人同心,其利断金
放长线钓大鱼
放一马
风里来雨里去
凤凰落架不如鸡

佛争一炉香,人争一口气
隔山买牛
隔行如隔山
各打五十大板
给脸不要脸
公道自在人心
工夫不负有心人
功到自然成
恭敬不如从命
狗改不了吃屎
狗眼看人低
骨头里榨油
寡妇门前是非多
贵人多忘事
海阔从鱼跃,天空任鸟飞
害人之心不可有,防人之心不可无
好汉不提当年勇
好汉做事好汉当
好花不常开,好景不常在
好记性不如烂笔头
好马不吃回头草
好事不出门,恶事传千里
喝凉水都塞牙
荷花虽好,也要绿叶扶持
胡萝卜加大棒
花有重开日,人无再少年
画虎画皮难画骨,知人知面不知心
黄土埋半截
浑身是铁能打多少钉
活到老,学到老
活人不能叫尿憋死
火大无湿柴
鸡多不下蛋
鸡毛飞上天
鸡窝里飞出金凤凰
鸡一嘴,鸭一嘴
鸡有鸡路,鸭有鸭路
记吃不记打
季节不饶人
家和万事兴
家家有本难念的经
嫁鸡随鸡,嫁狗随狗
捡到篮里就是菜
江山易改,秉性难移
姜是老的辣
将门出虎子
揭不开锅
借东风
金无足赤,人无完人
酒后吐真言
酒香不怕巷子深
救急不救穷
救人一命,胜造七级浮屠
军中无戏言
君子报仇,十年不晚

开弓没有回头箭
看人下菜碟儿
看山跑死马
炕头上练不出千里马，花盆里长不出万年松
靠山吃山，靠水吃水
扣屎盆子
苦海无边，回头是岸
快马不用鞭催，响鼓不用重锤
捆绑不成夫妻
拉不开栓
来者不善，善者不来
癞狗扶不上墙
懒驴上磨屎尿多
烂泥巴糊不上墙
狼上狗不上
老将出马，一个顶俩
老乡见老乡，两眼泪汪汪
姥姥不疼，舅舅不爱
里外不是人
脸朝黄土背朝天
良药苦口利于病，忠言逆耳利于行
凉半截
两虎相斗，必有一伤
两军相遇勇者胜
两眼一抹黑
量小非君子，无毒不丈夫
临阵磨枪，不快也光

龙多旱，人多乱
龙生龙，凤生凤
路遥知马力，日久见人心
乱点鸳鸯谱
萝卜快了不洗泥
骂人别揭短，打人别打脸
买得起马，备不起鞍
买卖不成仁义在
漫天要价，就地还钱
没吃过猪肉，也见过猪跑
没有不透风的墙
没有过不去的火焰山
没有规矩不成方圆
没有好果子吃
没有弯弯肚子，不敢吃镰刀头
没做亏心事，不怕鬼叫门
天下没有不散的筵席
名师出高徒
明枪易躲，暗箭难防
明人不说暗话
明人不做暗事
摸着石头过河
谋事在人，成事在天
牡丹花虽好，还要绿叶扶
拿得起，放得下
拿豆包不当干粮

拿着鸡毛当令箭
哪壶不开提哪壶
哪有马勺不碰锅沿的
难者不会，会者不难
泥鳅掀不起大浪
泥人也有个土性儿
你走你的阳关道，我走我的独木桥
尿不到一个壶里
宁拆十座庙，不破一门婚
牛不喝水强按头
爬得高，摔得重
盼星星，盼月亮
跑断腿
赔本赚吆喝
盆朝天，碗朝地
泼脏水
破车揽重载
七大姑，八大姨
七个不服，八个不忿
骑着脖子拉屎
起大早，赶晚集
牵牛要牵牛鼻子
前言不搭后语
强将手下无弱兵
强龙不压地头蛇
强扭的瓜不甜
抢眼球
翘大拇指
亲兄弟，明算账
秦桧还有三个相好的

139

清官难断家务事
情人眼里出西施
穷家富路
穷庙富方丈
求爷爷,告奶奶
劝将不如激将
缺胳膊短腿
饶人是福,欺人是祸
人不可貌相,海水不可斗量
人不求人一般高
人贵有自知之明
人敬我一尺,我敬人一丈
人怕出名猪怕壮
人平不语,水平不流
人勤地不懒
人生地不熟
人是铁,饭是钢
人无害虎心,虎有伤人意
人无千日好,花无百日红
人无完人,金无足赤
人心不足蛇吞象
人心换人心,八两换半斤
人心是秤
人要实,火要虚
人嘴两张皮
肉烂在锅里
软刀子割肉

三步并作两步
三句话不离本行
三军易得,一将难求
三年早知道
三十年河东,三十年河西
三岁看大,七岁看老
三天两早上
杀回马枪
山外青山天外天
上刀山,下火海
上气不接下气
上天无路,入地无门
少年夫妻老年伴
舌头底下压死人
舍不得孩子套不着狼
舍得一身剐,敢把皇帝拉下马
身正不怕影斜
伸手不见五指
身不动,膀不摇
身大力不亏
身在曹营心在汉
身在福中不知福
深一脚,浅一脚
生在福中不知福
十个指头不一般齐
十里不同雨,百里不同风
十月怀胎,一朝分娩
屎一把,尿一把
士别三日,当刮目相看

世上无难事,只怕有心人
事后诸葛亮
是药三分毒
瘦驴拉硬屎
瘦死的骆驼比马大
熟读《唐诗三百首》,不会作诗也会吟
蜀中无大将,廖化作先锋
树挪死,人挪活
竖大拇指
摔耙子
双拳不敌四手
谁笑到最后,谁笑最好
水大漫不过鸭子
水过地皮湿
说曹操,曹操到
说时迟,那时快
说他胖,他就喘
说一千,道一万
说一是一,说二是二
死猪不怕开水烫
四两拨千斤
送上门
台上一分钟,台下十年功
桃李满天下
天不怕,地不怕
天不转地转,山不转水转

天上掉馅饼
天外有天,人外有人
天下乌鸦一般黑
天下无难事,只怕有心人
天下没有不散的筵席
天知地知,你知我知
跳到黄河洗不清
铁打的营盘流水的兵
同行是冤家
捅窗户纸
头三脚难踢
兔子不吃窝边草
兔子急了也咬人
脱了裤子放屁
万事起头难
万丈高楼平地起
温水煮青蛙
乌云遮不住太阳
无风不起浪
无功不受禄
无理搅三分
无利不起早
五百年前是一家
物以稀为贵
习惯成自然
瞎猫碰到死老鼠
先下手为强,后下手遭殃
现官不如现管
削尖脑袋向里钻
小骂大帮忙

笑掉大牙
心急吃不了热豆腐
心静自然凉
心有余而力不足
新箍马桶三日香
新官上任三把火
行百里者半九十
行不更名,坐不改姓
秀才不出门,能知天下事
秀才人情纸半张
秀才造反,三年不成
言多必失
言者无心,听者有意
阎王好见,小鬼难当
眼不见,心不烦
眼不见为净
眼过千遍,不如手过一遍
眼里不揉沙子
雁过留声,人过留名
要想人不知,除非己莫为
一把鼻涕一把泪
一把屎一把尿
一把钥匙开一把锁
一步赶不上,步步赶不上
一步三回头
一部二十四史,不知从何说起
一寸光阴一寸金

一动不如一静
一夫当关,万夫莫开
一个鼻孔出气
一个吹笛,一个捏眼
一个汗珠摔八瓣儿
一个和尚挑水吃,两个和尚抬水吃,三个和尚没水吃
一只老鼠坏一锅汤
一个跳蚤顶不起被子来
一家人不说两家话
一撅屁股就知道拉什么屎
一棵树上吊死
一口吃不成胖子
一块石头落地
一锹掘不出井
一人难称百人心
一人做事一人当
一日为师,终身为父
一石激起千层浪
一条道走到黑
一问三不知
一山不容二虎
一样米养百样人
一朝遭蛇咬,十年怕井绳
一耳朵进,一耳朵出
疑心生暗鬼
以小人之心,度君子之腹
艺不压身

141

艺高人胆大
英雄所见略同
樱桃好吃树难栽
油瓶倒了不扶
有理不在声高
有意栽花花不发，无心插柳柳成荫
愚者千虑，必有一得
远来和尚好念经
远路无轻载
远亲不如近邻
远水不救近渴

砸明火
宰相肚里好撑船
摘帽子
摘桃子
占着茅坑不拉屎
站得高，看得远
站着说话不腰疼
张家长，李家短
针插不进，水泼不进
真人不露相，露相不真人
睁一只眼，闭一只眼

蒸不熟，煮不烂
知人知面不知心
只听楼梯响，不见人下来
智者千虑，必有一失；愚者千虑，必有一得
种瓜得瓜，种豆得豆
煮熟的鸭子飞了
捉贼捉赃，捉奸捉双
走回头路
走麦城

(作者单位　中国社会科学院语言研究所　100732)

轻声与轻音及其在语典中的标注问题

谢仁友

○ 引言

轻声与轻音,本名异而实同,在赵元任论著中即如此。后有学者认为轻声应是一种弱读,属于轻重音中的轻音,故用"轻音"名之,如林焘。但也有认为轻声是弱读而仍名之"轻声"的,如林茂灿、曹剑芬。

其实,轻声到底叫什么名称,相对来讲并不重要,重要的问题是:轻声是什么?哪些词或哪些成分应该读轻声?为什么?

无疑,这些问题至今仍有不少争议,这些问题至今仍困扰着我们,以至于影响汉语教学(包括对内和对外),影响小学教材、对外汉语教材和辞书编纂中汉语拼音的标注。对于以收录成语、惯用语、谚语和歇后语等语汇为特点的现代汉语语典来说,这些问题的探讨,对于其语汇条目的汉语拼音标注尤其重要,因为语汇条目在长度上比词目长得多,而语流中的音节数越长,牵涉轻重读的成分就越多,或者说,轻读的成分就越多。那么,哪些轻读是轻声,哪些轻读可以不标轻声,就显得很重要。

一 轻声是什么和关于轻声词的分歧

（一）轻声是什么

主要有四种观点："音变论"，"特殊的连读变调论"，"第五种声调论"，"弱读音节论"。

"音变论"和"特殊的连读变调论"观点基本相同，都认为轻声不是四声之外的第五种声调，而是连续语流中的一种声调变化，但它与一般的连读变调不同，后字不论原字调如何，均随前字字调的不同而有规律地变化，即前字读阴、阳、上、去四声时，后字变读又轻又短的声调，调值分别为2、3、4、1。

"第五种声调论"支持者一直很少，但近年又有学者重新提出并强调。持此论者的重要论据是在现代汉语中，助词"了"、"着"、"过"、"吗"、"呢"等读轻声，字典中这些单字都是标轻声的。另外，轻声还可以起辨义作用，如：地道——地·道。但此论遇到的困难是：轻声是在两音节或两音节以上的词或句子中存在的，是变调而不是单字调，而所谓调类只能是单字调的类，而不能包括变调。上举诸助词其实原来也是有四声的单字调的。汉字自古只有四声，轻声于史无据。所谓辨义功能，其实是轻重音的作用。

"弱读音节论"提出得很早，现在已为越来越多的学者所赞同。它认为轻声实际上是语流中的一种弱读（weak stress），不仅体现为音高的变化，音长、音强、音质都会有变化，是几种因素综合作用的结果。其实，也正因为此，有的学者才主张不叫轻声，而叫轻音。

轻声的本质是"轻"，声学上表现是能量小，主要原因是音长短。来源上，有阿尔泰语的影响，有语义虚化或语法化。所以，轻声不仅是一种语音现象，它还与语义、语法有关。而且，对许多轻声词而言,轻声之"轻"是果,语义的虚化或语法化是因。

轻声的主要特征表现在声调上,即"失去原字调"(因轻短而失调)。由此又衍生出两个特征:

a. 变短了,如上声后的原阴平,轻读为短的中平调33,如"考究"、"点拨";

b. 调值变了,如51在上声后变成33,51在去声后变成21,如"耳性"、"数落"、"待见"、"霸道"。

近年"唯调型论者"否认调形相同但变短了的一类轻声。其主要根据是实验语音学界的轻声调值和调型研究成果,即在阴平、阳平、去声后的轻声调形为降调,在上声后的轻声是平调。因此认为"阴/阳/去+去(轻读)"和"上+阴(轻读)"声调结构的词,不应认定为轻声词。我们认为不应如此一刀切,否则,"分寸"、"掺和"、"胳臂"、"服侍"、"便宜"、"客气"和"尾巴"等都不算是轻声了。这与轻声在声调上变短的特征相悖,也与语言事实不符。

(二)哪些词或哪些成分读轻声

搜集各家之说,主要有以下方面:

1. 助词"吗、呢、了、的"等。

2. 后缀"-子、-头、-们"等。

3. 重叠式亲属称谓的第二音节,如"妈·妈"、"姐·姐"、"姑·姑"。

4. 重叠式动词,如"看·看"、"捉·捉"等。

5. 双音节形容词重叠式的第二音节,如"匆·匆忙忙"、"高·高兴兴"等。

6. 方位词"上、里、下"。

7. 趋向动词作补语,如"写·上"、"唱·起·来"等。

8. "V得C"、"V不C"、"V不V"和"A不A"中的"得"、

"不"。

9. "V一V"中的"一V"。

10. 人称代词作宾语,如"叫·他来"。

11. 用在动词后面的介词,如"挂·在"、"说·到"等。

12. "动量名"中的量词,如"抽·支烟"、"喝·杯茶"。

13. 三字组姓名、地名、国名中的中字,如"朱·剑英"、"秦·皇岛"、"意·大利"。

14. 其他。如"点·补"、"尾·巴"、"霸·道"等。

其中的1、2、3点各家均无意见,其他各点各家或多或少不予承认。比较极端的,新加坡陈重瑜认为除前三点外,其余都不是轻声,只是轻读而已。这不符合普通话的实际读音。

二　轻声和轻音的区分

如前所述,轻声,也叫轻音。轻声或轻音又可分为几种不同的小类。有的学者从重音等级的角度划分,有的学者从声调和轻重音两个层面划分,还有的根据"轻而有调"和"轻而无调"划分。

林焘先生(1962)从句法结构和语音研究相结合的角度,将轻音分为结构轻音和语调轻音:结构轻音和语言结构层次有关,轻重读对句子结构和意义有较大影响,即使重读时也不受影响,任何时候都不能恢复原字调;语调轻音属于语调范围,有语调重音和它对立,表示不同语气,它可以放在句首,强调时恢复原字调。"葡萄、桌子、男人、看看,说了、你懂吗"等的最后一个音节都是结构轻音,"他·是学生"、"有人叫·他"、"他·都不知道"中的"是"、"他"、"都"都是语调轻音。

林先生所说的结构轻音,即是通常所说的轻声;林先生所说的语调轻音,通常称之为轻读。前者任何时候都失去声调,即使强调时也不可恢复;后者虽读得轻,但强调时可恢复原字调。

林先生关于"结构轻音"和"语调轻音"的划分,有助于深化对轻声的本质及其特征的认识。对于婴幼儿读物和小学教材的注音,对于词典和语典的注音,都有重要意义。可以说,轻声是"真"失字调,轻音是"假"失字调。在辞书、教材的拼音标调上,轻声不标调,轻音一般标原字调。

为了区分起见,我们把林先生的"结构轻音"仍叫做轻声,把他的"语调轻音"叫做轻音。

轻音,除了林先生所提出的"语调轻音"之外,还有其他类型,如受字组的节奏模式影响的"节奏轻音",受语法结构和语法重音影响的"语法轻音"、受强调重音影响的逻辑轻音。

对于轻声,语典中自然必须标注,限于篇幅,本文就不再展开讲了。下面我们主要以《现代北京口语词典》中的注音为例,谈谈语典中的"节奏轻音"、"语法轻音"、"语调轻音"和"逻辑轻音"。

三 语典中的轻音

(一)节奏轻音

主要是三、四音节词(或字组)中的第二个音节。三音节词(或字组)的轻重音节奏模式多是"中轻重",四音节词(或字组)的轻重音节奏模式多是"中轻中重",其中的"轻"是节奏轻音,而不是轻声,即使有时可能读得很短、很轻。如:

屁股上挂镜子——照见别人照不见自己

买得起马来备不起鞍

撂脖子沉一沉

像"照不见"这种"V不C"中的"不"和"沉一沉"中的"一",许多学者都认为读轻声。我们认为其实不是。其中的"不"意义并不虚,不是所谓的中缀,而是个否定副词。修饰后面的VP。"不"本字调阴平,但处三字组中的中字,轻读,较轻短,但仍保持原字调调形。

"V一V"中的"一"也是由于处于三字组节奏单元中间而轻读。而且"一V",是数量词组,虚化后,不具体表量,表动作轻化或减少动量,在语音表现上是语音轻化,但不是轻声。

"V不C"中的"不"和"V一V"中的"一",国家语委《普通话水平测试实施纲要》均认为是"次轻音",其中的《普通话水平测试用朗读作品》都注"可轻声"。

周一民《北京现代流行语》中有"瞧一瞧,看一看",其中的"一"均标原调。

(二)语法轻音,如:

各人自扫门前雪,不管他人瓦上霜

台上一分钟,台下三年功

对方位词"上",《现代北京口语词典》中有的标轻声,有的标原字调。一般现代汉语教材都是将之作为"有规律的轻声"的。《现汉》也标轻声。宋欣桥《普通话语音训练教程》认为是"次轻音",一般轻读,原有调值依稀可辨。国家语委《普通话水平测试实施纲要》中的《普通话水平测试用朗读作品》均注"可轻声":·shàng。

宋欣桥的审音是准确的。听中央电视台著名播音员岳斌和中央人民广播电台著名播音员雅坤朗读《普通话水平测试用朗读作品》的CD,方位词"上"确实多数情况下稍轻而保持原调。它们与典型的轻声在声学特征上也相同,比如"上"在上声字后仍是原调形。

可见,方位词"上"是轻音。它们因虚化或语法化而轻读,在名词后作方位补语,是一种语法轻音。又如:

搭不上嘴

跟不上趟儿

看不上眼

其中的"上"《现代北京口语词典》均标轻声。实际上,在"看不上"这种"V 不 C"结构中的C,是必读原字调的。"看不上"中的"上"必读shàng。但由于处于"动补＋宾语"结构中,宾语是信息焦点,必须重读,则"动补"的"补"显得相对轻读。这也是一种语法轻音。

(三)语调轻音。 如:

一个萝卜一个坑儿

一个槽上的两个叫驴

其中的"个",《现代北京口语词典》均标轻声。"一个萝卜一个坑儿",在《现汉》修订本中前一个"个"标轻声,后一个"个"标去声。这遭到了有的学者的批评。《现汉》第4版已全标为去声。其实这也怪不得《现汉》。许多著名语言学家和现代汉语教材都是认为量词"个"是读轻声的。而且实际情况也确实往往读得轻,有时竟轻得只剩下一个声母g,或者只剩下一个央元音了。但是,它可读原字调也是事实,特别是强调或语速较慢时,"个"的去声调毕露无遗。所以量词"个"也是个语调轻音。在国家语委《普通话水平测试实施纲要》的《普通话水平测试用朗读作品》拼音中,量词"个"均标去声字调,是妥当的。

(四)逻辑轻音。 如:

横不是竖不是

深了不是,浅了不是

左归不是，右归不是

其中的"不是"，《现代北京口语词典》均标轻声。实际上，是因为强调"横/竖"、"深/浅"、"左归/右归"，重读强调信息，彼重次轻，"不是"才轻读的。它可读原字调，不是轻声，而是逻辑轻音。

四　结论

轻声的调值依前字而定，即使在强调的情况下也永远不恢复读原字调；轻音是一种轻读，有时可以读得很轻，但在强调的情况下即恢复读原字调。轻音可以分为节奏轻音、语法轻音、语调轻音和逻辑轻音等。在字典、词典中，必须区分轻声和轻音，轻声不标调，轻音标原字调。在语典中，因面对的多是口语性很强的语句，为体现自然口语中连读的实际情况，轻声和轻音有时可不分，但在语典"凡例"中应该有所说明。

参考文献：

[1] 陈刚等　现代北京口语词典[M]，语文出版社，1997。
[2] 国家语委普通话水平测试中心　普通话水平测试实施纲要[M]，商务印书馆，2004。
[3] 林　焘　现代汉语轻音和句法结构的关系[J]，中国语文，1962(7)。
[4] 宋欣桥　普通话语音训练教程[M]，商务印书馆，2004。
[5] 周一民　北京现代流行语[M]，燕山出版社，1992。

（作者单位：人民教育出版社辞书编辑室　北京　100081）

电子语典初探

王 海 静

从古代的《尔雅》《说文解字》到现代各式各样的"掌中宝",从竹简刻字到纸质印刷,再到光盘、指头大小的芯片,辞书经过长期的磨砺,内容、种类、媒介等各方面都有了质的飞跃。作为辞书的一种,"语典"出现的时间并不长。据作者在网上搜索,目前名称中冠有"语典"的正式纸质出版物只有5种[1],且各自收条原则不明确,大多是格言、名句、对联、流行语、成语、歇后语等混杂在一起。收"语"的电子辞书倒是不少,但多数以收词为主,而且收条混乱,释义不准,编排体例不一致,功能千篇一律,出现了各种缺陷。本文所讨论的"电子语典",是以温端政先生主编的《汉语语汇学教程》为理论指导,将"语"的内容划定在成语、谚语、歇后语、惯用语范围之内的电子辞书。

一 什么是电子语典

马克思在《资本论》中说:"划分一个时代的生产力,不是看它生产什么,而是看它怎样生产,用什么样的工具生产。"这条标准同样适用于辞书编纂与出版水平的划分。随着电子计算机与信息技术的快速发展和普及应用,我国辞书的现代化水平也在逐步提高,电子辞书的出现就是一个重要标志。

经过20多年的发展,电子辞书已发展成为庞大的家族,根据载体不同可分为:光盘版辞书、手持设备版辞书(俗称"掌上电子辞典")和网络版辞书等类型。电子辞典作为新兴的学习工具,深刻地改变着人们的学习方式。国外已经进入纸质、电子、网络出版共生的阶段,其中后两种介质辞书的出版方兴未艾[2]。当前,我国辞书的主要形式还是纸质印刷版,电子版、网络版辞书很少,市场上流行的各种电子辞书,绝大多数都是以学习英语为目的而开发的外语类电子词典。针对语文学习的电子词典,在市场上却很少见,至于电子语典更是一片空白。这种情况与我国社会文化发展的要求是极其不相应的,开发电子语典势在必行。

那么,什么是电子语典呢?必须先从概念上界定什么是语典。本文所说的语典,就是汉语语汇类辞书。汉语语汇是一个相对独立于词汇的系统,庞大而复杂。相对于字典、词典来说,语典的出现比较晚。但是语典在文化传承等方面的贡献,比起字典和词典来并不逊色,甚至在某种意义上有过之无不及[3]。这是因为,"语"是叙述性的语言单位,它比起以概念意义为主的字、词来说,包含着更为丰富的思想文化内涵。特别重要的一点就是,语汇是最具有"中国作风和中国气派"的语言材料,其语义的形成与民族的传统思想、道德观念、思维方式、宗教信仰、民风习俗等有密切关系,是民族性十分鲜明的语言单位。语典的电子化,就是将汉语语汇学、传统词典学同现代高科技产物——计算机技术相结合。

综观市场,纸质语汇类辞书的发展趋势,呈现出类型多样化、规模大型化、品种系列化的特征。据上海辞书出版社周伟良先生最新统计,1980年至今我国已经出版俗语典230余种,俗语类工具书有330余种(语汇中除成语外统称"俗语")。如果统计上成语类辞书,语典的种类及数量就更为可观。既然语典如此重要,如何利用现代科技手段,实现语典电子化,是我们应该认真思考的问题。电子语典作为电子辞书的一种,具有电子辞书的共性,同时也有区别于电子词典的特点。在语典编纂的整个过程中,充分利用数字化技术和计算语言学相关研究成果,开发功能强大的专用语料库、知识库和针对语典编纂要求的专用软件,才能提高语典编纂质量和效率。因此,我们将现代意义上的电子语典定义为:"立足于语料数据库、知识库基础上,以辞书编纂专用软件为手段,以汉语语汇为主要内容的,可以显示于电子介质上的语文辞书。"

二 电子语典的优越性

一部好的语典,不是语汇资料的简单堆砌,而应该是一个完整的有机的语汇信息体系,它的收语原则、编排体例、语目释义、例句选裁等都应清晰、明确。电子语典应该在满足语典基本要求的前提下,充分利用电子计算机技术优势,开发更多的使用功能,努力展现汉语语汇丰富的文化内涵。从技术方面看,编制一部电子语典并不困难,关键问题在于如何编出一部符合"经典"要求的电子语典。

1.从读者角度来看电子语典的优越性

电子辞书与传统辞书的最大区别在于印刷载体的不同,一个是电子介质,一个是使用了近两千年的纸张。目前,我们自行编制的电子语典正在研发中。前面提到,"语"从语言形式和内容上看,都独具特色。我们在编纂电子语典时,除了要应用先进的计算机技术,更主要是要注意挖掘和发扬"语"的特色,力求编制出符合要求的语典来。经过一个阶段的实践,现将电子语典模型的优点总结如下:

优点一:体积小,容量大

如今的电子辞书携带日益方便,容量却越来越大,从外语词典到百科全书,一部电子辞书已经能够包容上百册纸质辞书,真正达到了"以一当百"的功效。例如我国最大的一部汉语词典《汉语大词典》,全书共12卷本,5000万字,其电子版仅是一张半径6厘米的光盘,携带相当方便。传统印刷版语典,尤其是通用性语典的编纂,往往要考虑其篇幅的大小,这就极大地限制了信息量。一部电子语典却可以囊括多部、多种语典,在最大范围内扩充自身的信息量。

优点二:排序方式多样化

印刷版语典的主体内容排序方式只能有一种,大多数都是按语目的音序或笔画进行排列。电子语典由于同计算机相结合,加上"语"的特殊语言结构形式,可以实现多种排序方式。比如歇后语这种特殊的语言形式,由"引子"和"注释"两部分组成,前后两部分的成分不一,有的前半部分由惯用语充当,有的后半部分由成语充当。这样,歇后语自身可以分两种情况排列,前后部分同其他类型的"语"也可以进行不同的排列,不仅有利于人们了解各种不同的说法,根据自己的需要进行选择,而且从中人们还可以发现,不同的"语"可以具有相同的语义,便于人们进行语义转化的研究。以上只是试举一例,"语"的排序方式很多,例如按照"语"的相关例证进行排序也可以得到多种结果,可以满足不同用户的不同需要。

优点三：检索功能多样化

检索是电子语典的重要组成部分，是用户接触电子语典的主要渠道。特别是大型的语典，用户不可能采用浏览的方式获得有效的信息，检索功能就显得尤为重要。排序方式多样化亦有助于实现检索功能的多样化，检索一个关键字，如果按不同的方式排序，就可能显示不一样的结果；选择歇后语的前半部分或后半部分进行检索，得到的结果也不一样；对例证设立检索渠道，可以通过例证找到语目，扩大检索范围；除精确检索外，还可以设立模糊检索、多条件检索等。电子辞书常见的检索方式有模糊查询、追踪查询、查询回顾、跳查等，可达十余种。检索功能越强大，得到的检索结果就越多，获得有效信息的可能性就越大，适用范围也更加广泛。

优点四：附加知识多样化

由于出版载体的改变，电子语典可以采取多媒体形式来满足用户使用。通过声音、图像与文字等的配合，使辞书的内容更加充实，生动形象。比起单纯用文字的传统语典，电子语典更能提高用户的使用兴趣，特别是对于青少年来说更是如此。语汇的形成与民族的传统思想、道德观念、宗教信仰、民风习俗等有密切联系，语义的表达方式和民族心理、思维方式有着直接联系。与词典相比较，语典在文化传承方面有着特殊的价值[④]。语典的电子化则可以更充分地展示语汇表达方式的形象性，显示民族文化的魅力。电子语典比电子词典具有更强的阅读和教育功能。

优点五：下载更新方便，节约开支成本

电子语典可以及时下载更新，这是传统语典无法企及的。传统语典出版了修订本或增订本后，读者需要重新购置，增加经济支出。作为电子辞书的一种,电子语典也可以通过网上下载更新,节省消费者开支。

优点六:有利于读者参与互动

辞书编纂应该是一个传播与分享知识信息的过程,因而应将其看做是编者与用户之间的交际渠道。但在传统的语典编纂及出版活动中,编者居于主导地位,用户或读者处于被动接受的角色,不能形成编者与读者的直接互动交流关系。电子语典的出现,特别是网络版语典的编纂,可以采用开放形式,广大读者也可以提供条目、编写体例或编写内容,或对辞书提出修改等建议,从而形成网络环境下的编读之间新的互动关系,甚至形成辞书编者和读者的直接交流。

2. 从编者角度来看电子语典的优越性

优点一:有利于编者提高辞书编纂质量和效率

计算机技术融入辞书编纂后,为语典半自动化和自动化生成提供了先决条件。编纂电子语典,将电子计算机技术应用于语典编纂,可以最大限度提高语典编纂效率,缩短语典编纂周期。

优点二:有利于出版社节约成本

纸质辞书排版印刷,不仅浪费大量纸张,而且从排版、印刷到发行到读者手中,时间长,成本高。而电子语典的出现可以极大地节省印刷、发行等庞大费用,网络版辞书还可节省仓储、运输、销售等环节的费用,大大降低辞书出版成本[5]。

优点三:有利于加快修订更新进程

计算机语料库应用于语典编纂非常有利于加快语典的修订与更新进程。现代社会,信息的传递媒介多种多样,从口语到书面语,从广播、电视到计算机网络,语言以多种多样的方式存在。因此,辞书修订增补是必需的。动态的计算机语料数据库可以及时反映新词汇、语汇,为修订增补提供第一手资料。

三 未来电子语典应注意的问题

自主开发电子语典,碰到的问题很多。譬如检索功能的实现,既需要了解汉语的特点,掌握一定的语言学理论,特别是语汇学知识,同时又要熟悉计算机技术,能够设计编程,运用变量、函数等手段,实现各种功能[⑥]。在今后的实践中,电子语典还可在以下方面进一步研究创新、改进功能:

一、进一步开发汉语俗语语料数据库

语料库是编纂语典的基础。过去也有语料库,不过是由许多张卡片组成的卡片柜,其检索、整理的辛苦程度可想而知。计算机同语料库结合后,语料库也电子化了,无论从容量还是速度,都发生了质的飞跃,可以大大简化语典的编纂过程,其中最基础的作用有以下两项:

1.帮助编者选择语目,确定主、副条

语言总是处在一种"变"的状态中,"语"也不可能没有变体,而且流通时间越长、流通范围越广,变体就越多。因此,在编纂语典时,编者就需要在意义相近的多条语目中,选择通用的作为主条,选择由于地域、时间等因素造成的变体作为副条。下表就是以"情人眼"为检索关键字,通过"汉语俗语语料数据库"检索出的相关结果。见表一。

在找出的 25 项结果中,"情人眼里出西施"出现了 18 次,其中古代作品中引用了 9 次,现今现代作品中引用了 9 次;而"情人眼内出西施"、"情人眼里有西施"分别出现了4次、3次,在近现代作

表一

语目	出现次数	古代出处		近现代出处		
情人眼里出西施	18次	《石点头》	2次	田汉	《名优之死》	1次
		《三刻拍案惊奇》	2次	张恨水	《啼笑因缘》	1次
					《魍魉世界》	1次
		《宋艳》	1次	刘绍棠	《野婚》	2次
					《十步香草》	2次
					《京门脸子》	1次
		《红楼梦》	1次	浩然	《艳阳天》	1次
		《施公案》	1次			
情人眼内出西施	4次	《古今联语》	3次	无		
		《金瓶梅词话》	1次			
情人眼里有西施	3次	《能改斋漫录》	1次	无		
		《能改斋漫录佚文》	1次			
		《恒言录》	1次			

品中未出现。以上统计数据由于种种原因,可能不是最全面、最精确的,但能够在一定程度上反映出:"情人眼里出西施"是最通用的,可以作为主条,而其他两条则可以作为变体以副条形式出现。

由此可见,利用语料库的检索手段,特别是语料库的自动统计频率功能,可以迅速将同义的语排在一起,并可以根据"语"出现的频率统计,选择主、副条;另一方面,利用语料库便于加入新材料的特点,还可不断往语典中充实新语料。

2.为编纂语典提供例证,帮助编者注释,便于读者理解

语料库首先为语典编纂提供了大量的例证,并可以按照各种需求排列在一起,编纂者可以在大量的材料中择优录取。试比较"孤掌难鸣"与"一个巴掌拍不响":

①他很想大干一场,但听到大家都反对,没有一个出来支持他的,正所谓一个巴掌拍不响/孤掌难鸣,再坚持自己的意见也没用,也只得忍住不说了。

②从以上网络犯罪的案例中可以看出,罪犯不可饶恕,受害的女性也应当反省自己。一个巴掌拍不响,正是因为自己不洁身自好,才使得罪犯有机可乘,钻了空子。

在例①中,"一个巴掌拍不响"、"孤掌难鸣"都表示"只凭借个人的力量很难成就大事"的意思,二者可以互换;但从例②的语境中可以看出,"一个巴掌拍不响"还有"单方面的原因不会引起矛盾冲突"之意,此句中二者就不能互换了。好的例证为"语"提供了一个贴切的语境,编者在注释时,依据这些语境,不仅可以更好地对语目作出注释,而且因为不同语境对语的运用不同、意义不同,还可以迅速划分出不同的义项来;用户阅读例证后,也可以加深对语的理解。从以上两项作用可以看出,语料库加工的广度、深度,对于语典编纂时间的长短、过程的难易、质量的高低,都起着关键性的作用。我们2006年建成的"汉语俗语语料数据库",在编纂语典的过程中,曾发挥了一定的作用,但仍需要进一步完善:

① 收语的范围要扩大,要及时更新语料。现代社会,信息的传递媒介多种多样,从口语到书面语,从广播、电视到计算机网络,语言以多种多样的方式存在。在收集语料时,就需要从多种媒介中吸取养料,不断注入新的信息,使语料库具有动态性。② 对语料进行多层次加工。从"语"本身的组成形式、语法功能、附加知识、文化内涵、引用作品的时间等方面,对语料进行标注,扩充语料库为知识库,加快语典编纂速度。③ 建设为语典编纂服务的专用语料库。过去的许多语料库都是为研究自动分

词处理而设计的,专为编纂语典而设计的语料库却是空白。今后应从语料库入手,附加导出导入功能,研究出语典计算机辅助编纂系统和自动生成系统,设计出语典生成的专用控制程序,使掌握一般电脑技术的语典编纂者,利用专用软件就能高效编纂出高质量的语典。

二、编制适用于对外汉语教学领域的电子语典

语典所承载的文化知识面非常广泛,所涉及的专业研究领域也很多,其中对外汉语教学方面就不可或缺。学习一门语言,除了语言本身的语音、语法等知识外,了解该民族的文化知识也是一项重要的内容。在外国人学习汉语的高级阶段,语汇就成了他们学习的重点和难点。例如:

① 太岁头上动土　　　　　　　　　　　　(惯用语)
② 正月十五贴门神——晚了半月　　　　　(歇后语)
③ 五岳归来不看山,黄山归来不看岳　　　(谚语)

以上三例,中国人看了一般都能理解,但一些外国留学生一看,可能就糊涂了。"太岁"是几岁?正月十五不适合贴门神吗?"五岳"和"黄山"是什么关系?这些都是广泛流传在中国人口头上,而外国人却要费一番周折才能理解的语。目前,市场上还未见到专门为外国人学习汉语而开发的电子语典。我们在使用"文曲星"、"诺亚舟"来学习英语的同时,编纂适合外国人学习汉语的电子语典也十分必要。如何将"语"翻译成地道的外语,又能把汉语独特的文化内涵展现出来,是成功编纂外国留学生适用的电子语典的关键。

三、实现"语"的自动切分,还需要进行长期、艰苦的研究

编制各种电子语典,实现语汇的机器翻译等功能,自动分"语"

是最终需要解决的问题。汉语双音节词较多,词与词之间没有明显界限,虚词多,而且位置灵活。这些特点都决定计算机中文信息处理只能从字平面上起步,而不是像英语、法语等字母语言,一开始就是从词平面上开始。目前,国内汉语自动切分词的研究,已经发展到了一定的阶段,而"语"的自动切分是中文信息处理的最高层次,也是最难的。要使电子计算机能够自动识别语,先要建立机读语料库,人工对语进行标注;再由计算机自动识别出语,并标注其类型。汉语中"语"的使用非常灵活,特别是歇后语,前后两部分可以分开运用,语节之间还可以加入其他成分。再看下例:

歇后语
- 我可是个好强的人,什么事我都想的开,<u>窗户纸儿,一戳就透</u>。(浩然《艳阳天》四九章)
- "师兄!"桥隆飙道:"这是层<u>窗户纸,一捅就破</u>呀,你为什么不早捅开?"(曲波《桥隆飙》八)

惯用语
- 晓荷,<u>吃了瑞宣的钉子</u>,呆呆的立在那里,看着原来是他们自己的那所房子。(老舍《四世同堂》七七》
- 账房老胡刚才也<u>吃过二老板几个软钉子</u>,所以他那后半段的话,一半也是自己发牢骚。(茅盾《多角关系》二)

谚　语
- "小莠子,你这是<u>蛇咬一口,怕井绳一辈子</u>。"蔡椿井轻柔地吹着口哨,又微笑着把一只手搭在苗小莠子的肩膀上,"我跟你婶娘商量,今年争个小富,给你翻盖房子找对象。"(刘绍棠《烟村四五家》八)
- 不过那个小生叫她吃了亏,也算<u>一朝被蛇咬,十年怕井绳</u>,思前想后,挑来挑去,还是金榜知人知面又知心。(刘绍棠《锅伙》一九章)

以上惯用语、谚语的划线部分,变体还有很多,这里仅各举出两例,说明其使用上的灵活性。同时,"语"的结构又具有相对固定性,如何利用这种相对固定性,利用已有的词的自动切分成果,实现"语"的自动切分,是我们今后要解决的问题,还需要进行长期、艰苦的研究。

四、将电子语典的编制同语汇理论研究结合起来

任何一项研究都离不开理论的指导。过去我们编纂语典时,因为有了《汉语语汇学》理论的指导,大大提高了编纂质量,同时也不断证明着《汉语语汇学》理论的正确性。电子语典不仅涉及语言学理论范畴,而且需要计算机技术的支持。实践出真知,我们在编纂电子语典时,要不断总结经验教训,形成电子语典编纂的理论体系,提升语典编纂的现代化水平。

小　结

"语"作为有中国特色的语言文化,不仅语言学、文学、历史学等专业领域的学者需要研究它,凡是想要继承中华传统文化、发扬民族经典文化的中国人,都应当了解它、使用它,并且帮助外国人通过"语"来认识中国丰富多彩的语言和底蕴深厚的文化。语典作为有鲜明中国特色的辞书,在注重宏扬中国传统文化、传承中华文明的今天,促进其编纂现代化,正是顺应了辞书编纂数字化的国际发展趋势,满足了多元化的社会文化需求,具有广阔的发展前景。编纂电子语典时,我们应坚持现代计算机技术同语典编纂相结合,理论与实践齐头并进,密切关注国际辞书编纂发展的新动态,将我国辞书事业推向一个新的高度。

附注：

①鲁越、李淑捷主编《中国圣贤启智语典》，中国人民公安大学出版社，1995年10月；林成西、许蓉生《语典》，四川人民出版社，2001年9月；贾采珠、晁继周主编《汉语语典》，汉语大词典出版社，2003年4月；夏竹风主编《大众语典》（全四册：谚语、歇后语、格言、谜语），大众文艺出版社，2003年8月；刘晓敏《中华传统语典》，海潮出版社，2005年11月。

②王铁琨《中国辞书的"强国梦"还有多远》，中国辞书学会第七届年会论文，2006年12月。

③温端政《语典的兴起及其对文化传承的贡献》，海峡两岸《康熙字典》学术研讨会论文，2007年5月。

④温端政《语典的兴起及其对文化传承的贡献》，海峡两岸《康熙字典》学术研讨会论文，2007年5月。

⑤李宇明《关于辞书现代化的思考》，《语文研究》2006年第3期。

⑥计算机技术问题属于另一范畴，不在这里深入讨论。

参考文献：

[1] Douglas Biber 等 语料库语言学[M]，外语教学与研究出版社、(英国)剑桥大学出版社，2000。
[2] 冯志伟 计算语言学基础[M]，商务印书馆，2001。
[3] 冯志伟 应用语言学综论[M]，广东教育出版社，2001。
[4] 李宝安 中文信息处理技术原理与应用[M]，清华大学出版社，2006。
[5] 李宇明 关于辞书现代化的思考[J]，语文研究，2006(3)。
[6] 刘开瑛 中文文本自动分词和标注[M]，商务印书馆，2000。
[7] 王馥芳 当代语言学与词典创新[M]，上海辞书出版社，2004。
[8] 温端政 汉语语汇学[M]，商务印书馆，2005。
[9] 俞士汶 计算语言学概论[M]，商务印书馆，2004。
[10] 张绍麒 辞书与数字化研究[M]，上海辞书出版社，2005。
[11] 章宜华 计算词典学与新型词典[K]，上海辞书出版社，2004。

（作者单位：山西省社会科学院语言研究所　太原　030006）

"语模"造语浅说

周 荐

一

李宇明先生1999年曾发表一篇题为《词语模》的论文,分析阐述"大多数新产生的词语"的"框架背景"现象,指出"这一框架就像是造词模子(简称'词语模')一样,能批量生产新词语,并使其所生产的新词语形成词语簇。"李文将所论的"词语模"分作三种类型,一是"前空型",即"模槽在前,模标在后的词语模类型",例如"……病"式的"冰箱病""城市病""空调病""卡拉OK病";二是"后空型",即"模槽在后,模标在前的词语模类型",例如"导……"式的"导吃""导读""导购""导医";三是"中空型",即"两个模标,一在前,一在后,中间是模槽",例如"吃……饭"式的"吃差价饭""吃大锅饭""吃关系饭""吃文化饭"。本文受李文启发而作,尝试解释一种用框架背景造语的现象。

本文题目上所说的"语模",不同于李文所说的"词语模"。李文的"词语模",主要指的是用来构造词的架构,也有少部分是用来构造体词性固定短语的架构;而本文的"语模",不指用来构造词的架构,指用来构造语的架构,并且专用来指构造熟语的架构。此前为语言使用的大众耳熟能详的"照V不误"就是一个语模,它可用来造就"照说不误""照吃不误""照睡不误""照看不误"等熟语。

"照 V 不误"中的"V"可用一系列单音动词替换。再如"一笔写不出两个 N 字"也是一个语模,它可用来造就"一笔写不出两个王字""一笔写不出两个李字""一笔写不出两个孙字""一笔写不出两个雷字"等等。"一笔写不出两个 N 字"中的"N"可用任何一个单姓名词替换。

绝大多数的语模都是根据曾经存在过而且造成了相当大的影响的一个短语构造的。这个短语,相对于语模而言可称为"语基"。语基化为语模的方式都是将语基中的某个词、语或小句撤掉,使原来的语基变成一个语模,之后再填充进一个新的词、语、小句,成为一个新的短语。晚近以来常见到的语模,与"照 V 不误"和"一笔写不出两个 N 字"这样一些语模,产生了些微不同之处。"照 V 不误"和"一笔写不出两个 N 字"等语模语基难觅,而晚近以来常见到的语模不但语基可寻,而且语基多为名人创作的短语。例如:

毛泽东在 1927 年 3 月发表的《湖南农民运动考察报告》中有段名言:"革命不是请客吃饭,不是做文章,不是绘画绣花,不能那样雅致,那样从容不迫,文质彬彬,那样温良恭俭让。"其中的"革命不是请客吃饭"更成为了名言中的名言,以此语基构造出一个"N 不是请客吃饭"的语模甚至"N 就是请客吃饭"的语模,并结构出"扶贫不是请客吃饭"(2007 年 6 月 15 日《香港商报》)、"乡村民主不是请客吃饭"(2007 年 3 月 19 日搜狐),甚至"爱情就是请客吃饭"(《每日新报》2007 年 2 月 14 日 43 版)、"革命的目的是请客吃饭"(李敖文章名)等熟语性的新短语。

毛泽东 1948 年 12 月 30 日为新华社撰写了题为《将革命进行到底》的新年献词,由此,"将革命进行到底"成为革命人民和军队继续斗争的行动口号。毛泽东的名言"将革命进行到底"半个世纪后成为了"将 V 进行到底"这样一个语模所从出的语基,又以"将 V 进行到底"这样一个语模结构出"将爱情进行到底"(电视剧名)、"将呵护进行到底"(2007 年 3 月 26 日《大河报》)、"(车展)将精彩进行到底"(2007 年 4 月 18 日《每日新报》49 版)、"将搞怪进行到底"(2007 年 4 月 29 日百宝论坛)等众多熟语性的新短语。

南唐后主李煜《虞美人》中的"问君能有几多愁"是名作中的名句,成为了语模"问君能有几多 V"从出的语基,如今人们又以"问君能有几多 V"的语模结构出了"问君能有几多羞"(白平《问君能有几多羞?——〈于丹《论语》心得〉纠谬》)、"问君能有几多诚"(《语文教学与研究:综合天地》2006 年 11 期)、"问君能有几多仇"(电视剧名)、"问君能有几多搞"(2007 年 7 月 2 日搜狐)等熟语性的新短语。

意大利著名诗人但丁有句名言:"走自己的路,让别人说去吧!"他的这句名言成为了"V 自己的 N,让别人说去吧!"这一语模的语基,又以"V 自己的 N,让别人说去吧!"这一语模结构成无数的熟语性的新短语:"演自己的戏,让别人去说吧!"(2007 年 5 月 9 日《每日新报》33 版)、"盗自己的墓,让别人说去吧!"(2007 年 4 月 18 日新浪读书)、"建自己的房,让别人说去吧!"(2007 年 3 月 22 日搜房网)、"呕自己的像,让别人说去吧"(2005 年 6 月 30 日人民网)。2007 年春晚赵本山、宋丹丹题为《策划》的小品里的一句"下自己的蛋,让别人说去吧!"更把这个语模的使用推向了高潮,大街小巷随处可以听见用这个语模构造出的短语:

造自己的假,让别人说去吧!

排自己的污,让别人说去吧!

飚自己的车,让别人说去吧!

套自己的车牌,让别人说去吧!

开自己的黑窑,让别人说去吧!

踢自己的黑球,让别人说去吧!

吹自己的黑哨,让别人说去吧!

盖自己的烂尾楼,让别人说去吧!

也有不少语模所从出的语基是俗语。例如有一句流传久远的俗语"有什么别有病,没什么别没钱"。根据这个俗语性的语基造出了"V什么别V+N"这样一个语模,并结构出一系列新短语:"动什么别动感情"(电视剧名)、"输什么别输气质"(2007年7月14日搜狐)、"考什么别考研"(书名)、"爱什么别爱富婆"(书名)、"谈什么别谈感情"(小说名)、"恋什么别网恋"(文章名)、"吹什么别吹过去"(2005年5月23日DonewsBlog)、"比什么别比专家"(《IT风播》第31集)、"出什么别出创意"(《IT风播》第3集)、"上什么别上大学"(小说名)、"做什么也别做漂亮MM"(2005年1月18日笑话天空)、"偷什么都别偷情"(小说名)、"问什么别问感情"(2007年6月28日新浪)、"聊什么别聊境界"(《IT风播》第6集)、"上什么别上梁山"(《IT风播》第26集)。①还有的语模从出的语基是著名的民歌唱段。例如民歌《东方红》"东方红,太阳升,中国出了个毛泽东"中的"中国出了个毛泽东"短语,变成了"N_1(处所名词)出了个N_2(表人名词)"这样一个语模的语基,又以"N_1(处所名词)出了个N_2(表人名词)"这样一个语模结构出"韶山出了个毛泽东"(话剧名)"中国出了个邓小平"(书名)、"周至出了个'张海迪'"(2007年5月1日《三秦都市报》)、"明朝出了个张居正"(书名),以及"中国出了个陈永贵"(2006年4月12日Freesky blog)、"中国出了个章子怡"(2007

年5月17日海菱的原创博客）等众多熟语性的新短语。

二

从语义上看,此种语模结构出新的短语,谐而不庄,俗而不雅,面向大众,难登大雅之堂,是近些年来大众传媒逐渐泛娱乐化的结果。例如"N_1也是N_2"这个语模所从出的语基"苍蝇也是肉"就出自社会底层,由"N_1也是N_2"这个语模结构出的熟语性的新短语常常挂在劳动大众的嘴边:"苍蝇腿也是肉"(2006年12月5日泡泡俱乐部)、"蚊子也是肉"(2007年7月12日《武汉晚报》)、"蚂蚁也是肉"(2007年5月5日火车网)、"泥鳅也是鱼"(2005年12月30日学术批评网);"别拿N_1不当N_2"这个语模所从出的语基来自民间俗语,说的就是社会底层的一种价值观——差得不能再差的事物也有其不容忽视的价值,由"别拿N_1不当N_2"这个语模结构出的"别拿村长不当干部"(电影片名)、"别拿自己不当干部"(电影片名)、"别拿豆包不当干粮"(电视剧名)、"别拿工作不当回事儿"(书名)、"别拿胃炎不当病"(2006年8月31日中华康网)、"别拿大专不当大学"(网络小说名)、"别拿西瓜皮不当盘菜"(2006年6月27日发展论坛)、也都是非常俚俗的短语。有些语模所从出的语基可能不是俗语,但是大众传媒的媚俗直接导致根据该语模结构出的新短语出现了弃雅趋俗的结果。类似的情形如:由"有一种V叫a"语模(该语模所从出的语基很可能是歌词"有一种勇敢叫原谅")结构成的"有一种收藏叫贴心"(2007年2月14日《每日新报》44版)、"有一种作秀叫耻辱"(2007年5月27日凤凰论坛)、"有一种爱叫凄美"(2006年5月30日通信公社)、"有一种观望叫冷漠"(2005年11月22日软告网);由"都是

N/V惹的祸"语模（该语模所从出的语基或是歌曲《都是月亮惹的祸》或是青春偶像剧《都是天使惹的祸》）结构成的"都是网瘾惹的祸"（2007年7月18日《人民日报》）、"都是馒头惹的祸"（2007年7月18日中国侨网）、"都是超前消费惹的祸"（2004年12月10日和讯）、"都是盲目攀比惹的祸"（2007年6月26日新浪博客）；由"N是这样V成的"语模（该语模从出的语基来自前苏联作家尼·奥斯特洛夫斯基的名著的书名《钢铁是怎样炼成的》）结构成的"导游是怎样炼成的"（2007年4月22日香港凤凰卫视）、"徐强精度是这样炼成的"（2006年6月25日新华网）、"婚姻是这样炼成的"（小说名）、"（一个男孩的蜕变：）男人是这样炼成的"（小说名）；由"拿什么VN,NP"语模（该语模所从出的语基采自苏芮的名曲《奉献》"长路奉献给远方,玫瑰奉献给爱情,我拿什么奉献给你,我的爱人……"中的句子）结构成的"拿什么保护你,传统节日"（2007年6月20日《每日新报》）、"我拿什么和你在一起,我的情人"（2007年3月4日搜狐）、"拿什么拥抱你,我的情人"（2006年2月19日天涯社区）、"拿什么包养你,我的情人"（2007年4月28日ido社区）等。

即使一些"语模"所从出的短语是较为雅正的诗句,但结构出的短语也还是较为俚俗,或谈不上如何雅正的。例如清·周希陶《增广贤文》中收的"有意栽花花不放,无意插柳柳成荫"句,本十分典雅,但后一小句一旦成为"无心（意）V+N+N+VP"语模的语基,再以"无心（意）V+N+N+VP"语模结构成"无心种艾艾满盆"（2007年6月18日《天津老年时报》第3版）、"无心插柳柳插断"（2007年6月15日豆瓣9）、"无心插柳柳成行"（2006年2月27日中彩社区）、"无心扎柳柳成汁"（2007年6月29日Pc狗狗时尚先锋)、"无心插柳柳发芽"(2007年6月12日Tuesday)这样一些新短语,甚至语模更被异化为"无心(意)V+N+N+NP"("无心插柳柳橙汁",2006年11月19日中文博客群;"无心插柳柳湘莲",2007年1月2日新浪),就很难说有多么典雅了。再如"磨刀霍霍向猪羊"是《木兰辞》中的名句,十分典雅,但一经成为"磨刀霍霍VP"这样一个语模的语基,并以"磨刀霍霍VP"这样一个语模结构出"磨刀霍霍'宰鸡'忙"(《每日新报》2007年2月14日第17版)、"磨刀霍霍斩客忙"(2006年6月19日携程旅行网)、"磨刀霍霍抢地忙"(2006年12月26日《中国经济时报》)、"磨刀霍霍砍柴忙"(2007年3月17日淘宝网)、"磨刀霍霍向月球"(2003年1月29日东方新闻)、"磨刀霍霍向功臣"(2007年5月8日人民网)、"磨刀霍霍向游客"(2007年5月8日《新京报网论坛》)、"磨刀霍霍向何处"(2007年6月25日玄幻小说网)、"磨刀霍霍向春晚"(2006年2月5日《新闻午报》)等,都很难再说有多少雅趣了。[②]

三

从结构上看,此种语模在构造上尽量向所从出的语基的结构靠拢,因之造出的新短语的结构也显现出源流的一致性。例如根据"V什么别V+N"这一语模结构出的短语"爱什么别爱富婆",本应说成"爱谁别爱富婆"似乎才更合适,但是为了适应"V什么别V+N"的结构,舍弃了表人代词"谁"而选用了表物代词"什么"。与此相反,另一些依凭某个语模造出的短语却在容许的范围内做些适当改变以出新。例如以"别拿N_1不当N_2"这一语模造出的新短语绝大多数符合该语模的造语模式,像上所举的"别拿豆包不当干粮"、"别拿西瓜不当盘菜"等,但也有突破樊篱的例子,如"别拿媒婆不当人看"和"别拿自己太当人"都在原有语模的基础上分别发展为"别拿 N_1 不当 N_2 V"和"别拿 N_1 太当 N_2"。如上所说,"V 什么别 V + N"这样一个语模是根据俗语"有什么别有病,没什么别没钱"这一语基造出的。"有什么别有病,没什么别没钱"是一个对称结构,以其构造成的语模就是"V 什么别 V + N",再结构出的新短语可以是单句,如上举"动什么别动感情"、"当什么别当做家"、"输什么别输爱情"、"考什么别考研",也可以是对称结构的复句,如:

有什么别有病,寻什么别寻死

爱什么别爱男人,恋什么别网恋

有什么别有意外,没什么别没保障

玩什么别玩感情,吃什么别吃尸体

玩什么别玩暧昧,存什么别存女人

涨什么别涨房价,跌什么别跌股票

动什么别动人老婆,借什么别借人车

吃什么别吃哑巴亏,信什么别信高清认证

动什么别动心,碰什么别碰情,玩什么别玩爱

这种对称型的复句多由两个小句构成,只有极少数的这种对称型的复句是由三个小句或更多个小句构成的,它们一般都须有两个条件:第一,句法结构是对称的,第二,对称的两个(或多个)小句中常含有意义相反或相对的词。

用语模构造新的短语,并不自今日始,像"照 V 不误""一笔写不出两个 N 字"这样的语模所从出的语基都已具有相当久远的历史。但是拿"照 V 不误""一笔写不出两个 N 字"这样既有的语模

与晚近以来新生的语模比较,发现既有的语模比较规整,变动的可能性极小。例如"照 V 不误"中的"V"不仅不能换以其他词类的词,换上双音节动词也不行;"一笔写不出两个 N 字"中的"N"也是既不能换上其他词类的词,也不能换上非姓氏名词,甚至不能换上复姓名词。而新生的语模结构就不那么严整,相对来说宽松一些,变动的可能性较大。例如"磨刀霍霍 VP"这样一个语模,既能结构出"磨刀霍霍向游客"这样的短语(语模符合本原的"磨刀霍霍向 N"),又能结构出"磨刀霍霍砍柴忙"这样的短语(语模发展成"磨刀霍霍 V+N+a");"别拿 N_1 不当 N_2"这一语模,既能结构出"别拿村长不当干部",也能结构出"别拿媒婆不当人看"(语模发展为"别拿 N_1 不当 N_2 V")"别拿自己太当人"(语模发展为"别拿 N_1 太当 N_2")。或许是由于新生的语模在结构上的自由度较过去大了,晚近以来这种新生的语模如雨后春笋遍地开花,经各类媒体轰炸般的传布,对我们的语言生活产生了重要而广泛的影响,成为了我们语言研究者未必人人乐见却又无法漠视的一类重要的语汇现象。

四

拿我们这里所谈的"语模"与李宇明先生所提出的"词语模"相比,可以看出两者在结构上是存在着一些差异的。

首先,"语模"所从出的短语和以"语模"为基础结构出的新短语都是熟语,因此,这样的"语模"具有着熟语架构的性质,其实可以称作"熟语模"。由"词语模"衍生出来的双字格、三字格甚至四字格的词汇单位,或前后一两个字空为模槽,或前后为模标,中间的一两个字空为模槽。双字格的单位易被视为词,用来衍生词的

"模"当然最好称作"词模";"吃大锅饭"这样的四字格直接衍生自"吃豆腐"这样的三字格,它们是否可以看做语,学界是有不同意见的。③即使仍将"吃大锅饭"等视为熟语单位,它们与"语模"所从出的语基和根据语模结构出的新短语存在着的异质性也不能不引起我们的高度重视。词,尤其是双字格的新造词汇单位,具有形制短小、模标唯一、模槽固定的性质特点,这就决定了词词模的仿拟性较强,不大容易出现结构变异。而语模所造出的单位,具有形制较长、模标众多、模槽不十分固定的性质特点,这就决定了语模仿拟性稍弱,较易出现结构变异的特点。

其次,正是由于语模具有形制较长、模标众多、模槽不十分固定的性质特点,它在结构新的短语时具有某种可替换性,即模槽具有可随时更易词语的性质。例如由"有一种幸福叫忘记"这个语基化作"有一种 V 叫 a",其中又分语模甲"有一种幸福叫 a",结构出"有一种幸福叫放手"、"有一种幸福叫知足"、"有一种幸福叫爱"、"有一种幸福叫放弃"、"有一种幸福叫等待"、"有一种幸福叫守候"、"有一种幸福叫牵挂"、"有一种幸福叫简单"、"有一种幸福叫宽容"、"有一种幸福叫不顾一切"、"有一种幸福叫做感动"等,语模乙"有一种爱叫 a",结构出"有一种爱叫忘记"、"有一种爱叫做幸福"等,语模丙"有一种感情叫 a",结构出"有一种感情叫爱"、"有一种感情叫憎恨"、"有一种感情叫厌恶"、"有一种感情叫伤害"等,语模丁"有一种美丽叫 a"结构出"有一种美丽叫伤感"、"有一种美丽叫沧浪"、"有一种美丽叫跟随"、"有一种美丽叫坚忍"等……(这部分语模都是在原有语模的基础上通过对槽模的不同变化而分化出来的,其中的 V 和 a 都可以有多种变化,那么只根据 V 的不同而对"语模甲、语模乙、语模丙"等进行分类是否可以省去?)

这就为语模造语提供了广阔的空间。

再次,语模造语是即兴仿造,所造出的新的短语具有临时性的特点,其生命力一般较难持久,不大容易进入语言的核心层成为稳定的成分。例如电视剧《爱你没商量》热播之时和热播后的一段时间里,以其为语基创造出的语模"V你没商量"在造语上发挥了巨大的作用,出现了"揍你没商量"、"撤你没商量"、"查你没商量"、"办你没商量"、"宰你没商量"、"黑你没商量"、"毙你没商量"、"判你没商量"、"罚你没商量"、"冤你没商量"等数不胜数的"……没商量",但是随着电视剧《爱你没商量》逐渐淡出人们的视野,渐次被人们遗忘,近些年来语模"V你没商量"的造语能力已愈趋减弱,除了偶尔见到"吻你没商量"(2006年6月13日小说原创网)、"淅川'黑工头'骗你没商量"(2007年7月2日山西新闻网)出现外,已很难再见到当年那种大规模的造语势头了。

附注:

①"V什么别V+N"这样一个语模已在网上引起一些人的关注:"现在又发现有人始终不渝的在创造另外一种'什么别'体,就是一个动词加上'什么别'然后动词,然后名词。比如,笔者起的名字:别什么别'别体',傻什么别……。还可以枚举很多:变什么别变态,吃什么别吃亏,放什么别放屁,操什么别操蛋,显什么别显摆……"(《别什么别"别体",傻什么别……》,2006年2月9日新浪博客)

②当然,说语模造语语义之俗,是从总体上着眼的,不排除个别语模造出的新短语是雅的。例如以赵元任先生的名曲《教我如何不想她》为语基创造出的语模"教/叫N如何不V+N",并以此语模结构出的新短语"教人如何不想他——追记何炳林先生"(2007年7月20日南开新闻网)。但是即使是用"教N如何不V+N"这个语模造出的新短语也未必个个都是雅的,例如"叫我如何不宰你"(书名)"叫我如何不'造假'"(2006年12月15日红网)"叫我如何不抢你"(2007年6月11日新浪)"叫我如何不骂你"(2007年7月

174

15日新浪)。

③相当数量的学者认为应把它们视为语,称作惯用语,马国凡、高歌东1982《惯用语》,内蒙古人民出版社;有学者也认为应把它们视为语,只不过不是惯用语而是成语,见刘叔新1982《固定语及其类别》,《语言研究论丛》第二辑,天津人民出版社;笔者认为宜将"捞稻草"与"卫生间"一律视为词,见周荐1998《惯用语新论》,《语言教学与研究》第1期。

参考文献:

[1] 李　超　析"都是……惹的祸"[J],语文建设,2004(5)。
[2] 李宇明　词语模[C],邢福义主编,汉语语法特点面面观,北京语言文化大学出版社,1999。
[3] 李宇明　语法研究录[C],商务印书馆,2002。
[4] 温琐林　当代"克隆语"初探[J],山西大学学报,2003(4)。
[5] 温琐林　语言与语言应用[M],中国社会科学出版社,2003。
[6] 周　荐　论对称结构[J],语文研究,1991(3)。
[7] 周　荐　《现代汉语词典》中的待嵌格式[J],中国语文,2001(6)。
[8] 周　荐　汉语词汇结构论[M],上海辞书出版社,2004。
[9] 周　荐　词汇学词典学研究[C],商务印书馆,2004。

(作者单位:南开大学文学院　天津　300071)

简单枚举和定量分析
——成语和惯用语典型群的建立

张绍骐　　张志毅

一　引言

研究一个复杂的对象,很难求得真值。这就叫不兼容原理。怎样才能兼容并求得真值？常用的方法有两种:简单枚举法,定量分析法;两者结合,以后者为主。

简单枚举,是古今中外惯用的方法。就是在一个命题之后,举几个、十几个、几十个、乃至上百个例子。定量分析,是近几十年才广泛使用的方法。它要求从复杂的事物中分解出几个典型群,并以之为封闭域做定量统计,根据统计结果做定性分析,推进或更正原来的定性。事实证明,定量分析对简单枚举,常有补益和订正作用。请看以下三个例子:

现在,报刊书籍还有一些人使用着简单枚举法否认索绪尔的语言任意性原则（即音义没有必然联系）。他们所列举的几十、几百个例子无非是两类:一类是拟声词、感叹词、拟声造词,二类是"右文"、"音近义通"字、同源字。两类例子分别属于语言初始阶段的根词和非初始阶段的衍生词。第一类例子在一种语言词汇中占1‰或1%左右,第二类例子在一种语言词汇中最多占27%左右。(张志毅等 2007:59-60) 而语言任意性原则是就语言初始阶段绝大多数根词说的。

一提到词义演变,就沿用德国新语法学派 H. Paul(保罗)19世纪 80 年代的"扩大、缩小、转移"说,再举几十个例子。其实,扩大、缩小合起来只占演变总量的 18.45%,它们不是词义演变的主要规律。(张志毅等 2005:228)

有人提出"文言成分比口语成分构词能力强"这样的命题,然后举了几十、上百个例子。似乎已经证明了。其实,只有 30% 左右的文言成分比口语成分构词能力强。(王东海 2002:161)

黑格尔认为,方法是理论的倒置。因此,简单枚举法,就是内省观或直觉认识的倒置。质的规定性,不是由简单枚举的"绝对量"决定的,而是由定量分析的"相对量"决定的,而且它能匡正内省和直觉。这就是虽然"例过十"、"例过百","法仍不立"的内在原因。

二 关于"双层性"

"霸王别姬",表层意义是:项羽永别了爱妾,同名电影英语直译为 farewell my concubine,再直译成汉语就是"再见了,我的小老婆"。它的深层意义是:英雄末路,悲壮不已;引申指独裁者必垮台。因此有人提出"意义的双层性是汉语成语的区别性特征"。(刘叔新 2005:139)。此说有许多人拥护。有位权威说,这是成语研究的进步。这位权威的评论大半是出于直觉。也有一些人反对,举例说明用"双层性"对成语和惯用语划分结果与共识不一致。这个批评限于简单枚举。选择典型群,在封闭域内做定量分析的结果是,惯用语有双层性的占 90%(周荐 2004a:249)。这就是说,绝大多数惯用语将划归"双层性"成语,这有违共识。而成语具有比喻意义即带"双层性"的,只占38.82%。没有"双层性"的占61.18%。(余桂林2001:354)这就是说,又把大多数成语排除在外,这也有违共识。"双层性"的提出,恐怕是出于直觉,未用定量分析验证。它不是发现了成语的个性,而是反映成语、惯用语以及一些谚语、歇后语、俗语、双音词的共性。它的贡献是,给语汇学研究提供了一个大问号,架了一座桥梁——前一研究的终点是后一研究的起点。

三 关于"二二相承"

吕叔湘先生(1987:245)说"成语……是以四字语,尤其是二二相承的四字语为主"。"为主",就是"二二相承"占成语的80%左右。而温端政先生(2006:225)把"二二相承""发展"为决定性条件之一。什么是"二二相承"?温先生说是"音步"。接着又说"在语法、语义结构,或语音结构上采取'二二相承'格式",看来"二二相承"还表现在语法和语义结构上。这样会把近20%的公认成语排除在成语之外。如:踌躇满志,孤苦伶仃(以上三个语素的占3%多),伯仲叔季(四个语素的占近0.5%),半途而废(2+1+1式),坐以待毙(1+1+2式,以上两式共占3%多),等等。(参看周荐2004a:213)

四 关于一元和多元标准

双层性,是一元标准,一刀切,痛快倒也痛快,但是带来的麻烦太多。二二相承加表述语描述语,内含四个标准,四面切,也比较痛快,可是也带来一些麻烦。因为词汇单位包含着客体世界、主体世界和语言世界三界因素,(张志毅等,2005:84)极为复杂,一刀切、四刀切,都切不利索,所以不如六面切,即用六元标准,得出的结果比较符合共识。不过,对六元标准须要做些新限制和说明。

4.1 音节标准。成语四字格的在权威辞典中占 95.57%,(周荐,2004b:307)用"四字格"一刀切,结果会大体认同。惯用语三字格的在几部辞典中占 57.27%、68.97%、73.57%、84.40%不等(周荐 2004b:326-327),如用"三字格"一刀切,结果不会大体认同,还是说"为主"更稳妥。

4.2 构词法标准。成语的联合式占 44.52%,陈述、支配、补充共占 41.23%。(余桂林 2001:348)惯用语的偏正式占 57.07%,支配占 39.67%。(苏向丽 2007b:64)因此,传统说成语以联合、陈述式等为主,惯用语以支配式为主,应该改成成语以联合式为主,惯用语以偏正式为主。

4.3 结构稳固性标准。这里包含三个子项:①用插入法判断其自由度,即通过能否扩展看其离合度;②用替换法判断其稳定性;③用异序法判断其灵活性。三项综合,成语都比惯用语稳固得多。例如成语结构稳固的占 96%(从张拱贵《成语辨正》抽样 500 条按结构的三个子项计,有 480 条是稳固的)。惯用语能离合的居然占 96.28%。(苏向丽 2007b:66)

4.4 意义标准。传统认为,比喻义惯用语多于成语。这一判断,已经被定量分析证实:成语具有比喻义的占 38.82%;(余桂林 2001:354)而惯用语具有比喻义的占 71.66%。(笔者据苏向丽《汉语惯用语学习手册》统计)。传统还认为,意义整体性成语高于惯用语,成语的意义不是成分义的加和。这一判断,则是值得商榷的。意义的整体性或非加和性,不是成语的个性,而是词语这一级语言单位的共性。只是从语素表示义位的透明度或隐显性这一视角,一

些成语比惯用语不那么透明或明显。成语、惯用语等词语单位,想要求得其义位真值,都不可忽视以下四个义位成素:

4.4.1 在最小语境中语素义及其变体,如"白驹过隙"的"白驹",白色马驹(成玄英说是骏马,据《诗·小雅·白驹》),"过"不是在中间穿过,而是在前面闪过,"隙"是缝隙,据《说文》"壁际孔也"(一说小孔,据陆德明释文)。请参阅《庄子·知北游》郭象子玄注、成玄英疏。

4.4.2 转义。包括比喻义、借代义、引申义等。如"白驹过隙"的"白驹",在《庄子·知北游》比喻人生,成玄英说"言日",后来比喻时间。当然,《诗·小雅·白驹》的"白驹"还比喻贤人。这是语素的转义。还有整个义位的转义,如"霸王别姬"转指"英雄末路,悲壮不已","专权者必垮台"。

4.4.3 隐性义素。事物的细节是无穷的,语素是有限的,用有限的语素表现细节无穷的事物,只好保留或选取一部分细节,放弃或舍弃一部分细节。(吕叔湘 1980:63)如"刻舟求剑"四个语素就是选取的细节,现代语义学把它们叫做显性义素。可是要掌握义位,光靠显性义素不完全有效,还必须找出隐性义素,即把放弃的一部分细节补上。如"刻舟求剑"的"楚人过江,剑掉在江里,把掉的地方在船帮刻个记号,等船停下,从刻个记号的地方下水,结果自然没找到",只有补出这五个隐性义素,才能理解"刻舟求剑"。"说是'放弃',并不是不要,而是不明白说出来,只隐含在里边……语言的表达意义,一部分是显示,一部分是暗示,有点儿像打仗,占据一点,控制一片。"(吕叔湘 1980:63-64)

4.4.4 结构意义。如"避风港""避风头",一为"避风 + 港"偏正结构,指船只躲避大风的港湾,比喻躲避斗争的地方;一为"避 +

风头"支配结构,比喻避开不利的势头。"投鼠忌器"的"投鼠"支配结构,属于受事格,不是"投笔"类的工具格、"投河"类的处所格、"投畀豺虎"类的对象格。结构有助于理解意义,意义有助于理解结构。词语常成为语义语法接口。

4.5 语体标准。成语绝大多数属于书面语成分,具有书面语色彩。我们从张拱贵的《成语辨正》随机抽样 500 条,其中具有书面语色彩的,455 条,占 91%。惯用语绝大多数属于口语成分,具有口语色彩。苏向丽的《汉语惯用语学习手册》300 条中具有口语色彩的,290 条,占 97%。

4.6 典源标准。成语大多数,即 89.18% 有典源(出自经典、诗文、典故)。(余桂林 2001:351)惯用语绝大多数没有典源,有典源的,我们据苏向丽的《汉语惯用语学习手册》统计,只占 3%。

五　结语

正如美国模糊数学发明者扎德所说:"一种现象,在能用定量的方法表征它之前,不能认为它被彻底地理解,这是现代科学的基本信条之一。"(张志毅等 2005:229)上文多位学者对成语、惯用语的定量分析,用于典型群得出的初步结果:成语是四字格的占 9.5 成,二二相承式为 8 成,结构稳固的有 9.6 成,联合式和有比喻义的近半,有书面语色彩和有典源的为 9 成。惯用语是三字格的占 6—8 成,能离合的为 9.6 成,偏正式的有 5.7 成,有比喻义的 7 成多,有口语色彩的为 9.7 成,无典源的为 9.7 成。对典型群的这些定量分析,只是在彻底认识成语等道路上前进了一步,今后路还更长,还有待于精化、科学化。

参考文献:

[1] 刘叔新 汉语描写词汇学(M),商务印书馆,2005。
[2] 吕叔湘 语文常谈(M),生活·读书·新知三联书店,1980。
[3] 吕叔湘 语文近作(M),上海教育出版社,1987。
[4] 苏向丽 汉语惯用语学习手册(Z),北京大学出版社,2007。
[5] 苏向丽 现代汉语惯用语的词汇化等级分析(A),《首届汉语语汇学学术研讨会论文汇编》,山西省社会科学院会务组,2007。
[6] 王东海 汉语同义语素编码的参数和规则(A),《中国语文》,2002(2)。
[7] 温端政 汉语语汇学教程(M),商务印书馆,2006。
[8] 余桂林 四字成语的结构、功能、语义及释义特征(A),《词汇学理论与实践》,商务印书馆,2001。
[9] 张拱贵 成语辨正(M),北京出版社,1983。
[10] 张志毅等 词汇语义学(修订本)(M),商务印书馆,2005。
[11] 张志毅等 词源学的流派和理论(A),《词汇语义学与词典编纂》,外语教学与研究出版社,2007。
[12] 周荐 汉语词汇结构论(M),上海辞书出版社,2004。
[13] 周荐 词汇学词典学研究(C),商务印书馆,2004。

(作者单位:鲁东大学 汉语言文学院,山东 烟台 264025)

惯用语的界定及惯用语词典的收目

吴 建 生

关于惯用语定义问题的讨论,由来已久。但是,至今仍是"众说纷纭,莫衷一是"[1]。由于对惯用语如何界定的问题存在着比较严重的分歧,因此各种大大小小的惯用语辞书的收条标准也呈现出"五花八门"的局面。我们在编写《中国惯用语大词典》[2]的过程中,同样不可避免地受到了这一问题的困扰。以下就此谈谈我们的看法。

一

什么是惯用语?

马国凡在《谚语·歇后语·惯用语》(1961)一书中说:

惯用语本身是一种定型的词组。它的结构是词组,意义却是整体化了的。比如,我们管重复别人已经做过的事叫"炒冷饭",管奉承人叫"戴高帽子","炒冷饭"和"戴高帽子"就都是惯用语。

书中还认为,"惯用语在语言结构上,音节(字数)都很短,多数是三个音节的动宾结构词组";惯用语"用的是通俗易懂的口语,极其接近日常口语"。

这一观点,在学术界影响比较大。之后对惯用语界定问题的意见,多数与此认识大体接近,强调惯用语的定型性、口语性和语义的双层性,并以三字格为基本形式。

也有一些学者发出了不同的声音。周荐(1998)认为,以意义作标准对语言单位进行分类时必须以一定的形式为依托,"穿小鞋"一类三字格不应因其意义是比喻性的而被视为惯用语,它们都是词,而不是惯用语。惯用语应该是原惯用语中除去三字格后剩下的那部分单位,如"喝西北风、打开话匣子、铁将军把门、驴头不对马嘴、横挑鼻子竖挑眼"等。刘叔新(2005)则认为:"固定语中,凡充分具有结构成分固定的特点,但是不具有意义的双层性,其含义体现成类事物的一般概念而非个别事物概念或专门概念的,就是惯用语。"在这种观点的指导下,"穿小鞋、碰钉子、碰一鼻子灰"等被认定为成语,而"多快好省、知难而进、从容不迫"以及"超级大国、三个世界"等却被认定为惯用语。

温端政和孙维张从另外的角度为惯用语作了划界。温端政(1989)认为,惯用语有两种类型,"一类是不表示完整意思的词组,一类是表示完整意思的句子"。前一类的内容上没有知识性,结构上少则三四个字,多则七八个字,都不能单独成句;后一类在结构形式上同谚语没有什么区别,但内容上缺乏谚语所具备的知识性,是用来对人或事物的特点、形状等进行某种描写,而不是用来传授知识。孙维张(1989)认为:"惯用语属于描绘性熟语……不管是哪一种,它的表达功能都在于描绘,大都用比喻的方式把事物的形象或性质、状况,把人的动作行为的具体方式形象地表现出来。也不管是哪一类的惯用语,也不管它的结构长与短,它都没有表述性,不能形成完整的判断。"

在新著《汉语语汇学》(2005)中,温端政进一步从"描述性"的角度对惯用语作了阐述。他认为,要搞清惯用语的性质和范围,需要把惯用语放到语汇的整体中进行观察。一方面要把惯用语与非语汇单位区别开来；另一方面，要与歇后语、谚语、成语等语汇内部的相关单位区别开来。"从这个角度来看，把惯用语定义为非'二二相承'的描述语是最佳选择。"

在编写《中国惯用语大词典》的过程中，我们发现，把惯用语纳入"语"的范畴，在承认其词组性、相对固定性以及口语性的基础上，重点强调其形式上的"非'二二相承'"和语义上的"描述性"，在实践上比较可行。这就使得惯用语的界定从"三字组"和"意义的双层性"的纷争中跳了出来，具有了与歇后语、谚语和成语等语汇家族成员完全不同的区别性特征，具有较强的包容性和可操作性。在这一观点的指导下，"唱高调、穿小鞋"等被多数人认可的三字惯用语的身份仍被明确认定，而三字以上的"喝西北风、打开话匣子、驴头不对马嘴、哪壶不开提哪壶、公说公有理，婆说婆有理"等多字的"语"，由于其在内容上的描述性，也被纳入了惯用语的范围之内。

二

2.1 从形式上看，成语是"二二相承"的四字格式。在"语"的范围之内，不论其内容是表述性的还是描述性的，也不论其风格是"雅"还是"俗"，只要具备了"二二相承"的特点，就不是惯用语或谚语，而应纳入成语的范畴。这种"一刀切"的做法，看起来似乎有些武断，但却为成语和惯用语、谚语、歇后语的区分划定了一道明确的界限，使语类辞书的编纂具有了较强的可操作性。在"二二相承"的限定下，同样是四字的"语"，"亡羊补牢、风和日丽、大公无私、含笑九泉"是成语，而"挨当头棒、开顶风船、钻牛角尖"以及"眼皮子浅"等,都应该划归为惯用语。

翻检市场上影响比较大的《新华成语词典》(商务印书馆,2002年版),发现四字以上的条目共有311条。在这些多字条目中,有119条其实是应该归入惯用语的。如"一问三不知、八竿子打不着、不管三七二十一、一波未平,一波又起"等。进一步审视该词典其余的多字条目,发现多数条目都具有明显的知识性,应该归入谚语。如"无风不起浪、失败是成功之母、不入虎穴,焉得虎子、世上无难事,只怕有心人"等。少数条目应当归入歇后语,如"太公钓鱼,愿者上钩、司马昭之心,路人皆知"等。只有很少的条目,如"二桃杀三士、庆父不死,鲁难未已、卧榻之侧,岂容他人酣睡"等,尚需进一步研究,另外归类。该词典还收入了"一言堂、东道主、杀风景、闭门羹、安乐窝、忘年交、势利眼、莫须有"等8条三字条目,它们中"杀风景、莫须有"两条是惯用语,其余的都是词,也不宜算作成语家庭中的成员。

2.2 歇后语由"引子"和"注释"两部分构成,和惯用语在形式上的区别很明显,一般不易混淆。值得注意的是,在一定的语境中,有些歇后语"歇"去"引子"或"注释",就会成为惯用语;有时为了表达的需要,一些惯用语加上了"引子"或"注释",也会构成歇后语。主干大体相同的条目,分属不同的语类后,有时语义相同,有时语义并不完全相同。试比较:

歇后语【丈二和尚,摸不着头脑】指搞不清楚,理不出事情的头绪。[例]张恨水《纸醉金迷》二:"我看那意思,恐怕已是碰了上峰两个大钉子了。昨天他请我们吃饭,你不是很想知道有什么意思吗?老实说,我也是丈二和尚,摸不着头脑。"

惯用语【摸不着头脑】指搞不清楚,理不出事情的头绪。

[例]《红楼梦》八一回:"宝玉也不答言,接过茶来喝了一口,便放下了。袭人一时摸不着头脑,也只管站在旁边呆呆的看着他。

歇后语【冷水浇头,凉了半截】指突然受到打击,感到极度失望或灰心。[例]陈登科《风雷》一部五章:"春芳一听,好似冷水浇头,凉了半截。"

惯用语【凉了半截】形容人突然感到极度失望或灰心。[例]《红楼梦》八二回:"紫鹃答应了一声,这一声更比头里凄惨,竟是鼻中酸楚之音。黛玉听了,凉了半截。"

2.3 谚语在形式上与多字的惯用语不好区分,需要从内容上判定。判定的标准只有一条:谚语是表述性的,它表达某种推理和判断,具有知识性;惯用语是描述性的,只对事物的性质、状态或人们行为动作的方式进行描写,不具有知识性。试比较:

谚语【开弓没有回头箭】指事情既然启动,就要坚持做下去,绝不能反悔。[例]高云览《小城春秋》三〇章:"吴七要不是铁门挡着,早一拳挥过去了。'告诉你,我吴七开弓没有回头箭,冤仇要结就结到底!'"

惯用语【开弓不放箭】比喻只造声势而没有行动。[例]《儒林外史》一三回:"寻了一个老练的差人,告诉他如此这般事,还是竟弄破了好?还是'开弓不放箭',大家弄几个钱有益?"

谚语【心急吃不了热豆腐】指性子太急躁,办事就不能达到自己期望的结果。[例]《薛仁贵征东》六〇回:"遇见事呢,要好好琢磨琢磨,性急可不行,这心急吃不了热豆腐,我说你们姐俩先消消气。"

惯用语【心急碰上热豆腐】指心里本来就着急,却又碰上了紧急麻烦的事。[例]周毅如《聚龙里轶事》一三:"我只好老老实实地趴在桌子上做题目,偏偏心急碰上热豆腐,有一道题怎么也做不出来。"

2.4 相关的还有"俗语"的问题。吕叔湘先生在《中国俗语大词典·序》中说:"俗语,或者俗话,是一种广泛的名称,典型的俗语是所谓谚语,这是各国语言里都有的一种东西,英语里的名称是 proverb。"这一说法代表了早期对俗语的一般认识。温端政(1989)认为,俗语具有群众性、鲜明的口语性和通俗性以及相对的定型性三个特点,是"群众所创造的、并在群众中流传、结构相对定型的通俗而简练的语句"。由此认识出发,他主张俗语首先应当包括谚语,还应该包括歇后语、惯用语和口头上常用的成语。也就是说,俗语居上位,是属概念;谚语、歇后语、惯用语和口头上常用的成语居下位,是隶属于俗语的种概念。这种观点代表多数人的看法。

王勤(1990)的看法不同,他认为,俗语分为广义和狭义两类,"广义俗语"泛指"词汇材料中具有通俗平易流行于口头中的现成的语句"。从广义俗语中剔检出成语等以后剩下的固定词汇材料称为"狭义俗语",简称俗语。它与成语、谚语、歇后语、惯用语处于同一地位,同一级次。成语、谚语、歇后语、惯用语和俗语都是隶属熟语之下的种概念。构成俗语外部形态的语音单位是音节,少者几个音节,多者十几个音节,参差不等。例如"皮笑肉不笑"、"拆东墙补西墙"、"一个萝卜一个坑"、"睁一只眼闭一只眼"、"羊群里跑出个骆驼来"、"过了这个村就没这个店"等等。

不同的观点给词典编纂带来了麻烦。那么,是否确实需要从"广义俗语"中分出"狭义俗语"来呢?我们认为,从研究"语"的实际情况来看,并没有十分的必要。

第一,"俗语"的名称古已有之,虽然所指对象不完全一致,内涵外延界限也不很清晰,却是一个居于上位的大类,它包含一些小类的总体认识已经得到了社会和学术界的基本认可。正如王勤(1990)所言:"广义俗语的叫法在社会上有一定的影响,甚至在语言学术语中也占有一席之地是有原因的。它继承了历代传统的说法,有一定的社会基础,用起来自然方便些;同时俗语本身也确有通俗性的特点。"在这种情况下,生硬把"俗语"分为"广义的"和"狭义的"两类,使其"降格"为同成语、谚语、歇后语、惯用语并列的一类,容易造成概念上的混乱,使学习者和研究者陷入迷茫。

第二,"语汇"的大家族中,包括"成语""谚语""歇后语""惯用语"四个组成部分,这一观点已被多数人接受。这四大"语"类,实际上都存在"雅"与"俗"的问题,这也是汉语语汇学理论下一步应该深入研究的重要问题之一。在四"语"之外,徒增一个被称为"俗语"的部分,会给今后进一步探讨"语"的"雅""俗"问题带来一些不必要的麻烦。

第三,随着研究的深入,惯用语的范围在不断扩大。翻开各种大、中、小型惯用语类词典,"三字格"都不是唯一的选择。用"喝西北风、一退六二五、不管三七二十一"三个条目进行查找,在大型的《汉语惯用语大辞典》(高歌东、张志清,天津教育出版社,1995);中型的《新惯用语词典》(王德春,上海辞书出版社,1996)、《现代汉语惯用语规范词典》(李行健主编,长春出版社,2001)、《汉语惯用语辞典》(陈光磊主编,李茂编著,汉语大词典出版社,2004);小型的《通用惯用语词典》(温端政、沈慧云主编,语文出版社,2002)、《惯用语小词典》(巫建英编写,上海辞书出版社,1999)中,这三条惯用语都赫然在目。这些多字的惯用语和所谓"狭义俗语"之间没有明显的界限,显然不好区分。

周荐(2005)曾指出:"'俗语'所指的应是俚俗的语句,与雅正的语言成分相对。""俗语应是涵盖面很大的一个概念,不宜让它专指原惯用语中除去三字格剩下的部分。"这话是很有道理的。

2.5 "半边天、避风港、不倒翁、顶梁柱"一类体词性的三字格是不是惯用语？这也是词典编纂过程中困扰人的一个问题。我们曾参与过《现代汉语惯用语规范词典》(李行健主编,长春出版社,2001)的编纂工作,当时曾认为这一类三字格多数具有意义的双重性,应该算作惯用语。现在看来,这种认识有失偏颇。我们用《现代汉语惯用语规范词典》收录的397条体词性三字格与《现汉》(第5版)做了对照,发现《现汉》中所收录的225条,全部被明确标为名词。例如：

安乐窝、白眼狼、财神爷、大手笔、恶作剧、发烧友、橄榄枝、旱鸭子、机关枪、开场白、癞皮狗、马大哈、拿手戏、排头兵、千里马、热门货、撒手锏、台柱子、万金油、西洋景、阎王账、芝麻官、自留地。

用225条词目与《现代汉语规范词典》(李行健主编,外语教学与研究出版社、语文出版社,2004)对照,除了"电老虎、黄花女、笼中鸟、嫩豆腐、重灾区"没有收录,"半边天、不倒翁、狗腿子、马后炮、敲门砖、软刀子、软骨头、死胡同、一盘棋、一条龙、冤枉路"没有标注词性外,其余的条目,在《现代汉语规范词典》中,同样都标注为名词。

显然,这类三字格与具有描述性特点的三音节惯用语"炒冷饭、打埋伏、和稀泥、碰钉子"等有明显的区别。它们中间不能插入其他成分,表达的都是一个概念,不具有描述性；因此,不应该收入惯用语类辞书中。

2.6 "吃醋、吹牛、拍马"一类的去留问题也让人颇费斟酌。请看例句：

【吃醋】谁想卞福老婆,是个拈酸的领袖,吃醋的班头。[例](《醒世恒言》卷三六) | 朱延年早就风闻到棉纺公会有位江菊霞执行委员的大名,想不到真的是叫人见到以后一辈子也忘怀不了的人物。怪不得林宛芝在吃她的醋哩。(周而复《上海的早晨》一部二八)

【吃飞醋】不必吃那飞醋,虽然现在我认识了一位田小姐,她是我的朋友,我们过往时间是受着限制的。(张恨水《纸醉金迷》二"极度兴奋以后")

【吃干醋】"你何必吃这种干醋?你屋里头不是也有一个吗?"克定嘲笑地说。(巴金《春》一章)

【吃寡醋】难道你不见,我几曾调他来?皆是他心上自爱上我,你吃这等寡醋做什么?(元·无名氏《百花亭》二折)

从来源来看,"吃醋"稍早一些,来源于唐朝宰相房玄龄夫人"宁死而妒"的故事。

从构成来看,"吃醋"具有"离合性",中间可以插入其他成分,如"吃某人的醋"。"吃飞醋、吃干醋、吃寡醋"都是从"吃醋"而来的。据此,"吃醋"似乎应该算作惯用语,其他形式可以作为"吃醋"的变体。但是,《现汉》明确把"吃醋"标注为动词,其变体没有收入。我们在《汉语俗语语料数据库》①中检索到"吃醋"用例共49条。其中44条是用"吃醋"的原型,即"合"的用法;5条中间插入了成分,即"分"的用法。除去"吃飞醋、吃干醋、吃寡醋"3条之外,其"分"的用例仅见到2条。在"合"的用法中,用于"争风吃醋(吃醋争风)"中10次,用于"拈酸吃醋"中1次。由此来看,"吃醋"词化的程度的确比较高,《现汉》的标注是有道理的。

"吹牛""拍马"的情况复杂一些。马国凡、高歌东(1982)说:

"'吹牛皮''拍马屁'与'吹牛''拍马'中间的关系是十分明显的,然而,前者是惯用语,后者是词。"这种说法符合一般的认识。但是,他们同时又认为:"如果把'吹牛皮'和'吹牛'分别对待,则前者是'语',后者是'词';如果说'吹牛'是'吹牛皮'的节缩,则'吹牛'既可以看做是词,又可以看做是语。"这样一来,简单的问题又复杂了起来。正如周荐(1998)所言:"这反映了由于单纯以意义作标准致使学者们在这一问题上出现的认识的混乱。实际上'吹牛''扯皮'之类还是应该看做词,因为同样是意义非字面性的单位如'佛手''金莲'等却从未有人将其视作语,也不应视作语。"

《现汉》中将"吹牛、拍马"标注为动词,而"吹牛皮、拍马屁"则以不标注词性的形式出条。这种"词"和"语"分别立目的处理方式,与"语词分立"说不谋而合。从系统的角度考虑问题,如同用"引""注"结构来认定歇后语,用"二二相承"的原则把成语和其他"语"分开一样,以形式为标准,把双音节组合单位从惯用语的家族中请出去,应该说,对"语"的研究和"语"类辞书的编纂都利大于弊。因此,我们倾向于,在惯用语辞书中只收"拍马屁、吹牛皮"以及"吃飞醋、吃干醋、吃寡醋"等,而不收"吹牛、拍马、吃醋"等。

三

与成语、谚语、歇后语相比,惯用语在运用中具有更大的灵活性。正是这一特点,使得有些惯用语词典在立目时显得有些"自由自在",甚至"随心所欲"。这也是我们在编纂惯用语类辞书时常常碰到的一个棘手的问题。

3.1 我们来看下面的例子:

【搅混水】搅动水使因泥沙泛起而致水浑浊。比喻故意把事情搞乱,借以掩盖真相。[例]她这个家属小组让盛玉华搅混了水,她要辞去家属小组长的职务。(于敏《第一个回合》)也作[把水搅混]。[例]要是放松了,让李蔚把这坑水搅混,把这个点扳倒,也是党的损失。(梁斌《翻身记事》)

——《通用惯用语词典》(语文出版社,2002)

【把清水搅混】李准《黄河东流去》二二章二:"新鲜感总是有一定的敏锐性和准确性的,而习惯熟了却像一把沙土,往往会把一盆清水搅混。"

——中国惯用语大全(上海辞书出版社,2005)

【把这坑水搅混】梁斌《翻身记事》三一:"再说,官渡口村这个土改村是个好点,提供的经验不少。要是放松了,让李蔚把这坑水搅混,把这个点扳倒,也是党的损失!"又见梁斌《烽烟图》二四。

——《中国惯用语大全》(上海辞书出版社,2005)

"把水搅混"、"把清水搅混"、"把这坑水搅混"都是原型"搅混水"的临时变体,而不是由构语成分变异构成的异形惯用语。它们随着语境的变化而变化,具有较强的灵活性。"把水搅混"是用"把"把宾语提前,"把清水搅混"、"把这坑水搅混"是在宾语提前的基础上中间又插入了其他成分。把它们列入"也作"条目是不妥的,再当做正体出条就更不合适了。

3.2 在惯用语词典的编纂中,更多遇到的是由构语成分变异而构成的异形惯用语。在有众多条目的一组异形惯用语中,选择哪一条作为主条,把哪几条列为副条常常让人举棋不定。我们看下例:

【吃了上顿没下顿】[例]她在街上转了几个来回,觉得去谁家也不合适。申大婶家吧,老两口一间破草房,吃了上顿没下顿。(李准《黄河东流去》三章三)

【吃了上顿愁下顿】［例］他比不得光景富裕的姜玉牛,他是吃了上顿愁下顿的人。(胡正《汾水长流》六章)

【吃了早上没晚上】［例］我穷得一间屋里四个夯凡儿,两只肩膀扛着个嘴,吃了早上没晚上,怎么养得起家眷呢?(郭澄清《大刀记》一卷开篇一一)

【吃早膳先愁晚膳】［例］可怜那一时的百姓,吃早膳先愁晚膳,缝夏衣便作冬衣。(《警世通言》卷四〇)

【吃着朝顿无夜顿】［例］雌鬼是做过财主婆的,向常钱在手头,食在口头,穿软着软,呼奴使婢惯的;如今弄得吃着朝顿无夜顿,怎受得这等凉凄?(《何典》五回)

这是一组带有古今变异条目的惯用语。以哪一条为主条,有两种选择。一是以时代先后为标准,一是以使用频率为标准。这要根据读者对象和全书的体例来定。一般来说,从现代运用的角度来看,以使用频率为标准更具有实用性。在我们收集到的资料中,"吃了上顿没下顿"用例8条。其他形式用例各1条。"吃了上顿没下顿"的通行程度比较高,因此,宜作为主条,其他的条目列为副条。

有些异形条目既无古今区别,又无"方""普"差异,但从别的方面可以分辨出主条副条来。例如:

【不蒸馒头争口气】［例］跳嫂吵架似地喊嚷道,"你得不蒸馒头争口气,别叫人家骂你是狗肉上不了正席。"(刘绍棠《京门脸子》四章七)

【不蒸包子蒸(争)口气】［例］就这样干下去吧！不蒸包子蒸(争)口气,给咱们穷人,给咱们妇女争口气。(浩然《艳阳天》九八章)

【不吃馒头争口气】［例］办组的时候叫俺加入,俺就入了;如今生产了,不带俺了,这不是欺负俺老实头吗?俺不吃馒头争口

气,非入这个组不行!(陈登科《风雷》一部四五章)

"蒸"谐音"争"。第三条"不吃馒头争口气"不符合"蒸汽"谐音"争气"的构语理据,不宜作为主条。从前两条例句来看,"馒头"比"包子"普遍性强,因此,宜选"不蒸馒头争口气"为主条。

关于惯用语变体的问题十分复杂,在编写词典的过程中,需要对不同的情况加以细致研究,作不同的处理。

附注:
①见李行健《现代汉语惯用语规范词典·前言》,长春出版社,2001。
②上海辞书出版社,即出。
③见孙维张《汉语熟语学》,吉林教育出版社,1989。
④山西省社会科学院语言研究所研制,2006。

参考文献:
[1] 刘叔新 汉语描写词汇学(重排本)[M],商务印书馆,2005。
[2] 吕冀平,戴昭铭,张家骅 惯用语划界和释义问题[J],中国语文,1987,(6)。
[3] 马国凡 谚语·歇后语·惯用语[M],辽宁人民出版社,1961。
[4] 马国凡,高歌东 惯用语[M],内蒙古人民出版社,1982。
[5] 施宝义,姜林森,潘玉江 汉语惯用语简说[J],语言教学与研究,1982,(6)。
[6] 孙维张 汉语熟语学[M],吉林教育出版社,1989。
[7] 王 勤 俗语的性质和范围[J],湘潭大学学报(社会科学版),1990,(4)。
[8] 温端政 汉语语汇学[M],商务印书馆,2005。
[9] 温端政主编 中国俗语大词典[K],上海辞书出版社,1989。
[10] 徐祖友 惯用语的性质和惯用语词典的收词[C]中国辞书论集,上海辞书出版社,2000。
[11] 周 荐 惯用语新论[J],语言教学与研究,1998,(1)。

(作者单位:山西省社会科学院语言研究所 太原 030006)

惯用语释义中的前置提示词

李 淑 珍

要编写一本质量上乘的辞书,从立目、释义到举例,每一个环节都不能忽视。其中,释义可以说是辞典的灵魂,一本好的辞书,释义应该是准确而严谨的。为了使释义更加到位,在释义过程中常常要用到一些前置提示词,常用的有"比喻、形容、指、表示、语出"等等。具体到俗语中惯用语的释义,最常用到的前置提示词有三个:比喻、形容、指。提示词揭示了惯用语的语义形成基础和语义产生的不同方式,对正确释义起到了非常重要的作用。然而,在考察了一些综合类语典(词典)和一些惯用语类词典的释义以后,我们发现,编者们在运用这些提示词时还存在很多问题。究其原因,一方面是因为惯用语本身的语义形成过程比较复杂,释义难以把握;另一方面恐怕也与我们对这三个提示词的把握还不到位有关。

一 惯用语释义中提示词的混用现象

翻检各类辞书对惯用语的释义时我们发现,同一条惯用语,有的词典释为"指……",有的词典释为"比喻……",有的词典又释为"形容……",如:

(1)拍马屁

①指谄媚奉承。(《现代汉语词典》,以下简称《现汉》)

②指谄媚、奉承。(《新华惯用语词典》,以下简称《新华》)

③传说游牧时期的北方民族常以拍马的屁股表示夸赞马好。现比喻巴结吹捧,奉承讨好。也说拍马。(《现代汉语规范词典》)

④(1)好好关照。(2)经常去奉承,不断去讨好。(《汉语惯用语大词典》)

(2)活人眼里伸拳头/活人眼里杵棒槌

①见"眼里杵棒槌",在别人的眼睛里插进棒槌。指伤人要害处,令人无法忍受。也指明摆着欺负人或强制人屈服。(《新华》)

②比喻活活欺负人。(《通用惯用语词典》,以下简称《通用》)

③比喻显示自己,欺负别人。(《俗语词典》,以下简称《俗语》)

(3)看着星星想月亮

①比喻不切实际地空想。(《通用》)

②比喻脱离实际,想入非非。(《中国俗语大辞典》)

③看了星星,还想看月亮。形容人不愿满足,不切实际地想得到更多。(《分类惯用语词典》,以下简称《分类》)

为什么会出现这么多的混用现象呢?究竟用哪个提示词比较合适呢?我们认为,不同的提示词,反映的是释义者对该语语义的理解过程。要解决这个问题,还得从惯用语的语义扩展途径及过程说起。

二 惯用语语义扩展途径及过程

惯用语常常通过对具体事物或情境的描绘来表达抽象的意义。除了一些字面义即实际义的惯用语以外,大多数惯用语的语义形成都经历了一个从具体到抽象、从个别到一般的过程。这个过程常借助多种手法来完成,常见的有引申、夸张、隐喻等。

1. 引申[①]

引申就是由惯用语的字面意义通过语义推导而引出其他与之相关的意义。如"看脸色",字面意义是看面部的颜色或表情,但这并非惯用语真正意思。试比较:

(1)通过看脸色可以了解一个人的身体健康状况。

(2)要有自己的主见,不要事事都看别人的脸色。

例(1)中的"看脸色"就是字面意思,是一个自由词组,并非惯用语。例(2)中的"看脸色",意思是通过观察人的面部表情来揣摩人的心理,以方便行事,这才是"看脸色"作为惯用语的真正意思,是通过字面意思而推导出来的引申义。再如"饿不死也撑不着",字面意思是饭刚够吃,但这条惯用语真正要表达的意义并不在此。吃饭为生存之根本,如果连吃饭都成问题,那生活状态可想而知,这条惯用语正是通过对这一生存最基本条件的描绘,引申指人的收入低,仅够勉强维持最低生活水平。

由字面义而推导出的引申义与字面义之间依然存在某种意义上的关联。如作为惯用语的"看脸色",依然必须有"看"这个动作,尽管这里的动作性已经大大减弱。

2. 夸张

夸张是指运用丰富的想象力,故意对事物作夸大或缩小的描述,以增强表达效果。夸张也是惯用语语义扩展的重要途径之一。如"七嘴八舌头"通过对人体工具"嘴""舌头"数量的夸大,形容人多嘴杂,意见不一致;"喝口凉水都塞牙",水是不可能塞牙的,通过不实的夸张,形容一个人倒霉之极,干什么都不顺;"炒虾等不得红",虾在热锅中会很快变红熟透,但还等不及,形容人性子急;"肩挑三山不弯腰",肩膀上挑着三座大山都不会弯腰,形容人性格坚强,不畏艰难。

3.隐喻

现代隐喻学认为,隐喻不仅仅是一种修辞手段,更是人类认识事物的一种认知方式,人类通过想象和联想,用具体的或熟悉的事物或情景来映射陌生的或抽象的事物或情景。人类通过隐喻认知方式,找出某些动作或情境之间的相似点而形成具有隐喻意义的惯用语。字面义和惯用语所要表达的实际意义之间存在某种比喻关系,有些惯用语如果仔细分析还会发现,这种比喻关系还可以是一一对应的。如"看着鱼儿下罩",字面意思是瞄准了水中的鱼儿而下罩子捞鱼,实际意思则是看准了对象下手,这里用"鱼儿"比喻"对象",用"下罩"的动作比喻"下手",用"看着鱼儿下罩"的情景来比喻"看准了对象下手",整体和部分之间的比喻关系都一一对应。再如"挖墙角",在墙角挖土势必使墙体遭到破坏,导致墙体受损或坍塌,比喻从基础上搞破坏,使人或集体倒台,或使事情不能顺利进行,这里用"挖"的动作来形象比喻"破坏",用"墙角"来比喻"基础",用"挖的结果——坍塌"来比喻"破坏的结果——倒台",最终形成了"挖墙角"的比喻义。

有时,惯用语的字面义和隐喻义之间不一定能够清楚地分辨出一一对应关系。有些隐喻义是对某一类相似行为的抽象概括,如"挖好肉,补烂疮",字面义是说为了将已经溃烂的疮口补好,不惜将本来完好无损的肉挖去贴到烂疮口上,比喻为了顾及眼前,不惜采取有害的办法来临时救急;"拍打桌子吓唬猫",字面义是说用力拍桌子企图把猫吓走,比喻虚张声势去威慑某些人。有些隐喻义是对某一类相似状态的抽象概括,如"不摸水深浅"字面义是说不了解水的深度,比喻不知道底细;"搭不起疙瘩绾不起纂",字面义是说头发太少了,盘不起来,比喻东西太少了,什么都做不成。有些隐喻义是对某一类相似结果或境遇的抽象概括,如"捕得老鼠,打破油瓶",字面义是虽然捕到了老鼠,却把油瓶打破了(结果),比喻虽然达到了目的,却造成了不应有的损失(结果);"打了坛子洒了油",是说最终的结果是坛子打烂了,里面的油也洒了,比喻最终什么也没得到或什么也没办成。

在惯用语语义抽象的过程中,其意义已经由一个认知域向另一个认知域转移。因此,可以说,惯用语语义抽象的过程也是其语义域发生转移的过程。比如,战争领域向其他领域转移:"打硬仗比喻做艰巨、复杂的工作""挂免战牌比喻主动停止与对方争论或争吵,或者主动放弃参加比赛等""打反攻战比喻向对手实施反击或反驳";商业领域向其他领域转移:"吃老本比喻只凭原来的知识、本领或过去的功劳、成绩混日子,不想继续努力和提高。""讲价钱比喻在接受任务时计较报酬或谈判时提出要求和条件";农业领域向其他领域转移:"拔了萝卜带出泥比喻揭露某件事情的同时也顺带暴露了有关的人或事。"饮食领域向其他领域转移:"到火候比喻达到一定的程度、水平或时机"等等。

三 惯用语释义中提示词的误用现象分析

弄清惯用语语义形成过程是准确释义的前提。如果是通过引申手法而来的惯用语,在释义时宜选择提示词"指";通过隐喻手法而来的惯用语,在释义时宜选用提示词"比喻";通过夸张描绘手法而来的惯用语,在释义时宜用提示词"形容"。但在具体的词典编写中,常常出现提示词的误用现象,我们以专类辞书《分类》和《通用》为主要语料来源来考察,概括起来主要有以下几种:

1.将引申义误作比喻义

（1）一个锅里搅马勺：比喻在一起工作或生活。(《分类》)

（2）大白天说梦话：比喻毫无事实根据地信口胡说。(《通用》)

（3）挂在嘴上：①比喻经常说到某人或某事。②比喻对某事不过经常说说而已，并不打算真做。(《通用》)

"一个锅里搅马勺"，"马勺"指盛粥或盛饭用的大勺，字面义指在一个锅里吃饭，通过语义引申，指在一起工作或生活，字面义和实际义之间不存在隐喻关系。"大白天说梦话"，字面义是说人在清醒的状态下说梦话，通过语义引申，指没有根据，信口胡说或盲目幻想，字面义和实际义之间也不存在隐喻关系。"挂在嘴上"，"嘴"是说话的工具，这里用来指代说话，通过语义引申，指经常说到或只在口头上说说，并没有实际行动，字面义和实际义之间也不存在隐喻关系。因此，上面释义中的提示词"比喻"都宜改为"指"。

类似的例子还有"打马虎眼：比喻故意装糊涂来蒙蔽他人。""进博物馆：比喻已经完成历史使命，不再有用。""鸡长起牙，狗长起角：比喻事情根本不可能出现。""打问号：比喻产生疑问，表示怀疑。""不知道吃几碗干饭：比喻不知人有多大本事。"等，这些释义中的提示词"比喻"也都应该改为"指"。

2.将夸张义误作比喻义

（1）毡上去一根毫毛：比喻损失极小，微不足道。(《分类》)

（2）眼皮都不眨一下：比喻一点也没在意，根本不在乎。(《分类》)

（3）大火烧着眉毛：比喻事情非常紧急。(《通用》)

（4）打破脑袋用扇子扇：比喻无所畏惧，什么都不在乎。(《通用》)

"毡上去一根毫毛","毡"指用羊毛等轧成的类似毯子一样的东西,上面有数不清的羊毛,去掉一根,微不足道。从字面义与实际义的对比来看,尽管语义域也发生了转移,但语义重点并不在受到了损失,而是用夸张的手法,强调受到了非常"微小"的损失,因此释义时应用提示词"形容",这样才能更准确地体现这条惯用语的意思。当然,如果着眼于语义域已经发生转移,非要用前置词"比喻"来释义,则表述应该是"比喻受到了很小的损失。"

"眼皮都不眨一下",用眼睛的动作来说明人对某事的态度,这里用夸张的手法,说明人对某事一点儿都不在意,释义时应用提示词"形容"。"大火烧着眉毛",火已经烧着眉毛了,说明当时的情况已经非常紧急,依然是用夸张的手法,释义时也应用"形容",而不能用"比喻"。"打破脑袋用扇子扇",脑袋流血了不是捂着,而是用扇子扇热气,用夸张描述的手法,说明人不怕死,对什么都不在乎,释义时提示词仍然应用"形容"。

类似的例子还有"穿上龙袍不像太子:比喻穿着、打扮不合身份。""九牛身上拔一毛:在极大的数量中去掉微不足道的极小部分。比喻损失极小。""鸡飞狗跳墙:比喻秩序极为混乱。""一针对一线:比喻人做事非常认真。""开杂货铺:比喻东西零碎而杂乱。"等,这些释义中的"比喻"都应该改为"形容"。

3.将引申义误作夸张义

(1)打开天窗说亮话:形容有话讲在当面,毫不隐瞒。(《通用》)

(2)摸不着头脑:形容内心一片疑惑,不知情由。(《分类》)

"打开天窗说亮话",这条惯用语语义重点在"说亮话","打开天窗"只是增加了惯用语的形象性,并没有实实在在的意思。整条惯用语的意思是说双方当面把话说清楚,讲明白,这里没有用夸张的修辞手法,只是简单的描述,因此释义时用提示词"形容"就不妥,应改为"指",2007年出版的《新华惯用语词典》就是这样做的,"指直言不讳,把话说在明处。"

"摸不着头脑",是说人内心疑惑,不知道事实究竟是怎么回事。这里也并没有用夸张的手法,不宜用提示词"形容"来释义。《通用惯用语词典》释为"指不知情由,莫名其妙。"《新华惯用语词典》释为"指弄不清究竟是怎么回事。"用的提示词都是"指",这样处理是恰当的。

4.将比喻义误作引申义

(1)抓着葫芦当瓢打:指不问是非缘由,就胡乱指责、攻击无辜的人。(《分类》)

(2)采动荷花牵动藕:①指触动某个(些)人,牵连到了有关的另一个(些)人。②指不慎惊动了对方。(《通用》)

"抓着葫芦当瓢打",这是一个表行为动作义的惯用语,其实际意义已经由一个简单的动作向抽象领域扩展,语义域发生了转移,用提示词"指"来释义就欠妥当,改为"比喻"较为合适。"采动荷花牵动藕",情况同上,其实际意义的语义域已经由具体动作域转向了抽象领域,因此,释义时应用提示词"比喻"。

此外,还有一些将比喻义误作夸张义来释义的情况,如"近路不走走远路:形容做事有简单办法不用而用复杂的办法。"(《通用》),惯用语实际意义的语义域已经发生了转移,应用"比喻"来释义。还有将夸张义误作引申义来释义的情况,如"吃铁块拉钢条:指人心肠很硬或意志很坚强。"(《通用》)这条惯用语用的是想象和夸张的手法,描绘的又是人的一种心理状态,因此宜用提示词

"形容"来释义。

还有一种误用提示词"比喻"的现象值得我们注意。有些辞书误将惯用语构成要素的借代义或比喻义看成整条惯用语的比喻义,用提示词"比喻"来给惯用语释义。如《分类》中"发现新大陆:比喻发现了新奇、有趣的事物。""铁将军把门:比喻家里没有人,门上了锁。""丢乌纱帽:比喻失去了官职。"等,其中的"新大陆""铁将军""乌纱帽"本身都是一种借代用法,这些惯用语本身并没有比喻义,用"比喻"释义就不能揭示这些惯用语的语义形成的途径,应该改为"指"。

四　惯用语释义中提示词的兼用现象分析

在给惯用语释义的过程中,选择提示词时有时会遇到两难境地,似乎用哪个都可以,这是怎么回事呢?我们认为释义时的着眼点不同,造成了语义重点不同,最终影响了提示词的选择。

(1) 黄土埋了一半

这条惯用语的认知背景是传统的土葬习俗:人去世后身体要全部埋进黄土。"黄土埋了一半"说明人活在世间的时间剩下一半了,引申指人年纪大了,用引申义来直接释义,就可以释为"指人已经活了大半辈子,所剩日子已经不多了"(《新华》),如果着眼于说话时个体所处的某种状态,就可以释为"形容人年纪大了,活着的时间不多了"(《分类》)或"形容人老了,活不了多久了"(《通用》),这两种释义都是可取的,但如果释为"比喻人年老或体弱,活的时间不长了"(《俗语》),那就是没有搞清楚这条惯用语的语义形成途径,是错误的。

(2) 屁股沉

这条惯用语用人的身体部位"屁股"来借指"坐"这个动作,"屁股沉"的意思是坐下来不想起身或起不了身,引申指坐着聊天,长时间不走。释为"指喜欢聊天,聊起来就没完没了,起不了身"(《分类》)或"指喜欢聊天,一到别人家坐下就不想起身"(《通用》)均可,但如果着意强调坐的时间长,状态持续的时间长,释为"形容坐的时间太长"(《新华》)也未尝不可。

(3)给个棒槌就纫针

"棒槌"指洗衣物时用来捶打衣物的木棒,"纫针"指把线穿过针鼻儿,这条惯用语首先呈现给我们一幅清晰的画面:一个人拿着一根很粗却没有眼儿的木棒正努力地想把线穿过去,再次利用谐音双关的手法,用"纫针"谐"认真",突出人实心眼,把别人的玩笑话或随便说的话当成真的了。释为"指人心眼儿实,别人随便说说,就信以为真了"(《通用》)或"指心眼儿太实,别人在敷衍自己,自己却认真对待"(《新华》),但如果刻意强调人的心眼儿实在的程度,释为"形容人心眼儿实在,别人随便说的话,他就当真相信了"(《分类》)也不能算错。

我们注意到,像上述释义时提示词可以兼用的惯用语,都是通过引申手法形成的,并且这些惯用语所描写的内容一般都包含有程度的深浅,如"黄土埋了一半""屁股沉",这不同于纯粹用引申手法形成的惯用语,如"爱面子:指爱惜脸面,生怕别人看不起自己";"调不过脸来:指碍于面子,一时无法改变看法或做法",也不同于纯粹用夸张手法形成的惯用语,如"挨一刻似三秋:形容等待的心情非常焦急或迫切";"得了屋子想炕:形容人太贪婪,欲望越来越多"。在给这类惯用语释义时,偏重引申手法,就会用提示词"指"来释义,偏重程度的深浅,便会用提示词"形容"来释义。

五　用"形容"释义时的表述问题

这个问题属于释义时的细节问题,之所以把它单独提出来,是因为在翻检各大辞书时,我们注意到,用提示词"形容"释义时,有些语句显得不是那么顺畅,并且这样的情况出现的频率还比较高,这引起了我们的兴趣,究竟用提示词"形容"来释义时该如何表述才是比较正确、合理的呢?

"形容:② 动对事物的形象或性质加以描述。他高兴的心情简直无法形容。"(《现汉》1525页)作为动词,"形容"一词应该有两种用法:(1)不及物动词。如"激动的心情无法形容。"类似的还有"怎么形容、不好形容、难以形容"等等。(2)及物动词。如"用什么词语来形容太阳""如何形容他的性格特点""形容人多的成语有哪些""形容秋天的词语"等等,还可以用于被动格式,如"被形容为……"。

惯用语释义时用到的是"形容"一词的及物用法。由于惯用语的语义是对人/事物的动作、行为或性质、状态加以描述,"形容"一词又是"对事物的形象或性质加以描述",因此,惯用语中用提示词"形容"释义时,紧接其后的描述语中需要有形容词,常见的格式是"名词/名词性词组＋形容词",构成主谓结构,如:

(1)挤破头:形容人多,非常拥挤。

(2)横不抬,竖不抬:形容人懒,什么也不干。

(3)恨不得身生两翼:形容到达某地的心情非常迫切。

(4)房无一间,地无一垄:形容家庭非常贫困,什么财产也没有。

(5)九牛去得一毛:形容数量极少,微不足道。

（6）快刀砍西瓜：形容动作利索。

也有些是"名词/名词性词组＋描述性成语"，如：

（1）得了屋子想炕：形容人贪心不足，得寸进尺。

（2）打小算盘：形容人目光短浅，只考虑个人或局部利益。

（3）瓶不倒架不乱：形容人镇定自若，不慌不忙。

（4）抓头不是尾：形容人手忙脚乱，不知怎么是好。

（5）走路怕踩死蚂蚁：形容人胆小怕事，过于小心谨慎。

（6）醉死也不认酒钱：形容人固执己见，在铁的事实面前还不承认错误。

如果紧接其后的是动词性结构，则必须有副词或其他成分对其程度、范围等进行修饰或限制，如：

（1）怕鼻子咬嘴：形容（过分）担忧不可能发生的事。

（2）过了筛子又过箩：形容（非常认真地）（逐一）审查或挑选。

（3）一把鼻涕一把眼泪：形容哭得（非常伤心）。

（4）朝踏露水夜踏霜：形容（起早贪黑地）奔波。

（5）求爷爷告奶奶：形容（低三下四地）（到处）求人。

此外，还有些惯用语，经常用"形容……的样子"来释义。如：

（1）上眼皮同下眼皮打架：形容困倦打瞌睡的样子。

（2）脸红脖子粗：形容生气或发急的样子。

（3）开了口合不得，伸了舌缩不进：形容人因惊恐连话都说不出来的样子。

（4）搭拉嘴子：形容不高兴的样子。

（5）甩开腮帮子：形容大肆吃喝的样子。

（6）三十六个牙齿捉对儿厮打：形容极度惊骇，浑身发抖的样子。

(7) 上牙打下牙：形容因害怕或寒冷而发抖的样子。

需要注意的是，可以用"形容……的样子"来释义的惯用语，都是描绘人的外在状态的，或面部表情或肢体动作，都是旁观者可以直接观察到的，即使是用动物来喻人，也给人以强烈的画面感，能唤起对人类的类似行为的想象。

(1) 苍蝇掐了头：形容人垂头丧气、无精打采的样子。

(2) 鸡啄米：形容连连点头、磕头或打瞌睡的样子。

(3) 狗吃屎：形容人向前扑倒以后嘴皮着地的样子（含嘲讽义）。

(4) 狗颠屁股垂儿：形容因高兴、得意或为了向人讨好献媚而走起路来轻狂、不自重的样子。

(5) 老鼠见了猫：弱者见到了强者。形容十分惧怕的样子。

由此，我们不难发现以下惯用语的释义在表述方面的问题：

(1) 大门不出，二门不迈：形容不出门，不与外界接触。（《通用》）

副词"不"是对行为或状态的全部否定，并没有对其频率或程度进行限定，且此条惯用语重在夸张出门的次数少，并不是真的一次都不出去，因此这样的释义表述不够严密，如果改为"形容极少出门"，用"极少"来限定"出门"的频率，则既符合语言实际，也使得表述更加周密，从语感上来说也更容易接受。类似的例子还有"两眼一抹黑：形容不了解情况"，改为"形容对情况一点儿也不了解"似乎更合适一些。

(2) 根不动，梢不摇：形容打定主意，毫不动摇。（《通用》）

"打定主意"是一个述宾结构，释义中用"形容"一词直接加述宾结构,且没有任何修饰限制,这不符合"形容"一词的用法,如果改为"形容人态度坚决,打定主意,毫不动摇",在不改变原释义的情况下稍加变通,就使得释义更加符合语法规范和人的语感。类似的例子还有"轿上来马上去:形容做事情讲究排场,摆架子",如果改为"形容出入非常讲究排场或形容人架子大"就更好一点儿。

六 结语

释义的好坏关系着一本辞书的成败,能正确把握和运用合适的前置提示词,无疑是一个好的释义的开始。然而,释义又是一个非常复杂的过程,一方面因为客观语言现象纷繁复杂,难以捉摸;另一方面,释义是编写者的一个主观参与活动,编写者的人生阅历、认知结构、分析概括能力及语言表述能力等都会影响到释义的方式和准确性。这些都使得释义成为辞典编纂的一个极其重要的环节,如何更好地将一个词条最真实的语义呈现给读者,是每一位辞典编写者不断摸索和努力追求的目标。可以说,在这条道路上,我们的探索是永无止境的,我们的终极目标是把语言事实的真相揭示出来,在语言表述上我们也总是力求尽善尽美,但尽管如此,在具体的操作过程中还是会有这样那样的问题出现,这些都是需要我们进一步去研究、解决的。

附注:
①本文所说的"引申"指的是通过对惯用语的字面义进行语义推导而得出与之相关的意义,不包括通过隐喻、夸张等手法而得出的意义。

参考文献:
[1] 符淮青 词的释义方式[J],辞书研究,1980(2)。

[2] 高歌东,张志清 汉语惯用语大辞典[K],天津:天津教育出版社,1995。
[3] 李行健主编 现代汉语规范词典[K],外语教学与研究出版社,北京:语文出版社,2004。
[4] 罗正坚 词义引申和修辞借代[J],南京大学学报,1994(4)。
[5] 秦存钢 词的释义用语与比喻、借代、形容——现代汉语词典部分条目释义用语不当举隅[J],信阳师范学院学报,1986(3)。
[6] 商务印书馆辞书研究中心 新华词典[K],北京:商务印书馆,2001。
[7] 施春宏 比喻义的生成基础及理解策略[J],语文研究,2003(4)。
[8] 苏新春,赵翠阳 比喻义的训释与比喻义的形成[J],杭州师范学院学报,2001(5)。
[9] 温端政 语汇研究与语典编纂[J],语文研究,2007(4)。
[10] 温端政,沈慧云主编 通用惯用语词典[K],北京:语文出版社,2002。
[11] 温端政主编 分类惯用语词典[K],上海:上海辞书出版社,2006。
[12] 温端政主编 新华惯用语词典[K],北京:商务印书馆,2007。
[13] 温端政主编 中国俗语大辞典[K],上海:上海辞书出版社,1989。
[14] 徐宗才,应俊玲 俗语词典[K],北京:商务印书馆,2006。
[15] 于 石 关于释义中置前的提示词[J],辞书研究,1996(2)。
[16] 赵大明 释义是检验辞书编纂质量的关键[J],辞书研究,2005(3)。
[17] 中国社会科学院语言研究所词典编纂室编 现代汉语词典(第5版)[K],北京:商务印书馆,2005。
[18] 祝注先 准确释义漫谈[J],辞书研究,1981(1)。

(作者单位:山西省社会科学院语言研究所 太原 030006)

惯用语语义信息分析

马 启 红

一 "语"的语义信息

"语"是独特的语言表达方式,存在于自然语言之中,从形式和意义两个方面联系的自由度及其语法功能来看,"语"是处于词和句子之间的一个中间层面,是具有表情达意功能的叙述性语言单位。"语"有固定的语义,常具有成句的功能,因而与"句子"一样也是人们传输信息的工具。"语"向人们传输的首先是其固定的语义信息,其次是其进入交际环境时产生的言语信息,即潜语与附加义。

二 惯用语语义信息的层次

2.1 "语"的语言意义和言语意义

从发生学的角度来看,"语"实际上是某些词组或句子在人们的言语交际过程中经过无数次使用,在语言系统中逐渐积淀,语义内涵逐步社会化,结构趋于固定的一类语言单位。"语"既是语言单位,它必定要用于言语交际之中,这样"语"就具有双重的意义,一个是"语"作为语言单位具有的语言意义;一个是交际过程中赋予的言语意义。"语"的语言意义是离开交际环境的情况下人们对某一语的理解,这种理解对同一语言集团的人来说一般具有某种共同性,因而是静态的、社会化的意义,是"语"的基本义;"语"的言语意义则是它的交际意义,是在交际环境中交际双方对语的理解,这种理解所产生的意义是动态的、具体的意义。语言意义是语义的核心,言语意义以语言意义为基础,参照语言意义生成特定的交际意义。

2.2 惯用语的语言意义——基本义

我们给惯用语做释义,就是要把惯用语传输出的基本的语义信息,即其社会的、静态的意义描述出来。惯用语的基本义包括语义的表层义和深层义。表层义是指惯用语的字面意义,是构成惯用语的各个语素直接组合而成的意义,有的表层义就是惯用语的实际的基本意义。而大多数惯用语由于"语"素的非现实化,惯用语实际的基本义常是其字面意义进一步引申或比喻而形成的深层义。关于惯用语的语言意义,这里暂不作详论。

2.3 惯用语的言语意义——交际意义

2.3.1 潜语是惯用语在交际环境中交际双方共同捕捉的信息语

结构上属于句子型的语,表示的常是完整义。惯用语在结构上大多属于短语型的语,表示的是不完整义,这种语义的不自足性使得惯用语进入言语交际之中时,就如同人们听到发端句就会预测后续句一样,交际双方都会自觉地进行判断、推理和联想,得出丰富的潜语。这时惯用语的语言意义"基本义"就转化为言语的"交际意义"。言语交际意义的内涵较基本义常有一致和扩大两种变化形式。言语交际意义的生成以基本义为基础,如果产生的言语交际信息就是惯用语基本语义所要传递的信息,这时的交际意义就与基本义一致,但多数惯用语的交际意义的内涵要大于其基本义。

2.3.1.1 交际意义与基本义一致

(1)现在你可幸福了,从小就念书,没耽误过一天,又带上红领巾,不愁吃,不愁穿,和我小的辰光比起来,一个天上,一个地下啊!(周而复《上海的早晨》三部二一)

(2)俺要是想往黑地站,为啥深更半夜跑来坐你这冷板凳,拿热脸来贴你的冷屁股?(陈登科《风雷》一部下五八章)

例(1)中"一个天上,一个地下",其基本义表示"二者相差悬殊"。在语境中传输出的信息仍是表达两者相差甚远之义,无其他潜语存在,其言语交际意义与基本义一致。例(2)中"坐冷板凳"、"热脸贴冷屁股"在语境中传递的信息是"来者受到了冷遇",与它们的基本义"来者受到冷遇"、"想套近乎,却遭到冷遇"是一致的。

2.3.1.2 交际意义大于基本义

具体举例分析如下:

(1)官人不要太岁头上动土,我媳妇不是好惹的。(《初刻拍案惊奇》卷三)

一个年纪大一点的伙计恐吓他说:"不得了,小琼,你在太岁头上动了土!"(欧阳山《英雄三生》一)

"太岁头上动土"其基本义表示"触犯强暴之人"。但从上述各语境中我们所获得的信息不仅仅是"触犯强暴之人",它还有一层潜在含义——"将会招致祸殃"隐含在交际意义之中。

(2)你自以后,敢有故违,我拿你这番狗奴,如泰山压累卵,你晓得吗?(《三宝太监西洋记通俗演义》四五回)

"泰山压累卵"表示"以绝对优势击压弱小者"。但在上述语境中交际双方对"以强击弱的结果"却是不言自明的,也就是说"弱者注定失败"是"泰山压累卵"潜在的言语交际意义。

（3）董永心中好苦,要请医人调治,又无钱物,指望挨好,不想父亲病得五六日身亡。……端的是:屋漏更遭连夜雨,行船又撞打头风。(《清平山堂话本·董永遇仙传》)

"屋漏更遭连夜雨,行船又撞打头风"比喻人不幸之时又遭到致命的灾难和打击。而在语境中传递的信息是"不幸中又遭到灾难,董永的处境更加艰难"。显然此交际意义已超过其基本的语义信息。

（4）对子的独生子满月,刘二皇叔砸锅卖铁,挖东墙补西墙,借来驴打滚儿印子钱,还是摆下几十桌酒席。(刘绍棠《锅伙》二一章)

轧头寸虽说比过去容易,老是拆东墙补西墙也不是个办法。阴天背蓑衣,越背越重。不说别的,就是利息一项,我们福佑也吃不消啊。(周而复《上海的早晨》二部三)

唉,拆东墙,补西壁,挖好肉,补烂疮,穷人过年一年不如一年,以后的日子怎么过啊？(罗旋《南国烽烟》一部序幕)

"拆东墙补西墙"表示"为了应急而临时东拼西凑或借新债还旧债";"挖好肉,补烂疮"表示"有问题不从根本上解决,而用有害的方法救急"。但在语境中除传输上述基本语义信息外,还潜在地表达出"长此以往,其孔日大,危害日深"的含义。

上述(1)—(4)组惯用语进入语境中生成的言语交际意义,是说话者利用惯用语设置的预设条件所致,如果听话人承认预设:"在太岁头上动了土"、"以泰山压累卵"、"拆掉东墙去修补西墙"、"挖好肉来补烂疮",那么其结果就是不言而喻的。这样讲话人不仅实现了其隐藏的意图,而且还给听话人以一定的推断倾向性,因而这些潜在的含义其实是交际双方共感知的。

(5) 熬不住便道:"我无事不登三宝殿,要问你:可有一件东西么?"(《何典》四回)

醒龊鬼道:"无事不登三宝殿,有一要事,特来商议。"(《钟馗传——斩鬼传》四回)

(6) 我洗着眼儿看着主子、奴才,长远恁硬气着,只休要错了脚儿!(《金瓶梅词话》一一回)

我洗着眼儿看着他,到明日还不知怎么样儿死哩!(《金瓶梅词话》七五回)

(7) 我瞎了眼!我侍候了一个黑心的禽兽!(李准《黄河东流去》三七章五)

老妈总是又疼又气,伤心地哭着安慰女儿;又咒那没良心的女婿,又骂老头子瞎了眼。(冯德英《苦菜花》一九章)

(8) 远来的和尚会念经,郓兰渚虽不敢说令下如山倒,却也是令出必行,没人牙迸半个不字。(刘绍棠《十步香草》二五)

若牙迸半个不字,我推倒了黑风山扉平了黑风洞,把你这一洞妖邪,都碾为齑粉。(《西游记》一七回)

由于虚词、语序等的影响,惯用语"无事不登三宝殿"、"洗着眼儿看着"、"瞎了眼"、"牙迸半个不字"的构成格式成了不自足格式,后面需有一定的后续才能自足。这些惯用语进入交际环境中必定要产生一些潜在的后续意义。如"无事不登三宝殿"在语境中表示"没事不上门,上门必有事";"洗着眼儿看着"在语境中释放的信息是"我就观望着事情的发展,看着你倒霉";"瞎了眼"在语境中的交际意义为"没有分辨出是非善恶,看错了人";"牙迸半个不字"在交际中直接传达的信息就是"若稍微露出点不情愿,定不轻饶或放

215

过"。这些交际意义中的"上门必有事"、"看着对方倒霉"、"看错了人"、"定不轻饶或放过"就是惯用语进入交际环境后生成的潜在后续意义。

（9）可是，真遇到这等英雄壮士，遭了灾，落了难，哪怕是上刀山，下油锅，掉脑袋，也要助他一臂之力。（刘绍棠《地火》一一）

焦氏：虎子，你来个痛快。上刀山，下油锅，你要怎么样，就怎么样。干妈的老命都陪着你。（曹禺《原野》序幕）

"上刀山，下油锅"比喻人冒死做艰难危险的事。但在语境中我们可联想到说话者甘愿受罪、吃苦，奋不顾身的决心。

（10）梁队长检查完了，告诉我们：行。现在你们又叫返工！一个媳妇十个婆婆，哪个婆婆说了算？（杜鹏程《在和平的日子里》二章二）

从上述语境中，我们能感受到说话者对不知该听哪个管事人的命令而无所适从的烦恼。"无所适从"正是人们对"一个媳妇十个婆婆"联想产生的潜语。

（11）蔡椿井住同院，玉藕的记忆里还依稀残留着他的影子；从此每天抬头不见低头见，日久天长看出蔡椿井是个上等人品。（刘绍棠《烟村四五家》一〇）

算了，算了，全都是小事儿，不用往心里去；一个庄住着，低头不见抬头见；忍为贵，和为高，一忍一和全过去了。（浩然《艳阳天》八二章）

"抬头不见低头见"表示"人们经常见面，打交道"。但在上述两个语境中产生的言语交际意义却很丰富，其一为：我们经常见面、打交道，对对方的认识已经很深；其二为：彼此常见面应互相包涵点。

(12)贾琏见了人,越发"倚酒三分醉",逞起威风来,故意要杀凤姐儿。(《红楼梦》四四回)

"倚酒三分醉"指人仗着喝了些酒,故意装出醉态。在语境中我们感知的信息是贾琏仗着喝了些酒,装醉恣意闹事。显然"恣意闹事"是由醉酒联想到的行为。

上述(9)—(12)例中这些惯用语进入交际时,人们会不自觉地进行联想推断,进而得出丰富的交际意义。这些意义都是人们对惯用语基本义理解的基础上通过联想、推断所产生的潜语。

通过上面的论述,我们可真切地感受到,这些潜语在惯用语的字面底下不断地流动着,但我们却不能把这些潜语融入到惯用语的基本语义之中。其理由如下:

首先,潜语是在交际环境中产生的,它与惯用语的基本义不在同一层面。也即我们不能把这潜在的因素上升到语言这个静态的层面,它只是人们在语境中感知的一些言语信息,而不是挖掘出的惯用语的深层内涵。惯用语的深层义是惯用语字面意义进一步引申或比喻而形成的,是字面意义的延伸或转移,而潜语是惯用语基本义在语境中意义的延续。

其次,言语交际意义是动态的、具体的、多变的,通常在不同的语境中会产生不同的潜在语,不同的听话人所感知的潜在意义也会有所不同。因而我们就不能用动态的、具体的、多变的言语交际意义干扰惯用语的基本意义。当我们做释义时,会不由得把自己置于听话人的角色中,把言语交际信息带到惯用语静态的基本义中。针对这种现象,我们应时常保持清醒的头脑,要能在两个层面中做到灵活换位。

下面罗列一些词典中的释义,加着重号的部分实际上就是交际中的一些潜在语。

【太岁头上动土】

比喻触犯有权势的人。(《惯用语小词典》温端政)

比喻冒犯强有力的人或难对付的人。(《通用惯用语词典》温端政 沈慧云)

比喻触犯强暴之人。(《分类惯用语词典》温端政)

比喻自取灾祸。(《汉语惯用语大辞典》高歌东)

比喻人不知死活,触犯强者,自找灾殃。(《中国古代小说俗语大词典》翟建波)

比喻胆大,敢于招惹强者、厉害的。(《俗语词典》徐宗才 应俊玲)

【泰山压累卵】

比喻力量强弱极为悬殊,强者必稳操胜券,弱者必遭摧毁。也指根本不是对手。(《中国古代小说俗语大词典》翟建波)

比喻以绝对优势击压弱小者。(《分类惯用语词典》温端政)

【屋漏更遭连夜雨,行船又撞打头风】

指倒霉的事儿碰到了一块儿。(《惯用语小词典》温端政)

比喻在困境中又遭遇新的不幸,处境更加艰难。(《通用惯用语词典》温端政 沈慧云)

比喻不幸之时又遭到致命的灾难和打击。(《分类惯用语词典》温端政)

不幸连着灾难。常用来感叹时运不好。(《汉语惯用语大辞典》高歌东)

比喻人本来境遇就不好,偏又遭到更大的打击或不幸,处境越发艰难危险。(《中国古代小说俗语大词典》翟建波)

比喻接连遭到不幸,处境更加恶化。(《俗语词典》徐宗才 应俊玲)

【无事不登三宝殿】

比喻没事不上门。(《惯用语小词典》温端政)

比喻没事不上门。(《通用惯用语词典》温端政 沈慧云)

比喻没事不上门。(《分类惯用语词典》温端政)

没有事情不会来,既来了就有事情。(《汉语惯用语大辞典》高歌东)

喻无事不登门。(《中国古代小说俗语大词典》翟建波)

比喻没有事情不上门来。(《俗语词典》徐宗才 应俊玲)

【洗着眼儿看着/洗了眼看】

把眼睛擦得亮亮的看着。指密切关注着事情的发展。常指看着或巴望对方倒霉。(《分类惯用语词典》温端政)

把眼睛洗得干干净净地看着。意谓看对方得益横行能有几时。有巴望对方倒霉之意。(《中国古代小说俗语大词典》翟建波)

拭目以待。(《汉语惯用语大辞典》高歌东)

2.3.2 附加语义信息是惯用语在言语交际中交际双方共同感知的信息语

语言形式只是一条线,它所释放的信息也是有限的,当语言进入言语交际中时它所反映的信息内容却是多方面的。惯用语是浓缩、精练的语言单位,其线性序列中载荷着复杂、曲折、多元的信息量,当惯用语进入言语交际中时会一下都释放出来,交际双方会同时感知、理解到这些信息。也即惯用语在其线性的基本意义之外,还传递给听话人以丰富的信息内容,如:感情色彩义、理性色彩义、形象色彩义等,我们称其为附加语义信息。

惯用语常是从消极的一面来描绘人的遭遇、形象或动作行为，在语言层面上其褒贬倾向非常明显，当它们进入交际环境中时，这种褒贬的感情色彩义会表现得更加强烈。基于这种现象，我们在描绘惯用语的基本义时就要不同程度地体现出贬义性。如："糊涂油蒙了心"可释为"斥责人头脑糊涂，不明事理"；"五不五，六不六"可释为"贬斥人不伦不类"，用"斥责"、"贬斥"等词就既标注了惯用语的贬义性，同时又暗示出交际中说话人所流露的情感。

惯用语是描述语，它描述人或事物的形象、状态，或描述行为动作的性状，其基本义不具备知识（经验和认识）性。但当笔者调查太谷方言惯用语时，发现许多惯用语在人们的言语交际中明显地附带了一些理性意义，附含有人们一定的认识或意识。"附含的理性义"不在惯用语的基本义中直陈表达，而是在言语交际中说话人和听话人共同理解、感知中生成，是交际双方在共同感知中从反面得出的某种认识和判断，这些认识和判断常是人们积极的、肯定的价值取向。

(1) 成天丢三落四，荷火柱也去戳槐心窟子。（荷，拿。槐，个）

(2) 胡萝卜还有心心嘞，荷槐人就没啦槐心窟子。

(3) 你屁眼大把心都屙嘞？

(4) 扳磨还活（滑）的槐磨不脐，你活得槐甚？（磨不脐，上磨与下磨的中心连接处，上磨是小铁尖，下磨是小铁槽）

这四条惯用语或是贬斥人没心计，做事不动脑筋；或斥责人不长记性，没有长进。从语言层面上看是在贬低人、斥责人，但在言语中我们能明显感觉到人们"活着就要做有心人"的信念。惯用语从反面肯定了"人活着要有思想、肯动脑筋、有谋划"这一理性的认

识。这样的例子很多,又如:

（1）我不待浇园补柳罐,就楚摸槐轻活计做吧。（柳罐,用柳条编成的水桶。浇园得走来走去,补柳罐能坐着。指人懒于干累活）

（2）兀家吃饭打冲锋,做活计光稀松;吃饭顶人半,做活计顶半人,谁能见得槐他?

（3）吃饭高兴睡觉笑,一说做活计就心跳,你可多会能成槐人?

（4）吃饭捡大碗,做活计干瞪眼,就能说吃,能做喽槐甚?

（5）吃好的喝好的,谁家请你当老子? 还替你发愁嘞。

这组惯用语其线性的基本义描绘的是人好吃懒做的行为,但在人们的言语交际中我们能感觉到人们通过戏谑夸张性讥讽从反面否定了人们"懒惰,敷衍度日"的行为,自然流露了人们对勤劳的崇尚。言语中传递的"鄙视懒惰"与"崇尚勤劳"的认识正是附加在惯用语基本语义之上的理性色彩义。

（1）唉! 多会也是婆姨娃娃一层天,丈人丈母活神仙,老子和妈讨人嫌。

（2）妻儿要吃香酥梨,半夜里说话迁不得明;老妈要吃香酥梨,老子还没钱少欠你,一对比能气煞人。

（3）人家眼喽有妻有儿有丈母,无兄无弟无父母。

（4）养上妮子吃罐头,养上小子挨半头。养小子有甚用?（半头,半块砖头）

（5）哭甚? 活的不孝,死了嚎啕。

上述惯用语其线性的语言层面描述的是对父母的不孝行为,但在交际中我们可以真切地感受到人们是在从反面呼吁并警戒子女或后人要遵从孝的社会风尚,善事父母,使其老有所养。这种积极肯定的价值取向正是这些惯用语附含的理性认识和判断。

惯用语附加语义信息的表现形式似乎是缥缈的,可以说它有也可以说它没有,但它确实是话语传送出的信息,是交际双方可以共感知或最终可以感知、察觉到的信息,这些附加义能从旁丰富惯用语的基本意义,充分显示出惯用语的语言艺术。

有关惯用语的语义信息分析还有待进一步深入研究。

参考文献:

[1] 常敬宇 谈语言义向言语义的转化[J],语文研究,1991(4)。
[2] 曹　炜 现代汉语词汇研究[M],北京大学出版社,2004。
[3] 丁　昕,李桂芬 俄语成语的语义特征,语义学[C],上海外语教育出版社,2005。
[4] 黄章恺 语言意义和言语意义杂谈[J],语文研究,1994(2)。
[5] 贾彦德 汉语语义学[M],北京大学出版社,1999。
[6] 贾德霖 立体思维、辐射思维、与线性言语链——对词语异常搭配的心理描述,语义学[C],上海外语教育出版社,2005。
[7] 温端政 汉语语汇学教程[M],商务印书馆,2006。
[8] 温锁林 现代汉语语用平面研究[M],北京图书馆出版社,2001。
[9] 余志鸿,黄国营 语言学概论[M],山西高校联合出版社,1994。
[10] 张　斌 汉语语法学[M],上海教育出版社。

(作者单位:山西省社会科学院语言研究所　太原　030006)

歇后语双关义初探

范 瑞 婷

一

释义是辞书编纂的灵魂。释义的好坏,是决定辞书质量高低的重要标志之一。由于歇后语结构分明、语言通俗,所以有人认为,编纂歇后语辞书的难点不在释义,甚至不需要释义。也许正是基于这种认识,书市上许多歇后语词典只列语目,并不注释;即使有释义,也都不同程度地存在"以偏概全"或"重表轻里"的问题。因此,有必要围绕这个问题作一探讨。

释义是辞书编纂的灵魂。歇后语释义的好坏,是决定歇后语辞书质量高低的首要标志。近年我在跟随温端政先生编写《新华歇后语》《简明歇后语辞海》《中国语言文字大词典·俗语卷》的过程中,接触歇后语比较多,也就特别关注歇后语辞书的出版情况。翻阅手头的歇后语书籍,发现一种现象:释义中都不同程度地存在"以偏概全"或"重表轻里"的问题。追究问题产生的根由,客观上是因为歇后语结构独特、语义隐秘,主观上则是因为没有揭示出歇后语语义的奥妙——"双关义"。

歇后语同谚语、惯用语、成语相比,具有明显的两大特征:一是结构独特。它中间有个破折号,前后明显地分为两部分;即使没用破折号,或者只用了逗号或冒号等,也可以找出它的标记:前部分起

"引子"作用,后部分起"注释"作用。二是语言通俗。从字面上看,绝大多数歇后语的口语色彩很浓,老百姓口头上常说,甚至连文盲都能听懂,可以说俗得不能再俗了。但恰恰是由于这两个明显特征,给释义带来两大问题:结构独特,容易导致"以偏概全";语言通俗,造成了它的语义隐秘,容易导致"重表轻里"。下面具体分析:

第一,"以偏概全"有两种情况,或者把释义重点放在前部分,忽视了后部分的语义;或者把释义重点放在后部分,忽视了整体的语义。我们粗略翻阅大型辞书《新编汉语多用词典》(社会科学文献出版社,1994年),就发现其中 50 多条是围绕前部分不厌其烦地详细讲解,而对后部分的语义要么避而不谈,要么照搬原文。下面仅举 3 条为例。为了帮助大家比较鉴别,第四栏列出参考释义:

语目	原释义	页码	参考释义
蛤蟆挂铃铛——闹得欢	蛤蟆爱叫爱跳,再挂上个铃铛,就闹得更欢了。	390	讥讽人得意忘形
过冬的咸菜缸——泡着	意思泡着。冬天的咸菜缸一般总是泡着咸菜。	387	泡:双关,本指在液体中浸泡,转指消磨时间。比喻故意纠缠,拖延时间。
井底的蛤蟆被扔了一砖——闷腔了	井底蛤蟆呱呱在叫,扔一砖后就不叫了。	517	指人受到打击,不作声了。

在许多歇后语里,前部分只是讲述一种现象,或者只是一种想象、夸张,甚至是不合情理、不可能发生和存在的事情,都不能作为表义的重点。上表第四栏的"参考释义"虽不见得十分准确,但它把释义的重点放在后部分,明显比《新编汉语多用词典》的释义效果好。再看以下 3 例:

剐上自己的肉包扁食——香在嘴上，疼在心里	意指香在嘴上,疼在心里。割了自己身上肉包饺子吃,吃时虽香,但心里疼。	372
拉屎薅草——一举两得	蹲在地里拉屎顺便拔去周围的草。意指同时得到两个好处。	572
吃上辣椒屙不下——两头难受	辣椒吃多了易引起便秘。吃辣椒,嘴里辣得难受,肛门也难受,所以说两头难受。	150

这类歇后语的前部分格调不高,本不该收录,此处却刻意渲染,造成一种尴尬效果:不注释读者还明白,越注释读者反而越糊涂。可见,释义的重点不能放在前部分,"因为歇后语的前一个语节在表义上具有模糊性,可以作出不同的理解,而语言的交际功能要求语言单位在表义上必须具有确定性。"(温端政《汉语语汇学》,商务印书馆,2005年)

再如《歇后成语词典》(该书将后部分由成语组成的歇后语称为"歇后成语",这个提法值得商榷。上海辞书出版社,2006年),算得上一部编纂质量较高的辞书,但它把后部分的成语列为条目,不同取材的"引子"用小字号排列在条目下面。这样编排虽然有所创新,但也限定了它的释义只能围绕后部分的成语进行。其结果是:"歇后成语"的释义与纯成语的释义雷同、近似,没有歇后语释义的特色。下面抽取该书前两页的5条为例,同辞海版《中国成语大字典》(上海辞书出版社2007)的成语释义作个比较:

歇后成语词典	释义	成语	释义
爱财如命 抱着金砖跳海 米满粮仓人饿倒 攥着金条进棺材	贪爱钱财如同吝啬自己的生命一样。形容极端吝啬贪财。	爱财如命	贪爱钱财就像吝啬生命一样。形容十分贪婪、刻薄。

歇后成语词典	释义	成语	释义
安家落户 燕子搭窝	指到一个新地方安置家业,长期定居下来。	安家落户	指到一个新地方安家,长期定居下来。
暗箭伤人 床底下支张弓 树荫里拉弓 站在人背后拉弓	比喻暗中用阴险毒辣的手段伤害人。	暗箭伤人	多比喻暗中用阴险的手段伤害别人。
跋山涉水 唐僧西天取经	形容走远路的艰苦。	跋山涉水	指翻山过河,远行艰苦。

照此推理,歇后语的后部分如果是由成语、谚语、惯用语组成,把成语、谚语、惯用语的释义搬过来就行了。这样做倒是省事,却体现不出歇后语释义的特色。我们强调释义的重点要放在后部分,是因为后部分表示整个歇后语的基本意义,但"重要"不是"唯一","次要"也不是"不要",前部分的辅助作用不可忽略。没有前部分,就不成为歇后语;没有前部分,就不能有效地体现歇后语的想象力、幽默感和讽刺性;没有前部分,就不能全面准确地进行释义。

由此可见,忽视前部分、忽视后部分都是"以偏概全",必须注意纠正。前后两部分是矛盾的统一,不可分割的有机整体,要特别注意从整体上把握语义,使之相辅相成,相得益彰。

第二,歇后语语义的隐秘性容易导致"重表轻里"。"重表轻里",即重视表面义,轻视内在义。换个说法,就是只解释它的字面义(也叫本义或表层义),不去挖掘它的深层义(也叫潜在义或使用义)。这个问题在辞书释义中普遍存在,表现形式是"照搬原文"或"照搬常规"。"照搬原文",即把后部分的字词照搬过来。下面

还以《新编汉语多用词典》中的 3 条歇后语释义为例作个解剖,仍省去解词,列出参考释义:

语目	原释义	页码	参考释义
毛驴蛋子不戴笼嘴套——占了嘴的便宜也吃了嘴的亏	指占了嘴的便宜,又吃了嘴的亏。	651	嘴:双关,本指嘴巴,转指说话。指人吃亏、占便宜,都是由于说话造成的。
阉猪割耳朵——两头受罪	喻指两头受罪。	1159	两头:双关,本指(猪身体的)两端,转指两个方面。受罪:双关,本指遭受痛苦、折磨,转指遭受指责、埋怨等。指两方面都没有落下好。
猪八戒过火焰山——倒打一耙	喻指倒打一耙。	1363	比喻求人做事,反占人家的便宜。也比喻反咬一口,把责任或过错推到他人身上。又比喻用对方对待自己的做法来对待对方。

上例中的原释义,基本上是把后部分原封不动地复制过来,形成循环释义。同第四栏的"参考释义"对比一下就能明白,原释义只起到了"搬运工"的作用,并没有揭示出深层的语义。书中类似的例子还有 200 多条,不能一一列举。

"照搬原文"的释义法不足取,但这只是个别现象,而"照搬常规"的问题则普遍存在,充塞于大量辞书释义中。"照搬常规",即按照通常的释义规则串讲歇后语。即使质量较高的《歇后成语词典》,同样没有揭示出歇后语的"双关义",如:

语目	释义	页码	参考释义
实心实意 发面馒头送闺女	指诚实,真心真意。	134	【疙瘩饼子送闺女——实心实意】心:双关,本指（饼子的）内层,转指心意。指人真诚实在,没有虚假。
垂头丧气 高粱秆上拴个破皮球	失去志气,情绪低落。形容灰心失望的样子。	28	【高粱秆上挂个破皮球——垂头丧气】头:双关,本指（高粱秆的）顶端,转指人的脑袋;气:双关,本指皮球里的气体,转指气势。形容情绪低落,神情懊丧。
一窍不通 擀面棒吹火	眼耳口鼻全部闭塞了。比喻什么也不懂。	180	【擀面杖吹火——一窍不通】窍:双关,本指（擀面杖的）洞穴,转指人体器官的孔（古人把双眼、双耳、两个鼻孔和嘴合称为七窍）。通:双关,本指没有阻碍,转指懂得、了解。本指人心窍不通,比喻一点都不懂得。
七荤八素 十五碗小菜	形容晕头转向的样子。	114	【吃了十五个菜——七荤（昏）八素（觫）】"荤"与"昏"、"素"与"觫（sù）"同音相谐。荤:指肉类食物;昏,指眩晕。素:指蔬菜类食物;觫:指恐惧颤抖。形容晕头转向、恐惧颤抖的样子。

试想,水平高的辞书尚且存在这些问题,遑论其他？一般人更是凭感性印象得出结论,不容易发现其语义的奥妙了。特别是一语双关的歇后语,常常隐含着不易看出的深层意思,有时会给人以"雾里看花"、"神龙见首不见尾"的感觉,因此增大了释义难度,成

为辞书释义的一块"硬骨头"。

通过上述分析,我们可以明白:歇后语的前后两部分表面上结构分明,实际上千丝万缕,密不可分;字面上通俗易懂,实际是话中有话,寓意很深。恰如有的学者所说:"每个正常的人都会说话,这就像每个人都用两条腿走路一样,极其平常。正因为它太平常了,一般人才不去想它究竟是怎么回事情。其实,平常的事情往往隐含着极不平常的奥妙。谁能够看到并且揭示这个奥妙,谁就能够推动科学的发展。"(叶蜚声、徐通锵《语言学纲要》,北京大学出版社,2006年)

值得欣喜的是,温端政先生的《汉语语汇学》揭示了歇后语语义隐含着的"极不平常的奥妙"。他指出:尽管"歇后语还运用直陈、引申、比喻等多种方式,但运用双关形成语义无疑是歇后语最为闪光的亮点,也是歇后语为群众所喜闻乐见的主要'奥秘'所在"。(《新华歇后语词典·前言》,商务印书馆2008)这个观点无疑是一副"清醒剂",使我们从迷惘中走出,少走许多弯路。只要我们认真揭示歇后语的语义奥妙——"双关义",就等于找到了突破口,抓准了切入点,有关歇后语"以偏概全"、"重表轻里"等难题,都可以得到一定程度的解决。

二

歇后语中运用直陈方式形成语义的数量较少,释义比较容易;运用双关手法形成语义的数量较多,释义的难度较大。比如由温端政先生主编的《新华歇后语词典》,共收4000条,其中含有"双关义"的就有2300多条,超过1/2还多。如果不从揭示"双关义"入手,就显不出歇后语释义同其他语类辞书释义的特色。因此,抓住这个关键,其他释义问题自然会触类旁通,迎刃而解。

科学研究的前提是概念必须明确,我们有必要推敲一下"双关"的概念。

宋·范仲淹《〈赋林衡鉴〉序》中说:"兼明二物者,谓之双关。"

《现代汉语词典》第 5 版(商务印书馆,2005 年 8 月)对"双关"的解释是:"① 名修辞手法,用词造句时表面上是一个意思,而暗中隐藏着另一个意思。② 动用这种修辞手法表达意思:一语双关。"

联系语言事实看,歇后语在所有的语类中,运用"双关手法"最多,表达双关义项也最多。这也是歇后语之所以产生幽默风趣、含蓄曲折、生动活泼效果的主要原因之一。

需要说明的是,歇后语对双关手法的运用,并不等同于一般修辞对双关手法的运用。歇后语在运用双关手法表达义项时,有自己独特的地方。我们的认识是:歇后语"双关义"的特点,就是指后部分的字或词具有明确的两个义项,字面的义项同前部分相互照应,实质的义项则同前部分截然分离。

温端政先生在 2005 年出版的《汉语语汇学》一书中,曾把歇后语的"双关"分为"转义"、"谐音"、"假借"、"组合"、"借喻"五种类型,2007 年在《新华歇后语词典·前言》中又概括为"语音"、"语素义"、"组合"、"综合"四种类型,可见他的认识也是在刻苦钻研的过程中不断深入和升华的。还有的学者分的类型更多,各执一词,没有定论。汉·刘安《淮南子·诠言训》中说:"非易不可以治大,非简不可以合众。"意思是说:不通俗就不能被大众接受,不简便就不能符合大众的要求。要说明一个深刻的道理,必须言简意赅,深入浅出,才容易被人接受。"双关义"的分类也应该坚持"通俗、简便"的原则。当然,通俗不等于粗俗,简便不等于粗略,而是为了清晰好记,便于操作,产生实效。过于繁杂,反而达不到目的。鉴于这个前提,我认为把歇后语的"双关"分为"语音"、"语素义"、"组合"、"综合"四种类型比较合适,然后针对不同类型采取不同的释义模式,分述如下。

一、**语音双关**,也叫"谐音双关",即利用同音异形字或近音异形字形成双关。此类歇后语多数都在本字(词)后边标个括号,在括号里注明所谐的字(词),因此一目了然,容易区分,释义也好定位。可分为四小类:

(1)同音相谐。所谐字词的声母、韵母、声调完全相同。如:"猪八戒喝了磨刀水——心里锈(秀)","锈"与"秀"都读 xiù。

"十字加两点——要多斗(抖)有多斗(抖)","斗"与"抖"都读 dǒu。

这种同音相谐的歇后语为数居多。

(2)近音相谐。所谐字词的声母、韵母、声调有所不同。如:"三人两根胡子——须(稀)少","须(xū)"与"稀(xī)"的声母相同,但韵母、声调不同。

"蛤蟆跳井——扑通(不懂)","扑(pū)通(tōng)"与"不(bù)懂(dǒng)"韵母相同,但声母、声调不同。

(3)既有同音相谐,也有近音相谐,二者并用。如:"鼻子上挂鲞鱼——嗅(休)鲞(想)","嗅(xiù)"与"休(xiū)"的声母、韵母相同,但声调不同,是近音相谐;"鲞(xiǎng)"与"想"则是同音相谐。

(4)有的谐音从标准拼音看不尽相同,但在方言读音中却是一致的。这种情况多出现在方言歇后语中。如:"何家的姑娘,姜家的婆娘——姜何氏(刚合适)。""刚"在普通话里读(gāng),与

231

"姜"不是同音相谐,但在有的地区(如晋中一带)方言里发音就是(jiāng),与"姜"同音相谐。

可以肯定地说,语音双关的本字(词)没有实际意义,谐音字(词)才是释义的关键。我们在释义时,应该指明是同音相谐还是近音相谐。只要注意所谐字词的细微差别,就等于抓住了"牛鼻子"。

二、**语素义双关**,即通过后部分核心语素的不同义项形成双关。此类歇后语没有谐音特征,要想知道它有无双关义,双关义体现在什么地方,只能运用温端政先生所说的"语素分析法",逐字逐词地分析它的义项。

①"**哑巴吃黄连——有苦说不出**"。此语的双关义主要体现在"苦"字。苦,本指(黄连)味苦,转指苦楚。全语的实际义是指内心有苦楚,但不敢或不便向人诉说。

②"**蚊虫遭扇打——只为嘴伤人**"。此语的双关义主要体现在"嘴"字。嘴,本指(蚊虫的)嘴巴,转指说话。全语的实际义是指吃亏受害都是因为说话伤害了别人。

③"**童男女掉进河里——纸都湿了,架子不乱**"。此语的双关义主要体现在"架子"一词。旧时用来殉葬的纸扎男女童像是由木棍、竹片或铁丝扎成骨架,因此,架子,本指用竹木等材料交叉构成的支撑骨架,转指装腔作势的作风。全语的实际义是比喻人已经陷入困境,还要装腔作势。

以上三例的后部分,并不是每个字或词都有双关义项,只有核心语素"苦"、"嘴"、"架子"具有双关义项,而这些字或词的双关义项,都能从字典、词典类的工具书(盘)中查出。我们对这类歇后语,除了串讲语义外,可以采取"本指……,转指……"的表述格式,对语素义双关的具体内容加以说明。

三、**组合双关**，即通过后部分字（词）与字（词）的组合，形成双关。它同"语素义双关"的区别是：在没有组合之前，并不具备双关义项，只有组合之后，才具备了双关义项。

①**"拐棍子捅到鸡窝里——捣蛋"**。"捣蛋"的字面义指的是捣烂鸡蛋，"捣"和"蛋"是独立的两个字，并没有双关义；组成"捣蛋"一词后，形成了新的语义，指人无事生非，故意捣乱。这样，"捣蛋"就有了双关义。

②**"照相机对准马尾巴——拍马屁"，"马屁股上挂蒲扇——拍马屁"**。"拍马屁"的字面义是拍打马的屁股或拍摄马的尾巴，只是自由词组，当它作为惯用语时，人们运用时只取它"阿谀奉承"的意思，并没有双关义；当它作为歇后语的后部分时，字面义仍然存在，但有了双关义。

③**"中秋后一天结婚——喜出望外"**。"喜出望外"作为成语时，并没有双关义；当它作为歇后语的后部分时，就有了双关义。它的核心语素是"喜"和"望外"。喜，本特指结婚，泛指值得高兴和庆贺的事。望外，本指中秋节后一天，因为农历每月十五日，从地球上看到的月亮最圆，这种月相叫望；转指希望或意料之外。"望外"前加"喜出"，形成新的语义，指遇到出乎意料之外的好事，感到非常高兴。

由此推断，组合双关，可以由字组合成"双关词"，也可以组合成"双关语"，这个"语"主要指惯用语和成语。因为在歇后语的后部分中，除了字和词的成分以外，惯用语为数较多，成语比惯用语数量还多，谚语则比较稀少。比如在《新华歇后语词典》的2300多条"双关"语目中，惯用语作后部分的有77条，成语作后部分的有138条，谚语作后部分的只有19条，而且没有形成双关义。这也告诉我们，在歇后语的释义中，要特别注意它同惯用语和成语的组合交叉现象,对组合双关的构成情况和新的转义加以说明。这类"语"的双关义项,不是从字典、词典类的工具书中查找,而是要从语典类的工具书中查找。至于这种语后有语、语中有语、连环相套的形式有什么特点和规律,值得进一步作专题研究。

四、综合双关,即"语音"、"语素义"、"组合"三种双关交叉并用。这种交叉现象,在一些语音双关歇后语里尤其突出。由于语音双关的特征明显,括号里标有所谐的字(词),而语素义双关、组合双关没有明显的标志,所以人们往往只注意语音双关,而忽视了语素义双关和组合双关。这是应该引起重视的一个问题。如:

(1)"菩萨背后一个窟窿——庙(妙)透了"。此语除利用"庙"与"妙"的同音相谐关系外,还利用了"透"的双关义(语素义双关):透,本为动词,指穿过、穿透,与前部分"窟窿"相应;转为形容词,指达到非常充分的程度,形成新的语义。全语的意思是指妙得很,好极了。

(2)"炮仗扔到井里——有圆(原)音(因)"。此语先是利用"圆"与"原"、"音"与"因"的同音相谐关系:圆,指圆形,与前部分"井里"相应,因为井壁是圆形的;音,指音响,与前部分"炮仗"相应,本义是说圆形的声音。再把"原"与"因"组合成一个词(组合双关),形成新的语义,指事情的发生有它的原因。

(3)"做梦变蝴蝶——想入飞飞(非非)"。此语先是利用"飞飞"与"非非"的同音相谐关系:飞飞,指不断鼓动翅膀在空中活动,与前部分相应;非非,原为佛家语,指佛经里所说的"非想非非想处",指非一般思维可了解的一个境界。然后把"想入"与"非非"组合为一个成语(组合双关),指思想进入非常玄妙虚幻的境界。全语的意思是指完全脱离现实地胡思乱想。

双关交叉并用,使例(1)中的"透",由动词转为形容词,例(2)中的"原"与"因",由两个字组合成一个词,例(3)中的"想入非非"由词转为成语,意思都有了质的变化。因此,我们在揭示语音双关的同时,一定要注意深究揭示语素义双关和组合双关的隐秘性。

综上所述,歇后语双关义的深层义项主要是由后部分体现,但字面义项却是由前部分的不同取材体现。因为有了前部分,后部分才会有双关义;如果没有前部分,后部分就失去了双关义中的字面义项,整体上就不会具有双关义。因此,"双关义"不是独立存在的,它是后部分同前部分有机结合、相互照应形成的;揭示"双关义"的过程,就是挖掘深层义的过程。要想攻克歇后语释义的难点,重在由此及彼、由表及里地揭示它潜藏的"双关义"。只有充分揭示歇后语潜藏的"双关义",才能有效地解决当前普遍存在的"以偏概全"或"重表轻里"等问题,形成有别于其他语类的富有特色的释义风格,把歇后语的释义水平提到一个新的高度。

参考文献:
[1] 陈炳昭等 新编汉语多用词典[K],社会科学文献出版社,1994。
[2] 马清文 俏皮话词典[K],三环出版社,1991。
[3] 王士均等 歇后成语词典[K],上海辞书出版社,2006。
[4] 王晓娜 歇后语和汉文化[M],商务印书馆,2001。
[5] 温端政 汉语语汇学[M],商务印书馆,2005。
[6] 温端政等 汉语语汇学教程[M],商务印书馆,2006。
[7] 温端政 歇后语[M],商务印书馆,2005。
[8] 叶蜚声等 语言学纲要[M],北京大学出版社,2006年。

(作者单位:山西省社会科学院语言研究所　太原　030006)

试论歇后语的多义性

张 梅 梅

词有单义词和多义词,语也有单义语和多义语。谚语、惯用语、成语都有一语多义的现象。相比之下,歇后语的一语多义现象更为突出。[①]因此,探讨歇后语的多义性显得更为重要。

一 单义歇后语和多义歇后语

歇后语的多义性,指的是相当一部分歇后语,在不同的语境里往往有不同的含义。

这里包含着两层意思:

第一层意思是,并不是全部歇后语都具有多义性。有的歇后语只有一个语汇意义,在任何语境中,语义都是单纯的、单一的。例如:

①韩伯安……瞥了马之悦一眼,暗想:黄鼠狼给鸡拜年——没安好心,说不定来找我要什么鬼把戏,可不能理睬他这号人了。(浩然《艳阳天》一三二章)

②他以为这样做群众会对他发生好感哩!大家知道他这是黄鼠狼给鸡拜年,不安好心,谁也不睬他。(刘流《烈火金刚》一一回)

③他来捧场,倒是黄鼠狼给鸡拜年——存心不良。(沈寂《大世界传奇·金钱世界〔九〕》)

上面例子里的"黄鼠狼给鸡拜年——没安好心"及其变体"黄鼠狼给鸡拜年——不安好心"、"黄鼠狼给鸡拜年——存心不良",都只有一个意义,指人假装好意,却暗藏害人之心。这一类歇后语占有一定数量,如"猫哭老鼠——假慈悲"、"鲁肃上了孔明的船——错了"、"老公公背儿媳妇过河——出力不讨好"等。

有些歇后语,除了本义之外,还有别义,而这个别义已经凝固为这个歇后语的基本意义。如果这个别义,只有一个语汇意义,这种歇后语也是单义歇后语。如:

①……一会儿说这个,一会儿说那个,就是有一样,没有人见他往堤上送过一锹土。他像啄木鸟找食,全凭嘴。(聂海《靠山堡》一一)

②张金龙,你别老鼠上秤钩——自称自!(孔厥等《新儿女英雄传》七五回)

③你说行,我就派人,你说不行,咱就脚后跟拴绳子——拉倒。(张思忠《龙岗战火》五章一)

④看来我的工作却像俗话说的:百年松树,五月芭蕉——粗枝大叶。(严亚楚《龙感湖》二〇回)

⑤抬食盒上树——宴(言)枝(之)有礼(理),这桩事交我去办!(傅长虹等《一枝梅传奇》上部一七)

例①"啄木鸟找食——全凭嘴"里的"嘴"原指啄木鸟尖而直的嘴,实际指说话。例②"老鼠上秤钩——自称自"的"自称自",原指自己称自己的重量,实际指自己称赞自己。例③"脚后跟拴绳子——拉倒"里的"拉倒",原指一拉就倒,实际指算了、作罢。例④里的"粗枝大叶",原指粗的枝、大的叶,实际上组合成一个成语,比喻做事不认真、不细致。例⑤里的"宴枝有礼",先是运用谐音,然后组合成一个成语,实际指言论、文章讲得有道理。这些歇后语,原意不起表义作用,别义才是它们的实际意义,而这些别义都只有一个语汇意义,所以也都是单义歇后语。

第二层意思是,歇后语的多义性是在不同的语境里表现出来的。如:

胸口挂钥匙——开心

①俗话说:"人逢喜事精神爽。"只要跟她一讲,就会是"胸口挂钥匙——开心"。病,也就会渐渐好起来。(严亚楚《龙感湖》一三回)

②魏明像炸开的地雷,顿时勃然大怒:"什么?你真会胸口上挂钥匙——开心!"(报)

"胸口挂钥匙——开心"和"胸口上挂钥匙——开心",表义的重点都在后一部分"开心",原意都指打开心扉,实际意义却不相同:例①指心情舒畅、愉快;例②指戏弄别人,让自己高兴。

五齿铁耙搔痒——硬手

①听到冷铁冰的名字,胡助理的态度有所收敛。他知道,冷铁冰这个人,五齿铁耙搔痒,是个硬手。(李英儒《上一代人》四)

②全院里的人暗地齐声叫好,称他是二齿钩挠痒痒,是把硬手。我自然更加佩服。(肖复兴《小院纪事》二)

③我再也不干这一行当了。到哪里被哪里的群众欢迎,可到哪里又被哪里的头目小看,我下决心拿出三齿钩挠痒——硬手式的工作成绩,免得被人瞧不起。(李英儒《上一代人》三七)

在以上三例中的歇后语,表义的重点都是后一部分"硬手",因语境不同产生不同的实际意义:在例①里指"态度或手段强硬、难以对付的人",在例②里指"擅长某种技能的人",在例③里,则指

"过硬,禁得起考验或检验"。

小葱拌豆腐——一青(清)二白

①于头看模样虽是糊涂,可他的心眼儿比谁都机灵,就像俗话说的:小葱拌豆腐——一清二白。(陈立德《前驱》二七章)

②大家要抓紧时间,发言要小葱拌豆腐,一清二白,别连汤带水的。(肖驰《决战之前》一〇章)

③我两个一块儿工作这么些年,真是小葱拌豆腐——一清二白,别说亲嘴,就连个手也没有拉过呀!(孔厥等《新儿女英雄传》一六回)

④他当副业队长,每天大把票子从他手里过,多会儿都是小葱拌豆腐,一清二白的,从来没有出错。(聂海《靠山堡》六)

同是"小葱拌豆腐——一青(清)二白",在例①②指清楚明白;在例③④里,指关系或行为清白,无污点。

这些都是多义歇后语。

二 多义歇后语的类型和形成原因

多义歇后语大致可以分为两种类型:一类是显性的,一类是隐性的。

显性的多义歇后语,比较容易看清楚,形成的原因主要有以下几个:

1. 作为歇后语表义重点的后一部分具有多义性。如:

①丁江涛讲了一阵,赵耀钱还是跟早晨一样,两个哑巴一头睡,没话说。(曾辉《八月雪》一二章)

②"机手同志,这机器好不好啊!""两个哑巴一头睡,没话说!"(李自由《不夜的山村》二三)

③"再生布"也早破了。干活本来费衣服,加上破麻袋绣花——底子差。(马小青《妈妈的红裙子》)

④尤占魁突然一手指着尤开山:"我看中你,就你来当!"尤开山感到意外,慌忙摇手:"不行不行,麻布袋上绣花,底子太差,我不是这种料子。"(罗旋《梅》一二)

例①里的"两个哑巴一头睡,没话说",是指无话可说,表示沉默;例②里的"两个哑巴一头睡,没话说",实指没有什么可指责的缺点。例③里的"底子"指物体的最下部分,"破麻袋绣花——底子差"是指(用来做衣服的布)质量差;例④里的"底子"指基础,"麻布袋上绣花——底子太差"是指基础太差。

2. 作为歇后语表义重点的后一部分具有不同的双关现象。如:

①匪班长带着那名团匪来到柳明秀的房中一看,只见案头、几上只有孔夫子的家当——尽是书。"(严亚楚《龙感湖》五一回)

②李平发现那两个皮箱很重,就忙去帮忙,汪达峰苦笑了一下,又忙解释道:"孔夫子搬家——全是书。"(杨春田《鹿城春晓·从海外归来的人〔二〕》)

③她……感慨地说:"贺老总过去老讲我们打球是孔夫子搬家——净是书(输)。现在,我们可以用胜利的捷报来告慰他老人家了。"(何慧娴等《三连冠》一篇七章)

④有人说赌钱有来有去,今日虽输,明日还可以赢。惟有王小六赌钱是孔夫子背书包——全是书(输)。(王丽堂《武松》六回)

⑤办花会是铜铃打鼓——另有音(因),谁还有心思去玩花会?(刊)

⑥"何参谋,你们观海卫这个地方,你可不能等闲视之呀……"

方晴看出了沈颂治是铜铃打鼓另有音,听了他的"呀"字,知道下面又要有一大块文章了。(戚天法《四明传奇》一七回)

例①②中"尽是书",字面意义就是实际意义;例③④则是通过"书"与"输"的同音相谐产生别义。例⑤⑥中,后一部分都是"另有音",例⑤的"音"与"因"同音相谐,指事情另有原因。例⑥不用谐音,指另有别的声音,含话中有话的意思。

3. 作为歇后语表义重点的后一部分,有不同的比喻意义。如:

①郓哥道:"干娘,不要独自吃,你也把些汁水与我呷一呷。我有甚么不理会得!"婆子便骂:"你那小囚攮的!理会得甚么?"郓哥道:"你正是'马蹄刀水杓切菜——水泄不漏'。直要我说出来,只怕卖炊饼的哥哥发作。"(《金瓶梅》四回)

②潘三道:"你又甚么事捣鬼话?同你共事,你是'马蹄刀瓢里切菜——滴水也不漏',总不肯放钱出来。"(《儒林外史》一九回)

③老武说完,人们不由地叫起好来。张有义说:"老武思谋得太周到了,真是马蹄刀瓢里切菜,滴水不漏呀!"(马烽等《吕梁英雄传》五三回)

④到底怎么办合适,还得爹妈作主。一番话,说得有进有退,好比是铁打的笐箕,点水不漏。(吴越《括苍山恩仇记》一二回)

⑤钱万利说:"你撑行市卖货更有几手,真是铁勺子捞面条——汤水不漏,快别卖乖了。"(姜树茂《渔港之春》六章一)

上面五例里的歇后语,后一部分"水泄不漏"、"滴水不漏"、"点水不漏"、"汤水不漏"等的字面义相同,但比喻义不同:例①②中的"水泄不漏"、"滴水(也)不漏"是比喻一丁点钱财也舍不得拿出来,形容人极其吝啬。例③④中的"滴水不漏"、"点水不漏"和"汤

241

水不漏",则形容人说话严谨、做事周全,一点漏洞或把柄也没有。

隐性的多义歇后语,比较隐蔽,要仔细观察、分析才能发现。这是因为隐性的多义歇后语和语境的联系更为紧密,不注意观察、分析很容易被忽略。

这种类型的多义歇后语,产生的原因较多,试看下面几组例子:

A组:

①晁大舍跌肿的面目略略有些消动,身上也略略可以翻转,只是春和好景,富贵大官人病在床上,"瘸和尚登宝座,能说不能行"了。(《醒世姻缘传》三回)

②素姐刚出得门,自己在轿中说道:"每日把我关闭在衙,叫我通是个'瘸和尚说法,能说不能行'。如今既是放我出门,由得我自己主张,由不得别人阻挠。"(《醒世姻缘传》七八回)

例①里的"瘸和尚登宝座,能说不能行",是指嘴能说,腿脚不能行走,是它的本义,语义比较具体;例②里的"瘸和尚说法,能说不能行",引申了本义,泛指失去了自由,不能做想做的事情,语义比较抽象。

B组:

①艾和好从小就心灵嘴笨,茶壶里煮饺子,有货倒不出来,又是一个一条道走到黑,打破沙锅问到底的脾性儿。(刘绍棠《花天锦地》二)

②周丑孩给众人讲,两手比划着,脖子都急红了,嘴里却结结巴巴地说不出来。张有义笑着说:"哎呀周教官,这可是茶壶里煮饺子,肚里有货,嘴里倒不出来。还是叫马教官吧!"(马烽等《吕梁英雄传》二九回)

③老蔫这位打硬仗作实事的汉子,就是茶壶里的饺子,肚里有东西倒不出来。接受了枫林的委托,觉得比埋地雷还艰巨,又没有跟狱中同志见过面,也不知道姓名,怎么开口呵!(李英儒《还我河山》二三章四)

④她想提出换刀,可是又不好意思开口,话搁在喉咙里,就像茶壶里煮饺子——倒不出来,只好使劲地磨着刀。(农村读物出版社图书编选小组《战斗的堡垒》)

上面四例里的歇后语的后一部分,"倒"与"道"同音相谐。本义是指茶壶肚大嘴儿小,饺子在里面煮熟后倒不出来,实际指人肚里有话想说,但说不出来。为什么会说不出来?一般来说,有三个原因,其一是:有真才实学,但因为表达能力差,难以用流畅的语言表达出来,如例①②;其二是:有想要说的话,也有表达能力,只是因为心中有某种难言的苦衷,无法或不便说出口,如例③;其三是:碍于面子,不好意思,这种情况多用于求人办事,如例④。

C组:

①平安儿道:"嫂子,俺每笑笑儿也嗔?"蕙莲道:"大清早晨,平白笑的是甚么?"平安道:"我笑嫂子'三日没吃饭——眼前花'。我猜你昨日一夜不来家。"妇人听了此言,便把脸红了,骂道:……我那一夜不在屋里睡?怎的不来家?(《金瓶梅》二三回)

②(李瓶儿)又说:"你本虾鳝,腰里无力,平白买将这行货子来戏弄老娘!把你当块肉儿,原来是个中看不中吃镴枪头,死王八!"(《金瓶梅》一九回)

例①里的"三日没吃饭——眼前花",本义是指人因久没进食物而感到饥饿,饿得头昏眼花;但联系语境分析,实际上却是暗里讥讽宋蕙莲(西门庆男仆郑来旺之妻)"昨日一夜"与西门庆偷情。例②里的"虾鳝——腰里无力",本义是指腰部软弱无力;但联系语境分析,实际上是李瓶儿用来羞辱她的丈夫蒋竹山性功能差("腰"指腰子,即肾,肾与男子性功能有联系)。

以上说明隐性的多义歇后语,情况比较复杂,有待进一步研究。

三 歇后语的多义性与释义

歇后语的多义性给歇后语的释义增加了困难。有人说,歇后语是最通俗易懂的语汇,根本用不着释义。这是一种误会。实际上,越是通俗越难解释,何况实际情况并不像人们想象的那么简单。特别是对多义歇后语更要细心观察。要本着"从语料中来,到语料中去"的原则②,有计划地收集语料,建起有一定规模的语料库。有了丰富的语料,才能通过比较、分析,掌握比较确切的语义。

释义要从实际出发,首先要注意区分显性多义歇后语和隐性多义歇后语。对于显性的多义歇后语可以分列义项,或加序号,或不加序号,如:

【木匠的斧子——一面砍】mùjiang de fǔzi——yīmiàn kǎn 木匠的斧子,斧刃一面是鼓的,另一面是平的,使用时,利用平的这一面,木屑砍到另一边。比喻:①在争论的双方中,偏袒一方。[例]我停下手中的斧子,接过大伯的话头:"大妈,……大伯整天敲钟,为什么敲得那么响,就是因为他敲到了点子上,……"钟大妈望望我,夺下我手中的斧子,笑了笑说:"王参谋,你这话是木匠斧子一面砍。好啦,别砍了,吃饭吧!"(书)②思想方法片面。[例]"我看你没变!"高铁志的声音突然变得激奋起来,"钱组长这人看问题有点片面。……说老实话,我同这样的知识分子搞不来!""铁志呵,你这话是木匠的斧子——一面砍",萧振波也提高了声音。

——摘自《歇后语词典》(温端政等编,北京出版社,1984,第250页)

【木匠斧子——一面砍】mùjiang fǔzi——yīmiàn kǎn 木匠的斧子只有一面开刃,不能两面砍。比喻看问题片面,只说一面之理。也比喻处理矛盾纠纷不公正,偏袒一方。[例]要说这联产责任制是我赵镢头领着干的,这话沾边儿。可这位大首长既是来调查,总不会是"木匠斧子——一面砍"吧,总得问问这联产责任制的来由吧。(张一弓《赵镢头的遗嘱》三)|他们长期受当官的欺骗宣传,木匠斧子——一面砍,对国际、国内形势两眼一抹黑,……心里有怀疑。(王厚选《古城青史》四四回)

——摘自《中国歇后语大词典》(温端政主编,上海辞书出版社,2002,第670页)

对于隐性的多义歇后语,释义时要根据具体情况作灵活处理,一般不要太琐碎。试比较:(语目拼音、举例从略)

【沙锅捣蒜——一锤子的买卖】沙锅是陶土和沙烧成的,性脆。沙锅不能捣蒜,一捣锅就破了。㈠讽刺人在做生意或与别人打交道中,不从长远考虑,一味贪利,只为这一次。㈡好歹就干这一次,下次不干了。㈢一次就干成。㈣孤注一掷的意思。㈤比喻经不起敲打,一施外力就会被打破,引申为一干就坏。㈥彻底摧毁的意思。

——摘自《歇后语词典》(温端政等编,北京出版社,1984,第298页)

【沙锅捣蒜——一杵子买卖】沙锅质地很脆,用杵捣大蒜,一捣就破碎了。比喻不管结果怎样把希望寄托在一次行动上,或指做事不顾后果。

——摘自《汉语歇后语词典》(周静琪等主编,商务印书馆国际有限公司,2006,第424页)

前例分列六个义项,有些琐碎,缺乏概括;后例的释义比较概括,也比较适当。

多义歇后语的释义是歇后语辞书编纂中的一个难点,相信会有更多的学者来关注这个问题,希望本文能起到抛砖引玉的作用。

附注:

①见温端政《汉语语汇学》,商务印书馆,2005,第395页。
②见温端政主编《汉语语汇学教程》,2006,第374页。

参考文献:

[1] 马国凡,高歌东 歇后语[M],内蒙古人民出版社,1979。
[2] 谭永祥 歇后语新论[M],山东教育出版社,1984。
[3] 温端政 汉语语汇学[M],商务印书馆,2005。
[4] 温端政 歇后语的语义[J],中国语文,1981(6)。

(作者单位:山西省社会科学院科研处 太原 030006)

浅议惯用语和谚语的甄别

傅 朝 阳

什么是"语",学者们各有不同的意见。我们依据温端政先生"汉语语汇学"的理论,把"语"定义为"语言里大于词的、结构相对固定的、具有多种功能的叙述性语言单位"。包括成语、谚语、惯用语和歇后语四个组成部分。

如何区别惯用语和谚语,是汉语语汇研究和有关辞书编纂中的一个棘手的问题。本文拟结合编写《中国惯用语大全》的实际体会,谈谈自己的看法。汉语语汇学理论认为,"语"可以分为表述语、描述语和引述语三种类型。谚语是非"二二相承"的表述语;惯用语是非"二二相承"的描述语。谚语反映人民群众的生活经验,同时反映人们对客观事物的认识。经验和认识,都属于知识的范畴。因此,谚语的根本功能在于传授知识。惯用语是对人或事物的特点、形状等进行某种描写,它与谚语最大的区别是它不是用来传授知识的,缺乏谚语所具备的知识性。因此,在区分惯用语和谚语时,首先要判断其是表述性的还是描述性的,是否具有知识性。

一般来说,动宾结构的三字格"打秋风"和非"二二相承"四字格如"喝西北风"等惯用语,和谚语的区分比较容易,而多字的惯用语由于和谚语在形式上相近,有时就会产生混淆。在实际甄别过程中,要注意以下两方面的问题:

1. 有的语目从形式上看具有表述性,这时要注意不能只从表层的字面意义来判断,而要通过字面意义分析该语的语用功能是否以传授知识或经验为目的。如果语用意义不是传达某种知识或者经验,而是描述某种状态,或对人对事的态度,或表达某种强烈的情感或语气,那么就可以辨别出它们是惯用语而不是谚语。主要有以下几种情况:

(1) 从语目表面看表示一种判断,实际上描述某种状态。如:

【黑是黑,白是白】明白也罢,不明白也罢,他觉得宣战是对的,宣战以后,他想,一切便黑是黑,白是白,不再那么灰渌渌的了。(老舍《四世同堂》八七)

【穿是穿吃是吃】你小人儿家很不知好歹,也到底有个主见,赚几个钱,弄得穿是穿吃是吃的,我看着也喜欢。(《红楼梦》二四回)

"黑是黑,白是白"的实际意思是说黑的和白的区别明显,很难混淆,用来形容是非界限清楚。"穿是穿吃是吃"的实际意思是说人吃的穿的都有一定质量,是描述一个人的生存状态。类似的例子还有:

【米粒是米粒,糠皮是糠皮】想想咱们娘们过去的情份吧!咱们本是一个谷穗儿上长的,如今米粒是米粒、糠皮是糠皮,分了家,掰了半儿。(浩然《艳阳天》一三七章)

【旗是旗鼓是鼓】高小毕业以后就成了农业社的秘书和会计,此外还是个团支委,……俨然一个十分重要的小总管。事实上他也旗是旗鼓是鼓,外表和内里满都相称相当。(康濯《东方红》二章一)

【桥是桥,路是路】就是萧队长也得说个理。我姓韩的桥是桥,路是路,一清二白的,怕谁来歪我不成,倒要问问老赵哥?(《暴风骤雨》一部七)

(2) 从语目表面看是阐述某种事实,实际上是描述对人对事的态度。例如:

【茶是茶,饭是饭】因留心照料石生。茶是茶,饭是饭,晚间并不拘禁他了。(《幻中游》一一回)

【枪对枪、刀对刀】小徐,你想过没有? 国外那些反动家伙穿连裆裤子,欺负我们,卡我们,而我们干大机架,就是和他们枪对枪、刀对刀地斗哪!(程树榛《钢铁巨人》)

"茶是茶,饭是饭"是指茶饭都比较讲究,形容对客人招待周到。"刀对刀、枪对枪"指对敌人采取针锋相对的措施。类似的还有:

【一是一,二是二】店小二慌了,大叫道:"青天老爷,小人招了,招也!不干小人事……"把那杨腾蛟怎样写亲供,刘二怎样勒捎,小人等不依他,又恐被他连累,一是一,二是二的都说了。(《荡寇志》八〇回)

【鼻子是鼻子,嘴是嘴】"那么今天当然是有秘密了?""那还用说!""你看,老莫学的鼻子是鼻子,嘴是嘴了。来!听听你的秘密!"(老舍《赵子曰》四)

【粗对粗,硬碰硬】"我不是这种货色,"凤英坐在另一张小凳上,揩抹着鞋子,乐滋滋地暗笑道,"我们粗对粗,硬碰硬,要打架的。"(陈残云《香飘四季》三七章)

(3) 有的语目如果不放在具体的语境中,仅仅从表面语义上看,似乎具有一定知识性或者表达某种经验,但实际上还是描述性的。如:

【鼻子不离腮】两个人鼻子不离腮,一块吃馆子,一块进戏院。(李准《黄河东流去》三九章二)

【晨挑菜,夜看瓜,春种谷,夏收麻】春兰抿住嘴儿笑,说:"俺

晨挑菜,夜看瓜,春种谷,夏收麻,长着什么好手呢?给你,看个够!"一下子把手伸给他。(梁斌《谈创作准备》)

"鼻子不离腮"是形容两个人形影不离的样子,而不是要告诉大家鼻子和腮距离很近。"晨挑菜,夜看瓜,春种谷,夏收麻"看上去很像谚语,但仔细琢磨语义,是形容人很勤快,很辛苦,所以是惯用语。类似的例子还有:

【虫蚁也有几只脚】(丘乙大)又想:"刘三官昨晚不回,只有绰板婆和那小厮在家,那有力量搬运?"又想道:"虫蚁也有几只脚,岂有人无帮助?"(《醒世恒言》卷三四)

【牛蹄两瓣子】关一品虽然被从老庄户排挤出去,大昌和牛蒡的二重唱却并不搭调,各吹各的号,各唱各的调,刚一共事便牛蹄两瓣子。(刘绍棠《荆钗》四一)

(4) 有的语目从字面看有一定知识性,实际上表达了某种强烈的情感或者语气。如:

【脑袋掉了碗大的疤】谷老苍子大伯振聋发出聩地又高喊道,"脑袋掉了碗大的疤,二十年后还是一条好汉!"(刘绍棠《京门脸子》三章一〇)

【喇叭是铜锅是铁】他真要敢插一腿,老子要叫他看看:喇叭是铜锅是铁!(李准《黄河东流去》四十九章一)

"脑袋掉了碗大的疤"并不是告知人们脖子有碗口粗,而是表示一种将生死置之度外的态度和无所畏惧的语气。"喇叭是铜锅是铁"表达的是一种强烈的强硬语气,并不是告知人们做喇叭的材料是铜,做锅的材料是铁。

2. 有的语存在着兼类现象,即一个语目在不同的语境中,同时兼具谚语和惯用语的特征,有时候是描述性的,有时候是表述性的。对于这种情况,我们认为,可以通过多收集用例,通过语频分析的方法来判定该语的归属。如"井水不犯河水"除了惯用语的用法之外,有时也有谚语的用法,请看例句:

【井水不犯河水】你,是不是不愿意和羊秀英这些人弄到一起去呢? 井水不犯河水,她干她的,你干你的,还是怕她不听你的……(陈登科《风雷》一部下三四章)(惯用语)

【井水不犯河水】玉池因为辛生的关系,没说什么,二奶奶却把脖儿一拧,翻着眼珠说:"井水不犯河水,这也碍着你啦!"(李满天《水向东流》中二十九章)(谚语)

通过对《俗语语料库》语频统计发现,惯用语的用法有 21 次,谚语的用法仅有 2 次。因此,我们可以判别该语以惯用语为主。总之,在甄别结构形式相近的惯用语和谚语时,首先要紧紧地扣住语义功能的"描述性"和"表述性";其次要看其在具体语境的运用中是否以传授某种知识和经验为目的,不要被语目表面形式上表示判断、阐述事实或推理的结构所迷惑。如果实际语义不是传授某种知识或经验,而只是描述某种状态、描述某种对人对事的态度或表达某种强烈的语气和情感时,就可以判定该语为惯用语。

参考文献:
[1] 李小平 从双音节惯用语看惯用语的性质和范围问题[C],俗语研究与探索,上海辞书出版社,2005。
[2] 容 易,沈夷齐浅谈"中国俗语大全"的语目确立[C],俗语研究与探索,上海辞书出版社,2005。
[3] 温端政 汉语语汇学[M],商务印书馆,2005。
[4] 吴建生 惯用语的界定及惯用语词典的收目[J],语文研究,2007(4)。

(作者单位:山西省社会科学院语言研究所　太原　030006)

一门深受大学生欢迎的选修课
——"汉语语汇学"教学体会

张 光 明

2006年参加了《汉语语汇学教程》(温端政主编,商务印书馆出版)的编写。2007年上半年,我以《汉语语汇学教程》为教材,给忻州师范学院中文系2005级本科二年级学生开设了"汉语语汇学"专业选修课,教学相长,感触良多。现谈几点体会。

一 汉语语汇学的教学实践

讲授"汉语语汇学"是初次尝试,为了能开成并讲好这门课,我提前作了比较充分的准备工作。

1.1 认真备课,广泛宣传

1.1.1 备课抓住重点,找出难点,明确需要解决的几个关键性问题。

《汉语语汇学教程》(以下简称"教程")内容丰富,但学校规定专业选修课每学期只能上34个课时,所以必须在有限的教学时间内处理好教材内容。在备课时,我主要抓了以下几个重点:

(1) 什么是语、语汇、语汇学;

(2) "语词分立"及其理据性;

(3) 语的构成和结构特征;

(4)语义叙述方式分类和语的结构形式分类。

需要突破的教学难点是：

(1)学生如何从对语的传统的认识转化到新创立的语汇学理论上来,也就是如何能够使学生接受以"语词分立"为基础的汉语语汇学理论;

(2)语与其他语言单位（比如"专门用语"、"专名语"）和非语言单位（比如"格言"、"名句"）的区别性特征;

(3)语的叙述方式分类,各语类之间的区别;

(4)在语义描写上区分构语层面的比喻手法和语义层面的比喻义。

在教学中,如果把上面的重点内容讲清了,也就抓住了重点,突破了难点。至于各语类内部的系统分析,可让学生自学,提出问题,教师解答。

1.1.2 课前大力宣传,使学生初步了解汉语语汇学的基本内容和学习本课程的意义。

由于大三的学生要下乡扶贫顶岗实习,大四的学生要写毕业论文,原以为选修这门课的学生不会多。为了争取听课学生,我向有关班级印发了"关于专业选修课'汉语语汇学'课程的简介"。学生初步了解了这一课程,2006年放寒假前就有48人报名,2007年春季开学初又报了38个,共86个学生,超出了预计数量。

1.2 理论联系实际,努力激发学习热情

1.2.1 教学中结合对语的传统认识和《现代汉语》教材及有关论著进行讲解。长期以来,人们一直认为"语相当于词",是"词的等价物",把语汇放在了词汇的附属地位。在名称和术语上也没有统一的定位,有的人把成语、谚语、歇后语、惯用语、名句、格言、专门用语等统称为"熟语",有的人认为成语、惯用语等是相当于词的一种固定结构,造成概念上模糊、语的内部以及语与外部语言单位和非语言单位划界上的不确定性。比如葛本仪先生主编的《汉语词汇学》(山东大学出版社,2003.8),把成语、惯用语、专门用语放在了第三章"什么是词汇"中来叙述,并把这三种语称为"相当于词的作用的固定结构",仅用3页。教学上影响较大的是黄伯荣等编的《现代汉语》和胡裕树主编的《现代汉语》。黄本《现代汉语》(上册)以"熟语"的身份把成语、惯用语、歇后语放在词汇中,把谚语排除在外,仅用6页的篇幅。胡本《现代汉语》也把这些语放在词汇中讨论,统称"熟语",但增加了谚语和格言,篇幅也只有6页多。

针对这些情况,我在教学中分析了"语词分立"的理论意义,阐述了语汇本身的系统性、语的构成和结构类型、语的分类原则和分类系统。在此基础上,又采用比对的方式,指出对语的传统认识中所存在的问题,使同学们进一步提高了对语汇的认识。

另外,在指导7名本科生写毕业论文时,我特意让两名同学写了方言语汇方面的论文,其中12班一个同学撰写的论文《古县方言语汇中的民俗文化现象》以优异成绩被评为校级优秀论文。

1.2.2 分析普通话语例时,结合讲解方言语例,活跃课堂气氛,增强学习兴趣。《教程》前八章举的都是普通话语例。为了活跃课堂气氛,增强教学效果,在学生申报这门课程时,我就有意识地让他们填报自己的籍贯。教学中我在用普通话举例说明的同时,尽量列出同学们母语的例子,有的同学还主动给我提供自己方言区的例句,课堂气氛非常活跃,听课学生堂堂爆满。

1.3 课后组织座谈,认真交流总结

在课程结束后,我组织听课学生开了座谈会。会上大家踊跃

发言,交流体会,提出不少问题。比如:

(1)《教程》观点新颖,理据性强,内容很系统。(19班,郝晓霞)

(2)通过学习这门课程,我们认为"语"和"词"应该分立。(20班,任计梅)

(3)教材中有许多古代例句看不懂,资料又不好查,能翻译出来就好了。(20班,苏永峰)

(4)《现代汉语》教材里有"语素"这个概念,《教程》里也有"语素"这个概念,虽然含义不同,但同时存在很不合适,"现汉"中的"语素"应换个名称。(19班,宋姝婧)

(5)很多书中用的成语是从古代人口语来的,归入雅成语,现代人口语中的成语叫俗成语,如何严格界定雅成语和俗成语?(20班,郭瑞芳)

(6)以前有的人把成语、歇后语、惯用语、谚语等叫做熟语,有的人把这些语叫做俗语,"熟语"与"俗语"的严格界限是什么?(19班,马志青)

(7)建议老师讲课时多让学生活动,让学生主动地有针对性地讲他们方言中的语汇例句,这样可以帮助大家更好地理解教材内容,增加学习兴趣,活跃课堂气氛。(19班,杜婷)

(8)老师虽然给我们讲了语义描写时构语层面的比喻手法和语义层面的比喻义的不同,但我们还是不好区别。(20班,陈璐)

(9)从理论上讲,我们现在知道谚语是表述语,惯用语是描述语,二者都是非二二相承的,但有的惯用语和谚语还是不大好分辨,比如"兔子不吃窝边草"既具有表述性,传授了一种知识,又具有描述性,比喻干坏事的人也不危及常在自己周围的人,它是谚语

还是惯用语？是否谚语也有描述性的？(19班,王坤玉)

……

这些问题说明,他们的确认真听课了。他们提出的问题引起了我的思考,促使我以后更加认真地研究和讲授汉语语汇学。

二 汉语语汇学的教学效果

半年的"汉语语汇学"教学实践,收到了良好的效果。具体表现在以下几个方面：

2.1 打破了传统理论的束缚,使学生开阔了视野,更新了知识。

"汉语语汇学"是一门新学科,整个理论体系、名词术语等都有新的创意,正如李行杰教授所说的,"发凡起例,昭示经纬"(2006)。《汉语语汇学教程》是在温端政先生《汉语语汇学》一书的理论框架的基础上编写出来的,《教程》本身既具有学术性,又具有知识性。讲授本课,开创了我院中文系新的课程门类,扩大了学生的知识视野,让学生了解了学科前沿动态,提高了学生的知识层次和水平。现将座谈时部分学生的发言摘录如下：

(1) 从"语词分立"的观点看,《现代汉语》教材把语汇放在词汇里叙述确实不符合语言实际,科学理据不强,应当给"语"以恰当的地位。看来《现代汉语》教材里关于"语"的知识已经陈旧,急需更新。(19班,宋全梅)

(2) 以前我们从未听说过"语汇学",开始报这门课时是抱着试试看的想法。一个学期下来,我们明白汉语语汇学是一门非常系统的科学,内容十分精深,既有实用性,又有趣味性,大开了眼界,这门课我们选对了。(19班,宋姝婧)

(3)选修了"汉语语汇学"这门课,收获确实不小。以前也知道方言里有成语、谚语、歇后语、惯用语这几种语,但很肤浅,现在才明白这些语还蕴含着丰富的地方文化,对研究地方历史、民俗、语言等很有用处,看来方言语汇的调查研究也很重要。(20班,马美容)

(4)听了这门课才明白"语汇"是什么东西,"语"和"词"的本质区别是什么。以前我们总认为"词"比"语"多,现在细想起来,把普通话里所有的成语、谚语、歇后语、惯用语加起来,并不比"词"少,这还不说各方言里的"语"。(19班,程聪)

(5)通过学习汉语语汇学,认识到歇后语的后一部分确实不能随便省略,大部分歇后语如省略后一部分,就无法理解其真正的意义,看来"歇后语"这个名称与它的性质不合。(20班,银振华)

限于篇幅,仅举这几例。

2.2 认识了语的分类系统和结构特点,基本解决了语的划界难的问题。

以前学界对语的分类系统和语的结构特点没有进行过系统的研究,语类划界也缺乏明确的标准,导致人们认识模糊,归类难以把握。比如对"熟语"、"俗语"的内涵、外延就没有明确的认识,特别是成语、谚语、惯用语、格言、名句划界不明。有的成语词典既收四个字的,又收三个字的,还有收五六个、七八个字的,甚至更多,说是成语词典,实际上里边还收有惯用语、谚语、歇后语、名句等。比如,影响较大的《中华成语大辞典》(向光忠、李行健、刘松筠主编,吉林文史出版社,1987.)就收了"不成器"(三字,惯用语)、"日久见人心"(五字,谚语)、"吃一堑,长一智"(六字,谚语)、"树欲静而风不止"(七字,惯用语)、"己所不欲,勿施于人"(八字,名句,语出《论语·颜渊》)、"太公钓鱼,愿者上钩"(八字,歇后语)、"好事不出门,恶事行千里"(十字,谚语)等。收条较全、规模很大的《汉语成语辞海》(朱祖延主编,武汉出版社,2000.)也有这种情况。

同学们以前对这种词典收语的现象谈不出什么看法。通过对语的叙述方式和结构形式的系统学习,大家才懂得语是叙述性的语言单位,明白谚语是非二二相承的表述语,惯用语是非二二相承的描述语,成语是二二相承的表述语和描述语,歇后语是前"引"后"注"的引述语,认为这样划分,标准明确,方法简单,符合语言实际和人们的语感,基本解决了语的划界难的问题。

2.3 明确了调查研究汉语语汇,包括方言语汇的重要意义。

本课教学还收到一个重要效果,就是同学们认识到调查研究汉语语汇的重要意义。座谈会上大家一致认为:汉语语汇确实非常丰富,具有十分广阔的研究发展前景;方言语汇不仅数量多,而且蕴含着深厚的地方传统文化,可是,随着普通话的大力推广、各类新闻媒体的强势影响,方言语汇正在逐步消失,抢救方言语汇刻不容缓。为了引起同学们对方言语汇调查研究的重视,期末结业时要求大家联系自己的母语,谈谈调查研究方言语汇的意义,写一篇短小的议论文,谈谈个人的看法,大部分同学写得不错。

三 几点教改建议

忻州师院以山西生源为主,兼有全国 26 个省市的学生。这为我们收集方言语汇创造了良好的条件,为以后进一步研究方言语汇打下基础。现就汉语语汇教学提几点教改意见:

(1)国家教育部应对普通高校现在使用的《现代汉语》教材中

的词汇部分进行修订,更新知识,按照"语词分立"的观点,将词汇和语汇分章教学,给语汇学以适当的分量和地位。

(2)修订并再版《教程》时,要把前四章中的古代语例都译成现代汉语,这样便于教学。

(3)尽快组织人员编写《汉语语汇学教程辅导材料》。

(4)争取把《汉语语汇学教程》列入全国普通高校文科统编教材。

另外,希望能尽快成立"全国汉语语汇学学会",山西要成立"山西省汉语语汇学学会",每两年召开一次"汉语语汇学暨汉语语汇教学研讨会"。

以上所谈的一些语汇教学体会,非常肤浅,希望能起到抛砖引玉的作用。

参考文献:

[1] 葛本仪主编 汉语词汇学[M],山东大学出版社,2003。
[2] 胡裕树主编 现代汉语[M],上海教育出版社,1982。
[3] 黄伯荣,廖序东主编 现代汉语[M],高等教育出版社,2003。
[4] 李行杰 构建中国语言学特有的语汇学[J],语文研究,2006(1)。
[5] 唐启运 成语、谚语、歇后语、典故概说[M],广东人民出版社,1981。
[6] 温端政 汉语语汇学[M],商务印书馆,2005。
[7] 温端政 "语词分立"和方言语汇研究[J],语文研究,2005(2)。
[8] 温端政主编 汉语语汇学教程[M],商务印书馆,2006。
[9] 温端政 也谈"语汇重要,语汇难"[J],语文研究,2006(3)。
[10] 向光忠,李行健,刘松筠主编 中华成语大辞典[K],吉林文史出版社,1987。

(作者单位:忻州师范学院　忻州　034000)

"语词分立"对传统语法教学研究的冲击

辛 菊

一 "语词分立"对传统语法单位的冲击

运用语言、学习语言、分析语言、研究语言就必须要了解语言。语法教学、语法分析首先要确立语法单位。不同的语法体系对语法单位的确定是不一致的。

《马氏文通》的出版,标志着汉语语法学的正式诞生。《马氏文通》建立了字、顿、读、句四级语法单位("字"相当于现在所说的"词","顿"相当于现在所说的做句子成分的"非主谓短语","读"相当于现在所说的"做句子成分的主谓短语","句"即现在所说的"句子")。

20世纪20年代,黎锦熙先生的《新著国语文法》,第一、二、三章讲文法的基本内容时,就提出词、语、句、词类、句类等基本概念,进而分析复句以至句群、段落、篇章。

20世纪40年代,王力先生的《中国现代语法》,把语法单位切分为词、仂语、谓语形式、句子形式、句子等几种。

1956年制定的《暂拟汉语教学语法系统》,把语言单位分成:词、词组、句子三级。1984年颁布试用的《中学教学语法系统提要》(也称中学新语法体系)里明确提出了五级语法单位的概念:

语素、词、短语、句子、句群。长期以来传统语法教学中基本上采用五级语言单位的说法。

钱乃荣主编的《现代汉语》（修订本）（江苏教育出版社，2001.6）的语法单位与《中学教学语法系统提要》的语法单位是一致的。第161页："按照从小到大的顺序排列，现代汉语共有五级语法单位：语素、词、短语、句子、句群。"

黄伯荣、廖序东主编的《现代汉语》（增订三版）下册（高等教育出版社，2002.7）第4页："语法单位可以分为四级：语素、词、短语、句子。"黄、廖本虽然没有明确说到"五级语法单位"，但是教材第五章第九节设专节讲句群的定义、类型等问题。可见也主张有五级语法单位的观点。

胡裕树主编的《现代汉语》，也没有谈及"句群"的内容，只有前面四级。

邵敬敏主编的《现代汉语通论》在词汇、语法章也论述了词和语素、词和短语、句子和短语的关系。

陆俭明著《现代汉语语法研究教程》（修订版）（北京大学出版社，2004.5）第17页："一般把语法单位分为四种：语素、词、短语、句子。"

朱德熙《语法讲义》（商务印书馆1998·北京），在第一章语法单位里，将语素、词、短语、句子分别列为四个小问题加以阐述。

张斌主编的《新编现代汉语》普通高等教育"十五"国家级规划教材（复旦大学出版社，2002.7），在词汇和语法章里，也着重论述了语素、词、短语、句子四种语法单位之间的关系。

伍铁平《普通语言学概要》（高等教育出版社，2006.1）第3页讲语言的构造时谈到："音义结合，构成符号，语言的构造就在这里从语音层进入符号层。符号层又分为语素、词、句子三级。"

邢公畹主编的《语言学概论》（语文出版社，1992.7）第148页："语法单位可以划分为三个平面：（1）语素（2）词和词组（3）句子。"

胡明扬主编的《语言学概论》（全国高等教育自学考试指导委员会组编的汉语言文学专业本科段指定教材）（语文出版社，2000.4·北京）第147页：根据语法单位的这些特点，可以把语法单位表示为以下三级五种（由于单个语素和语素的组合都可能成为词，也可以增加"语素组"这个概念，这样就共有三级六种单位）：

第一级：1a.语素→（1b.语素组）

↓ ↙

第二级：2.词 →3.词组

↓ ↙

第三级：4.句子→5.句组

以上是传统语法学对语言单位的各种说法。吕叔湘先生在《汉语语法分析问题》中指出："中国的传统的用语是'字'和'句'。再上去就是'章'和'篇'，按照现代的学科分工，已经不在语法论述的范围之内了。""比句子大的单位是段，大段，全篇（或章，节）。一般讲语法只讲到句子为止，篇章段落的分析是作文法的范围。""字"是记录语言的书写符号，也不再是语法研究论述的内容了。

其中，"语素、词、短语、句子"被公认为是语法单位，"句群"能否成为语法单位，是有分歧的。"语素"构成词，"词"构成短语，"词"和"短语"再构成句子。

可是，在语言中广泛运用的"语"在语法单位中是没有地位的。

温端政先生提出"语词分立"的理论主张之后，就会出现"词素、词、词组;语素、语;句子、句组"等基本概念。"词素"构成词,是构词材料,"词"构成词组或者句子,是造句材料;"语素"("词"只有在构造"语"时才能称为"语素")构成语,"语"可以直接成句,也可以造句;"句子"构成句组。

也可以把"词"、"语"、"句"看做三级语法单位,"词"和"语"都是语言的建筑材料,是备用单位,"句"则是成品,是语言的使用单位。至于"词"的内部构成单位"词素"与外部组合结果(词组),"语"的内部构成单位"语素","句"的内部构成成分(句子成分)和外部组合结果(句组),则可以在各级语言单位中分别列出。

也可以按照从小到大的顺序,依次排列出五级语法单位:词素;词;语、词组;句子;句组。其中"词素"是最小的音义结合的构词单位,"词"是最小的造句单位,"语"、"词组"都是既可以独立成句也可以再组合造句的语言单位,"句子"是最小的交际单位,"句组"是由句子组合起来的最大的语言单位。把"句组"作为语言单位,主要是因为句组中的句子之间存在着类似于复句中分句之间的各种关系,而且句组和复句之间除了有标点不同的标志之外,在形式上是可以互相转换的。

这种语法单位的确定至少可以避免传统语法单位中"语素+语素=词","词+词=词的等价物(语)"的逻辑矛盾。

二 "语词分立"对传统语法术语的冲击

虽然学习语法的重点在于辨认语法现象,分析客观存在的语法事实,而不在名词术语的区别。但是,如果语法术语中异名同实的现象过多,就会影响语法的学习和研究。传统语法教学中的语法术语存在着很大的分歧。

传统语言学中的"语素"是由英语 morpheme 翻译而来的,也可以译成"词素"(在西方语言学中,morpheme 还可以是表示形态的语法单位)。语词分立之前,大多数语言学家都认为"词素"和"语素"是同一个概念的两种不同的语词表达形式,只是用"语素"这一名称更好一些,因为语素的划分可以先于词,词素的划分必须后于词,而汉语中词和短语的划界,本身就存在着一些可此可彼或两难的现象。(见张斌主编的《新编现代汉语》149 页)。这种观点源于吕叔湘的《汉语语法分析问题》,吕先生在谈到"语素"时说:"最小的语法单位是语素,语素可以定义为'最小的语音语义结合体'。也可以拿'词素'做最小的单位,只包括不能单独成为词的语素。比较起来,用语素好些,因为语素的划分可以先于词的划分,词素的划分必得后于词的划分,而汉语的词的划分是问题比较多的。(这里说的'先'和'后'指逻辑上的先后,不是历史上的先后。)"我以为此说是经不住推敲的。既然讲到逻辑上的问题,那我们不妨也用一下逻辑上的类比推理:试想语音中的"音素",语义中词义的区别特征"义素"等概念的确立怎么就不去考虑是先于音节、义项还是后于音节、义项的问题呢?何况在西方语言中音节的概念不也是不很分明吗?

温端政先生提出"语词分立"的理论主张之后,"语素"和"词素"两个术语会同时出现,而且是两个不同的概念:"词素"用来构词,"语素"用来构语,是不同层级的两个语言单位。"语词分立"对传统语法教学术语冲击最大的当数"语素"这个概念了。

"短语"是任何研究汉语语法的学者都无法回避的一个概念,是《中学教学语法系统提要》里介于词与句子之间的一级语言单位的名称,指"由词构成而又未成句的语言单位"。从《马氏文通》开始,历20世纪20年代王应伟的《实用国文法》、李直的《语体文法》、黎锦熙的《新著国语文法》,到三四十年代和五六十年代的著作都有所涉及,名称也多种多样,如读、语、短语、兼词、仂语、扩词、词组、仂句、谓语形式、句子形式、结构、句法结构等。到新时期,流行的名称是结构、词组、短语,其中词组和结构在某些学者那里又有所分别。吕叔湘《汉语语法分析问题》和范晓《关于结构和短语问题》(《中国语文》1980年第3期)认为"短语"这一名称比"结构"、"词组"好。(见陈昌来的《二十世纪的汉语语法学》第426页)

对短语这个概念不仅是名称的表示不同,其内涵和外延也都各不相同。《中学教学语法系统提要》认为短语是词和词按照一定的语法规则组合而成的语言单位,包括实词与实词的组合和实词与虚词的组合,而胡裕树的《现代汉语》则认为:从广义说,词和词的组合都可以叫做词组,这里的"短语"与"词组"的含义是相同的。但是教材里所讲的词组是狭义的,即专指实词与实词依靠一定的语法手段(如"虚词"、"语序")组合起来的语言单位。如:主谓词组、动宾词组、偏正词组等等。(见胡裕树的《现代汉语》增订本334页)至于实词和虚词的组合则称为"结构",如:介词结构、"的"字结构、"所"字结构等等。狭义的词组与"短语"的内涵与外延是有区别的。这里的"词组"+"结构"="短语"的外延。

朱德熙的《语法讲义》则认为:词和词组合为词组,也称为句法结构。如:偏正结构、述宾结构、述补结构、主谓结构、联合结构、连谓结构、介词结构、"的"字结构等等。这里的"词组"、"结构"与"短语"的概念是完全一致的。"词组"="结构"="短语"。

"暂拟汉语教学语法系统"称"词的组合——词组",不过只承认"实词和实词按照一定的方式组织起来,作句子里的一个成分的,叫做词组。"(见张志公主编的《语法和语法教学》第25页)没有包括实词和虚词的组合。

"短语"就字面意义而言,容易理解为比"语"短一点的语言单位,其实并非如此,正如"词"未必短于"词组"或者"句子"一样,"短语"未必短于"语"。因此,我个人认为:应该取消"短语"的说法。"词"+"词"=词的组合,这种组合与"语"是有差别的,还是把这种语言单位叫做"词组"比较好一些,这样也许更符合语言事实吧!

语词分立对传统语言学中"词"和"句子"、"句组"的冲击不是很大。既然"词"+"词"="词组","句"+"句"也就应该等于"句组"了。

三 "语词分立"对汉语语法学体系的冲击

"一般说来,术语的选择就未必是语法体系的问题。例如'词组'、'短语'、'仂语'同指词的组合,无论用哪一个术语,都不至于影响体系。这只是所谓异名同实。""当然,术语的选择也不是完全和语法体系没有关系。例如'代名词',改称为'代词',这不是简称,而是因为汉语代词所代的不仅是名词,还有形容词、副词等,这就牵涉到代词的范围问题,也就是语法体系问题。"(王力:语法体系和语法教学)

一种具体的语法可以有多种不同的语法学说或语法著作。语法学体系的不同流派,教学语法(学校语法、课堂语法)、专家语法、传统语法虽然各有千秋,但不同的语法学体系无疑都是以建构切合汉语语法体系的理论为宗旨的。

传统语言学将语言分为语音、词汇、语法三个要素。教学语法体系曾出现过暂拟系统和新教学语法系统。语词分立后,必然会对传统的教学语法系统有所冲击,语言学应该包括语音学、语词学和语法学,语词学再分为词汇学和语汇学。那么,"语"到底包括哪些小类,是放在词汇里讲还是语汇里讲?"语"的构成到底属于词法还是句法问题?

传统语言学中"词汇"这个概念的外延,是很模糊的。传统语言学中的词汇又称语汇,"英语叫 vocabulary,是一种语言里所有词语的总和。不但包括各种词,还包括简称略语、专有名词和固定词语等等。"(见张斌主编的《新编现代汉语》235 页)

目前比较通行的几本高校文科《现代汉语》教材,除了钱乃荣主编的《现代汉语》没有列出"词汇"一章外,其他都有专章讲"词汇"。而高校使用的《语言学概论》教材对"词汇"的处理则有很大的差别。邢公畹的《语言学概论》第三章讲"词汇",伍铁平的《语言学概论》没有列出专章,只在语言的演变部分提到"词汇的消长"问题,胡明扬的《语言学概论》第三章讲"语汇",或者把"语"归于"词汇"中,或者把"词"归于"语汇"中,都是不合逻辑的。

传统语言学不仅对"词汇"或者"语汇"概念的内涵不明确,而且对其外延的界定也相当模糊。黄、廖本《现代汉语》(增订三版,上册)词汇章第七节"熟语",包括成语、惯用语和歇后语。张斌《新编现代汉语》词汇章第八节"固定词语",包括成语、惯用语和歇后语。邵敬敏《现代汉语通论》词汇章第五节"词汇的熟语系统",包括成语、谚语、惯用语和歇后语。林祥楣《现代汉语》词汇章第七节"熟语",包括成语、谚语、歇后语和惯用语。胡裕树《现代汉语》(增订本)词汇章第五节"词汇的构成部分"第七个小问题是"熟语",所指范围相当广,包括惯用语、成语、歇后语、谚语、格言等。邢公畹《语言学概论》词汇章第三节"词和固定词组"第二个问题

"固定词组",包括成语、惯用语和专名。胡明扬《语言学概论》语汇章第三节"语汇的类聚系统"讲到"语的分类",包括专有名词、惯用语、谚语、成语、歇后语、减缩词语。"语"到底包括哪些小类,应该有个定论。

温端政先生认为,语是由词和词组合而成的大于词的即结构上比词高一级的具有整体性的叙述性语言单位,包括谚语、惯用语、成语、歇后语四种。可见,语由词(作为语素)组合而成,可以是固定词组,也可以是句子形式,可以做句子的成分,也可以直接成句。"语"应该属于句法的范畴,可以与词组放在一起讲。

"语词分立"说直接冲击了传统的语言学系统,这些问题,期待重新修订编写现代汉语教材的时候得到合理的解决。我个人认为,与"语词分立"的主张相应,词汇学与语汇学的系列术语也应该分立:词素、词、词汇、词汇学、词典;语素、语、语汇、语汇学、语典。

参考文献:
[1] 陈昌来 二十世纪的汉语语法学[M],书海出版社,2002。
[2] 胡明扬主编 语言学概论[M],语文出版社,2000。
[3] 胡裕树主编 现代汉语[M],上海教育出版社,1981。
[4] 黄伯荣,廖序东主编 现代汉语[M],高等教育出版社,2002。
[5] 林祥楣主编 现代汉语[M],语文出版社,1991。
[6] 陆俭明著 现代汉语语法研究教程[M],教育部人才培养模式改革和开放教育试点教材,北京大学出版社,2004。
[7] 钱乃荣主编 现代汉语[M],江苏教育出版社,2002。
[8] 邵敬敏主编 现代汉语通论[M],中国高等学校文科21世纪新教材,上海教育出版社,2005。
[9] 温端政主编 汉语语汇学教程[M],商务印书馆,2006。
[10] 伍铁平主编 语言学概论[M],高等教育出版社,2006。
[11] 邢公畹主编 语言学概论[M],语文出版社,1994。

[12] 杨亦鸣,张成福编著 中学新语法体系教学参考[M],中国矿业大学出版社,1988。

[13] 张斌主编 新编现代汉语[M],普通高等教育"十五"国家级规划教材,复旦大学出版社,2002。

[14] 张志公主编,语法和语法教学——介绍"暂拟汉语教学语法系统"[M],人民教育出版社,1956。

[15] 中国社会科学院学者文选 吕叔湘集[M],中国社会科学出版社,2001。

[16] 朱德熙 语法讲义[M],商务印书馆,1998。

(作者单位:山西师范大学文学院　临汾　041000)

试论"语本位"教学的优越性

温 朔 彬

"语"是中华民族智慧的结晶,是中华民族独具魅力的文化瑰宝,显示了中华民族文化的博大精深和勃勃生机。"语"的范围包括谚语、歇后语、成语和惯用语,是"由词和词组合而成的、结构相对固定的、具有多种功能的叙述性语言单位。"[①]"语"的重要特征之一就是它的"叙述性",而"叙述性"正好符合人脑对事件容易记忆的规律,所以,我们常常在思考一个问题:能否从"语"入手,对幼儿进行启蒙教学?一个偶然的机会,我们调研了太原市小天使幼儿园,并观看了天真可爱的小朋友所表演的"成语"节目,其中一个节目是小朋友用手中的彩笔画出了"风和日丽"、"旭日东升"、"夕阳西下"、"车水马龙"等成语中的美景,还有一个节目是有关"水"的成语的动作表演:只见一个小朋友把牛奶与水混在一起,即为"水乳交融";从一个细嘴茶壶中慢慢把水倒出来,即为"细水长流";把水倒入铺满沙子的地方,即为"水到渠成"。更令我们惊讶的是:在数百张成语卡片中,随便抽取一张,小朋友竟能脱口而出,灵活造句,比如"眉清目秀",小朋友造的句是:"我妈妈长得眉清目秀。"再比如"爱不释手",小朋友造的句是:"爸爸给我买了一辆遥控小汽车,我爱不释手。"让人耳目一新。这一成功的"成语"教学案例给了我们重要的启示:对幼儿可以从"语"入手进行"语本位"

教学。

一 关于"语本位"教学

1. 什么是"语本位"教学

"语本位"教学就是把一个个成语、谚语、歇后语、惯用语分别作为一个单位,按照语义或语音相似的原则,围绕一个主题,四个为一组,教小朋友反复诵读,直到可以倒背如流为止。比如以"春天"为主题,编写的成语歌是:

春天
春光明媚
春暖花开
春风化雨
春色满园

这段成语歌描写了这样一个意境:春天来了,春天来了,春天的景色艳丽多彩,天气宜人,大地披上了绿色的新装,百花盛开;春天来了,春天来了,宜于草木生长的风,适时的雨,春天的景色充满了花园,万物尽兴地在享受春天的欢乐。

通过诵读这样的成语歌,小朋友不仅可以很快将这四个成语记得滚瓜烂熟,而且从中受到了如诗如画的美的教育;还可以帮助他们增长知识、启迪智慧、陶冶情操;并且对于塑造他们的健康心理和良好品德都有积极的影响。

2. "语本位"教学的具体步骤

(1)诵读:什么是诵读? 就是要反复读,读到很熟,熟到会背诵,再由背诵熟到不忘,真正融入孩子的心中,成为孩子生活、生命中密不可分的一部分。许多成语、谚语、歇后语、惯用语都是经过千锤百炼的经典之作,在老师的领读下,通过反复诵读,小朋友就能脱口而出,倒背如流。

(2)指认:小朋友一边读,一边在老师的指导下,用心来认组成这些"语"的字和词,这样,小朋友不仅学会了"语",而且也掌握了字和词。

(3)表演:爱表演是小朋友的天性,而许多"语"又都是一个小故事的高度概括和浓缩,因此,可以通过表演的方式来形象地表现"语"的来源与内涵。比如"守株待兔",可以由三个小朋友来表演,一个小朋友扮演小白兔,一个小朋友扮演农夫,一个小朋友扮演大树。剧情可以这样展开:一天,"农夫"正拿着一把锄头挥汗如雨地在田里翻土耕种,看起来非常劳累,这时,"小白兔"慌慌张张地跑了上来,还不时地向后看,好像后边有人在追它,结果一不小心撞在"大树"上,"小白兔"疼得翻滚了一阵子,然后伸了伸腿,死去了。"农夫"跑过去一看,喜笑颜开,赶紧收起翻地的锄头,拾起兔子兴冲冲地回家了,晚上,不仅美美地吃了一顿兔肉,还得到了一张漂亮的兔皮,心里高兴极了。第二天,"农夫"又来到田里,嘴里念念有词:"耕地多累啊!如果坐下来等兔子撞到树上,这样既可以舒舒服服休息,又能拿兔子去卖钱,不是很好吗?"于是,"农夫"就再也不干农活了,他天天守在树下,等着兔子来撞死。结果,"农夫"再也没有得到兔子。最后,可以由老师来揭示成语"守株待兔"的含义:比喻心存侥幸,希望不劳而获。

通过这样身临其境的表演,小朋友不仅很快掌握了一个个"语",而且体验到了学习的乐趣。

(4)造句:造句是对小朋友是否能运用"语"的检验。实践证明,学了"语"的小朋友,能不时地在学习和日常生活中自觉去运用,语文水平和表达能力大大提高。

二 "语本位"教学的优越性

长期以来,我国语文启蒙教学,多以"字本位"为主,语文课本基本上是按"以文带字"的原则编写的。所谓"以文带字",即儿童所需掌握的字,分布在各篇课文中。在小学六年期间,这种"以文带字"的方法能使学生识得3000字,这种识字法,又被称为"分散识字法"。"分散识字法"虽然能通过"文",对儿童的思维和写作能力进行系统的训练,但是,这种方法也存在着以下弊端:①儿童开始识得字很少,课文难编难选,编出的短文过于浅显,落后于儿童的实际表达程度;②识字过程长,教学的速度慢,实际上制约了儿童能力的正常提高;③影响了数学等其他课程的教学;④儿童最需要掌握的字分散在12册课本中,处于无序状态,儿童已有的知识难以发挥作用,学汉字难上加难。[2]

在科学技术飞速发展的今天,这种"分散识字法"显然已不能适应时代的需要。相比之下,以"语"带字、以"语"带词、以"语"带句、以"语"带文的"语本位"教学法却有独特的优越性,具体表现在:

1. 叙述性:"语"是由词和词构成的,词的基本特点是"概念性",比较抽象,初学的孩子不易理解,而语的基本特点是"叙述性",比较具体,初学的孩子容易理解,比如:成语"过河拆桥",叙述了人从桥上走到河的对面去之后,就把桥拆了这么一件事;谚语"千里之行,始于足下",叙述了要想走到千里远的地方,就必须从迈第一步开始这么一件事;惯用语"才出虎口,又入狼窝"叙述了人刚从老虎的嘴里逃出来,又掉进了狼的窝里这么一件事;歇后语

"竹篮子打水——一场空"叙述了用竹篮子去打水,结果白费工夫,水全被漏光了这么一件事。"脑科学"的研究成果告诉我们:人的大脑对"事件"具有强记忆功能,所以,孩子们学"语"易学易记。

2. 形象性:许多"语"具有形象性,常用形容、比喻、描写的方法表现出事物的图像、性状、声貌和特征,构成具体可感的形象。比如:

①每次出书,都战战兢兢,如履薄冰。生怕自己的作品经不起读者的考验和时间的考验。(琼瑶《〈六个梦〉自序》)

②尔虞我诈,互相利用,互相倾轧的人与人的关系,大鱼吃小鱼,小鱼吃虾米,是他们永世不变的法则。(黎汝清《叶秋红》)

③王東芝在鬼子面前做假,不光掩住了他的罪行,村上好多人还夸他骨头硬。(冯德英《苦菜花》)

④沈正元看见有酒有肉吃,喜得合不拢口,端着一竹筒酒,笑嘻嘻地说:"啊呀!今天我们真像老鼠掉在油锅里,又喜又怕!"(柯蓝等《风满潇湘》)

成语"如履薄冰",是说好像在薄薄的冰上走,形容人小心谨慎的样子;谚语"大鱼吃小鱼,小鱼吃虾米",比喻强大的欺负弱小的;惯用语"骨头硬",形容人意志坚强,有骨气;歇后语"老鼠掉在油锅里——又喜又怕",形容人心情复杂,又高兴又害怕。

"语"的生动形象还表现在大量地运用了想象的思维方法。

A 夸大式:

①任凭他千呼万唤,沉寂的瓜棚再也没有回音。(刘绍棠《瓜棚柳巷》)

②自古道:"一寸光阴一寸金,寸金难买寸光阴。"我儿你须知这光阴可贵,从今后少贪玩谨记在心!(高振业《教子》)

③你不要以为我三斤鸭子两斤嘴,这件事真的不同一般。(莫伸《生命的凝聚·三岔镇风波》)

④你们怎么敢打堂堂的第一医院的院长大人呀!这还了不得呀?你们呀,可真是电线杆子绑鸡毛——好大的掸(胆)子!(蒋寒中《天桥演义》)

成语"千呼万唤",极言呼唤的次数很多;谚语"一寸光阴一寸金,寸金难买寸光阴",极言时间的宝贵;惯用语"三斤鸭子两斤嘴",极言能说会道;歇后语"电线杆子绑鸡毛——好大的掸子",极言胆量很大。

B 缩小式:

①这事三言两语说不明白,你听我详详细细告诉你。(王愿坚《老妈妈》)

②张老大至死也忘不了那些帮扶过他,接济过他,在崖边上拉了他一把的人。俗话说:饿时给一口,强过饱时给一斗。(张俊彪《张老大卖粮记》)

③果真成了,三四千两银子也有限,不过是九牛身上拔一根毛,就譬如老大晚死一两年吧。(李宝嘉《活地狱》)

④到处都在议论纷纷,有的说此案早已定谳,何用再来勘察?还不是当官的九两棉线织匹布——想得稀奇!(严霞峰《况公案》)

成语"三言两语",极言话很少;谚语"饿时给一口,强过饱时给一斗",极言在困难时给予很少的帮助也是宝贵的;惯用语"九牛身上拔一毛",极言损失很少;歇后语"九两棉线织匹布——想得稀奇",极言不可能的事。

C 虚构式:

①中外人士都知道,好像我是三头六臂,实际上,我只是广大

275

群众事业与功绩的代表中的一个而已。(朱德《在编写红军一军团史座谈会上的讲话》)

②常言道:"恶虎难斗肚里蛇。"只有打进他们的心脏里边,这是一招最好的棋子,包赢不输。(李六如《六十年的变迁》)

③短工老头,喝着绿豆汤说:"当家的今日说给就给了绿豆汤喝,太阳从西边出来了。"(梁斌《播火记》)

④他认为这样做群众会对他发生好感哩!大家知道他这是黄鼠狼给鸡拜年——不安好心,谁也不睬他。(刘流《烈火金刚》)

成语"三头六臂",形容人神通广大,本领非凡;谚语"恶虎难斗肚里蛇",比喻很难对付打入内部的敌人;惯用语"太阳从西边出来",比喻事情不可能发生,也比喻发生了意想不到的事情;歇后语"黄鼠狼给鸡拜年——不安好心",指人不怀好意。

通过学习"语",可以培养孩子们的形象思维和想象能力,激发孩子们的学习兴趣。

3. 节奏性:"语"多富有节奏感,特别是具有"二二相承"特点的成语更为突出。把合辙押韵的四个成语编成一组"成语歌",读起来朗朗上口,易学易记,比如:以"花"为主题编成的"成语歌"为:

锦上添花,

火树银花,

闭月羞花,

走马观花。

可见,通过学习"语",还能培养孩子们的节奏感,受到艺术美的熏陶。

4. 综合性:"语"是"字"和"词"组合体,有的能成句。

A 单独成句:

①烟消火灭;水波不兴(成语)。(鲁迅《故事新编·铸剑》)

②常言道:"远亲不如近邻,近邻不如对门,对门不如父母,父母还没有两口子亲(谚语)。"(石印红《护国皇娘传》)

③一不做,二不休,扳倒葫芦洒了油(惯用语)!(梁斌《播火记》)

④太公钓鱼,愿者上钩(歇后语)。(毛泽东《别了!司徒雷登》)

B 是复句中的分句:

①一年来的情况很复杂,变化多端(成语),现在只能把几个主要的问题说一说。(周恩来《一年来的谈判及前途》)

②行行出状元(谚语),有些专家,他们是专替我们大老板算账出名的。(黄谷柳《虾球传》)

③斗大的字不识一升(惯用语),就混充孔夫子,圣人简直不值钱了!

④越是有钱的地方人越吝啬,铁公鸡——一毛不拔(歇后语);越是贫穷的山沟人越慷慨,很富有同情心。(张俊彪《省委第一书记》)

所以,学会了"语",比较容易理解字、词、句。

5. 凝练性:"语"大多含有深刻的道理,结构却短小精练,富有民族特色。

①图书馆要雇用一个夜里的助理员,每月薪金七块钱,我毛遂自荐,居然被校长核准了。(韬奋《经历》)

②三个臭皮匠,顶个诸葛亮。你们看,大家伙一起开动脑筋,啥高招都想出来喽!(林予等《咆哮的松花江》)

③张守业和张守敬,一个唱红脸,一个唱白脸,说好说歹,最后

决定叫大家拿一千两银子和五十石粮食。(姚雪垠《李自成》)

④经过一番思考,一番分析,一番消化,才逐渐加深了理解。你们一听就通,而且是百分之百。我看这是猪八戒吃人参果,不知其味吧?(孟千等《决战》)

成语"毛遂自荐"来自一个历史故事:毛遂是战国时代赵国平原君的门客,在平原君处于危急时刻,急需有人帮助时,他向平原君推荐了自己,并出色地完成了任务。它的表层意思是毛遂自己推荐自己,深层意义比喻自告奋勇担任某项工作;谚语"三个臭皮匠,顶个诸葛亮",含义深刻:诸葛亮是三国时期蜀汉丞相,足智多谋的政治家、军事家,被后人当做智慧的象征,这条谚语的表层意思是三个没文化的人在一起谋划,想出的办法有如诸葛亮的智谋,深层意义是指人多智谋高;惯用语"一个唱红脸,一个唱白脸"里,"红脸"和"白脸"都是中国传统戏剧中的一种脸谱,"红脸"指传统戏曲中的红生角色,指代遇事容易发怒的人或直爽忠诚的人,"白脸"指传统戏曲中奸臣的脸谱,指代表面上处事和气的人,这条惯用语的深层意义是一个扮演难说话的人,一个扮演缓和矛盾的人;歇后语"猪八戒吃人参果——不知其味"来自古典小说《西游记》,该书第二十四回描写:猪八戒与孙悟空在万寿山五庄观偷了人参果,猪八戒性急,囫囵吞下,不知是什么味道,这条歇后语的表层意思是不知道所吃东西的滋味,深层意义是比喻完全不了解事情的奥妙。

可见,学习"语",不仅可以通过表层意义掌握它的深层的真实语义,而且能了解它们的文化背景。

6.习用性:"语"在口语和书面语中的使用频率非常高,具有广泛的实用价值。

①十个指头不一般长,庄稼还有良莠不齐哩……(柯岗《三战陇海》)|传统京剧的剧本,良莠不齐,菁芜并存,相当多的剧本中存在着文词欠通,用典不当等毛病。(赵晓东《应建立京剧剧本中心》)|我知道,咱们的人良莠不齐,还不能做到秋毫无犯。(蒋和森《风萧萧》)

②过去的事就甭提了,一个巴掌拍不响,我也有不好的地方。(老舍《红大院》)|我来谷城,不是来求你帮助,只是要跟你商议商议咱们今后应该如何干。一个巴掌拍不响,两个巴掌就拍得响。(姚雪垠《李自成》)|田先生,请不要光指责我们嘛,俗话说,一个巴掌拍不响,我们双方闹到今天这一步,我看责任主要还在你们身上!(林井然《巍巍的青恋山》)

③冠家不喜欢小崔,你不用去碰钉子。(老舍《四世同堂·偷生》)|广聚碰了一顿钉子讨了这么一点主意,回去就把饭派到老秦家。(赵树理《小二黑结婚》)|她要改变思想和她的生活方式,总得在碰了无数次钉子以后,在她离开学校做了多年医生以后。(巴金《关于〈第四病室〉》)

④说得大家张飞穿针,大眼瞪小眼,不断"啧啧"地赞叹着。(张绍庭《八老爷与金铃子》)|众人一看,这才愣了神。你瞅瞅我,我瞧瞧你,都说不出半句话来。一个个张飞穿针,大眼瞪小眼。(张俊彪《山鬼》)|几句话,把个马连福说得张飞穿针,大眼瞪小眼,后脊梁背苏苏地冒凉气。(浩然《艳阳天》)

以上例中的成语"良莠不齐"、谚语"一个巴掌拍不响"、惯用语"碰钉子"、歇后语"张飞穿针——大眼瞪小眼",在文学作品中经常被使用,这一现象说明"语"的使用频率非常高。学习"语",有利于孩子们从小学会运用。

7. 经典性:有些"语"来自经典作品,长期沿用,从产生到定型,走过漫长的历程,至今仍散发出民族优秀文化的光辉。

例如成语"见兔顾犬"、"亡羊补牢"原先是一个"鄙语"的构成成分,出自《战国策·楚策四》:

庄辛谓楚襄王曰:"君王左州侯,右夏侯,辇从鄢陵君与寿陵君,专淫逸侈靡,不顾国政,郢都必危矣!"襄王曰:"先生老悖乎?将以为楚国袄祥乎?"庄辛曰:"臣诚见其必然者也,非敢以为国袄祥也。君王卒幸四子者不衰,楚国必亡矣!臣请辟于赵,淹留以观之。"庄辛去,之赵,留五月,秦果举鄢、郢、巫、上蔡、陈之地。襄王流掩于城阳,于是使人发驺征庄辛于赵。庄辛曰:"诺。"庄辛至,襄王曰:"寡人不能用先生之言,今事至于此,为之奈何?"庄辛对曰:"臣闻鄙语曰:'见兔而顾犬,未为晚也;亡羊而补牢,未为迟也。'……"

庄辛所引用的"鄙语",即现在所说的谚语。由于运用适当收到很好效果,这个谚语也就流传至今,而且衍生出"亡羊补牢"和"见兔顾犬"两个成语。

在语典中,像这类有历史文化背景的"语"可谓不可胜数,它们是中华民族智慧的结晶,这使语典在文化传承上起着不可估量的作用。

再如成语"高山流水",出自《列子·汤问》:"伯牙善鼓琴,钟子期善听。伯牙鼓琴,志在高山。钟子期曰:'善哉!峨峨兮若泰山!'志在流水。钟子期曰:'善哉!洋洋兮若江河!'"钟子期死后,伯牙不再鼓琴,因为没有了"知音"。后来就用"高山流水"形容知音难遇或乐曲高妙。

当前,经典教育正在祖国大地上开花结果,因为"经典是民族智慧的结晶,所载为常理常道,其价值历久而弥新,任何一个文化系统皆有其永恒不朽之经典作为源头活水"。所以,让孩子们从小受到具有经典性的"语"的教育,将会受益终身。

三 "语本位"教学优越性的理论根据

1. "语"是一个庞大而复杂的系统

同"词"一样,"语"不仅数量庞大,而且自成系统。这是因为:

①"语"是在历史上形成并不断发展的。

宋·吴曾《能改斋漫录·逸文》:"谚云:'情人眼里有西施。'又云:'千里寄鹅毛,物轻人意重。'"

《镜花缘》五〇回:"他这礼物虽觉微末,俗话说的:'千里送鹅毛,物轻人意重。'只好备个领谢帖儿,权且收了。"

吴强《红日》一五章六五:"特地从南京用飞机运来这一点慰劳品。'千里送鹅毛,礼轻情意重!'大家不要客气。"

"语"和"词"一样,都是约定俗成的,随着社会的发展,"语"越来越丰富,渐渐构成一个更加完整的体系。

②我们可以按照形式和意义相结合的原则从两个层面对"语"进行分类:

第一个层面根据"语"的叙述性进行分类,把"语"分为"表述语"、"描述语"和"引述语":"表述语"的特征,是具有知识性;"描述语"的特征,是不具有知识性;引述语的特征,是由引子(引语)和注释(述语)两部分构成。谚语属于表述语的范畴,惯用语属于描述语的范畴,歇后语属于引注语的范畴。通过这个层面的分类,大致把谚语、惯用语和歇后语区分开来。

第二个层面的分类,主要是给成语定位。由于成语"是以四字语,尤其是二二相承的四字语为主",这样,就可以把成语从表述语和描述语中分离出来,把成语定义为"二二相承"的表述语和描述语。进而把谚语定义为:非二二相承的表述语;把惯用语定义为:非二二相承的描述语。

把"语"分为成语、谚语、惯用语、歇后语四大类,这是第一个层次的分类,每个大类又可根据结构或语义进行第二、第三或更多层次的再分类。

③"语"的系统性还表现在各种语类的相互联系以及语义的类聚等方面。

在一定条件下,语类之间是可以转化的。

画蛇添足(成语)→画蛇添足——多此一举(歇后语)

三个秀才讲书,三个屠户讲猪(谚语)→三个秀才讲书,三个屠户讲猪——各有各的一套(歇后语)

大眼瞪小眼(惯用语)→张飞穿针——大眼瞪小眼(歇后语)

孤掌难鸣(成语)→一个巴掌拍不响(谚语)

班门弄斧(成语)→鲁班门前掉大斧(惯用语)

鲁班门前掉大斧(惯用语)→鲁班门前掉大斧——献丑(歇后语)

擒贼先擒王(谚语)→擒贼擒王(成语)

画虎不成反类狗(惯用语)→画虎类狗(成语)

另外,如同"词"有同义词和反义词一样,"语"也有同义语和反义语。比如"看菜吃饭,量体裁衣"和"到什么山上唱什么歌"是同义谚语,"万事开头难"和"起头容易结梢难"是反义谚语;"瞎子点灯——白费蜡"和"丈母娘管外甥——白费劲"是同义歇后语,"黄连树上吊苦胆——苦上加苦"和"糖里掺蜜——甜上加甜"是反义歇后语。③

"语本位"教学之所以具有优越性,与"语"是一个庞大而复杂的系统密切相关,表明"语"的教学是有序的,可以循序渐进。

2. 可以按照"相似性原理"来编写教材

"相似性原理"是《相似论》的核心思想,是由我国著名的思维科学家张光鉴先生率先提出的,在国内乃至国际上具有相当大的影响。《相似论》认为:

"那些看来风马牛不相及的东西就其本质而言,往往存在着深层次的相似。所谓相似,也就是'同'和'变异'的辩证统一……只有在教材、教法、学法与学生的心灵之间组成一种相似的和谐的互动,才能使学生与所学知识产生共鸣;只有发现知识间的相似性,才能激起学生学习的兴趣。相反,如果在学生的心目中,教师是一个填鸭式的人,教材是一部难以卒读的'天书',那么,学生求知的冲动、学习的愿望、天然的好奇心、对智慧的热爱和追求,都将成为无源之水、无本之木,只能任其自生自灭。……总之,无论哪一种学习动机,都与发现事物间、知识间的相似性有关,发现相似性愈多,动机就愈强烈,学习效果也愈好。"④

因此,在编写"语"的教材时应体现这样的理念:按照相似性原理,把握编写体例、内容,甚至是插图、装帧等,使之与儿童的年龄,心理、生理特征,知识背景以及他们的生活体验相契合。可以采取以下具体步骤:

①按照"语"的分类原则进行第一层次的分类:成语、谚语、惯用语、歇后语。

②按照语义相似的原则进行第二层次的分类。

③按照语音相似的原则进行第三层次的分类。

④根据儿童的不同年龄,选择与其相似匹配的各种"语"去学习。

目前,"语本位"教学还是一个尝试,难免会遇到各种意想不到的困难,当务之急是编写教材,有个好教材就能得到推广,"语本位"教学的生命力就会显示出来,就有可能为语文教学改革闯出一条新路子!

附注:
①《汉语语汇学》,温端政,商务印书馆2005年,第17页。
②《语言文字学论文集》,许嘉璐,商务印书馆2005年,第504页。
③《汉语语汇学》,温端政,商务印书馆2005年,第30页。
④转引自《相似论与教育》,张铁声等著,山西春秋电子音像出版社,2006年,第139页。

(作者单位:山西省社会科学院思维所　太原　030006)

注重从方言语汇中探寻古音遗迹

乔 全 生

李荣先生于1985年将晋方言从官话中分出,晋方言成为全国汉语十大方言之一,区分的主要标准是晋方言保留入声(包括入声韵和入声调)。入声是晋方言保留的大面积、成系统的古音。这种古音是显性的、成片的、有规律可寻的,它往往通过单字音的调查就可以获得。晋方言中还有一些其他类型的古音,属于隐性的、个案的,通过单字音往往调查不出来,必须透过特定的语汇环境,通过不同方言点的比较,运用音韵学的眼光才能分辨出来。语汇是常挂在人们口头的喜闻乐见的形式,代代相袭,口耳相传,对古音起到了凝固作用,使保留的古音不易改变。因此,探寻古音遗迹必须注重语汇调查。

某些古音遗迹只残留在个别方言的个别语汇之中,如洪洞、临汾方言中表示人脸部浮肿的[p'o²¹]这个音就保存在"[p'o²¹]眉肿眼"这个当地成语中。临汾、洪洞、汾西、临县的"肥",单念时,今已不读[ɕi²⁴],只有在当地俗语"一对媳妇等等齐,吃肉轧面不得肥[ɕi²⁴]"(汾西)、"弟兄二人等身齐,香油好面吃不肥[ɕi²⁴]"(临县)、"茄子皮,瓠子泥,哪个狗娃吃得肥[ɕi²⁴]"(临汾)中才有这个读音。

有的语汇所保留的古音遗迹因时因地不同而略有变异,如临县惯用语:引过 səɯ tsəʔ 织不得容不得娘。运城一带谚语:人生三大事，攒钱盖房娶[ɕiou²⁴ tsʅ²⁰]。临县的[səɯ tsəʔ]和运城的[ɕiou²⁴ tsʅ²⁰]中的[səɯ]和[ɕiou]均是"新妇"一词早期的合音，显然[səɯ]比[ɕiou]的声母更古老，前者反映"新"的声母尚未腭化，后者已腭化，但都反映了"妇"读流摄有韵《切韵》时的古老特点。无论通行面大小，都是极富价值的古音现象。现就所见晋方言语汇分别从声、韵两方面分析于下：

一　反映古声母的古音遗迹

1. 古见系字在细音前不腭化的遗迹

新绛歇后语：半夜里哭妗子——想起[kʻei⁴⁴⁻¹²]来一阵子。

忻州歇后语：门圪劳里立死人——虽说不害怕，总有些圪影人。分音词"圪劳"，本词是"角"，声母为[k]，未腭化。

汾西谚语：急屁眼猴嫁[kai⁵⁵]不下好汉。

以上反映古见组字在细音前不腭化的痕迹。

忻州歇后语：狗钻到风匣[xaʔ²]后儿——回转不开。

临汾谚语：桃吃饱，杏[xɛ⁵³]伤人，李子木底下埋死人。

　　　　宁可误了收秋打夏[xa⁵³]，不能误了存才《挂画》。
　　　　（蒲剧《挂画》是小旦存才的代表作，深受当地群众的喜爱。）

新绛歇后语：下[xa²¹⁻⁵¹]林的藕——满眼儿。（"下林"为新绛村名。）

以上反映了古匣母字未腭化的古读形式。

2. 古精组字在细音前不腭化的遗迹

晋方言大包片方言多将"脊背"叫[tsəʔ pɛi]，而这个读音就保存在当地俗语中。如：

忻州歇后语：铁耙子爪脊[tsəʔ²]背——硬手。

脊[tsəʔ²]背上哩裂子——有身缝。("身缝"谐音"身份"。)

忻州谚语：黑脊[tsəʔ²]背养活白肚皮。(农民养活财主。)

"脊"为古精母字，读[ts]声母，未腭化。

临县惯用语：引过[səɯ tsəʔ]织不得容不得娘

这里的[səɯ]是"新妇"的合音。反映了心母字"新"读[s]的未腭化的特点。

长治谚语：节令不到，不知冷暖；人不相跟，不知厚薄。"相跟"的"相"读[s]声母。反映了心母字"相"读[s]的未腭化的特点。

以上反映古精组字在细音前不腭化的痕迹。

3. 古禅母字读擦音的遗迹

万荣惯用语：蝉[sæ²⁴]儿叫，没鞋扇，懒婆娘冻得[tsʻæ̃⁵¹]叫唤。"蝉"是古禅母字读[s]声母。

洪洞谚语：城[ʂɛ²⁴]东的葱，梗壁的蒜。"城"是古禅母字读[ʂ]声母。

洪洞惯用语：狼不尝[ʂo²⁴]，狗不闻。表示没人答理。"尝"是古禅母字读[ʂ]声母。

以上三字均保留着古读擦音的特点。

4. 明母字在阴声韵、入声韵读[p]的遗迹

汾河片洪洞、临汾、万荣等十几个方言点将"树"读[po]、[pɤ]。如：

万荣谚语：成材的[pɤ]儿不用栳。

临汾谚语：成材的[pɤ]儿不用栳，叫化头身上横枝多。

洪洞谚语：桃吃饱，杏伤人，李子[po]底下埋死人。

287

[pɣ]、[po]即为"木"(见乔全生2002)反映古明母字读[p]的痕迹。

5．反映匣母字读如古群母的遗迹

万荣惯用语：双双核桃双双枣，婆夫两儿合[kɣ^{51}]得好。"合"为古匣母字，读[ko^{21}]反映读如古群母的遗迹。

忻州歇后语：脑袋上敲核[kəʔ^2]桃——欺人太甚。"核"为古匣母字，读[kɯ$^{24-22}$]反映读如古群母的遗迹。

临汾惯用语：跳个门限[kar]儿，吃个油卷儿。

忻州歇后语：王八爬门限[k'ɐr^{313}]儿——就看这一跌哩。"限"为古匣母字，[k]声母反映读如古群母的遗迹。

临汾惯用语：蛇大喉咙[ku$^{24-22}$ len^{30}]宽。(表示人多浪费大。)"喉"为古匣母字，[k]声母反映读如古群母的遗迹。

6．反映审三归端的痕迹

山西方言普遍将"头"叫"得/的/等脑"，是[tao]的分音词，反映"首"的古读。在山西俗语中保存得最多。如：

万荣歇后语：等脑上顶驴粪——屎(死)对头。

洪洞歇后语：的脑上生疮，脚底下流浓——坏透了。

　　　　　三张纸糊了一驴的脑——好大的脸面。

临汾谚语：麻圪栏腿，豆腐腰，砂锅子等脑不挨敲。(打狼的秘诀)

汾西歇后语：得脑上戴裤套哩——脸上不得下去。

7．反映古无舌上音的遗迹

汾河片的临汾、洪洞、赵城等方言将"骗人"说成[t'uan^{24} ʐen^{24}]，[t'uan^{24}]的本字实为"赚"，如元曲中的《赚蒯通》。在今农谚中保留。如：

临汾谚语：云往东，刮股子风；云往南，把人赚[t'uan^{24}]；云往西,泊池溢;云往北[pu],冷子蛋冰雹下得落不住。洪洞说:云去南,把人赚[tʻuɑn²⁴]。

忻州歇后语:臭水圪池[tʻuɛ³¹]哩蛤蟆——嗓门高。"池"为古彻母字,反映了古读舌头音的痕迹。今"滹池河"读"滹沱河"可证。

8.反映古见组字读舌尖后塞擦音的痕迹

临汾、洪洞俗语:明痦子,暗黡子,叫花头[tʂʻɑo²¹ xuɑ²¹ tʻou²⁰]一身黑点子。

"叫"读[tʂʻ]声母不合临汾语音规律,但这种读音在万荣等方言点很多,通过方言间的比较可以确立"叫"的古读形式。

万荣惯用语:做活看刹剧[tʂɿ³³ tɕyɛ²⁰]。

"刹剧"是万荣常用工具,指干活干得如何,先看工具是否对路子。"刹"为见母字读[tʂɿ³³]。

以上是见母字后来的音变。

二 反映古韵母的古音遗迹

1.古歌韵字"个"读[kuai kʻuai xuai uai],反映的是上古音遗迹。

晋方言大多将量词"个"读[kuai xuai uai]。各地俗语可见一斑。如:

盂县歇后语:猴儿财神坐望乡台——不是个[kuai⁴⁴]稳重骨殖东西。

三张纸画下个[kuai⁴⁴]驴头——好大的脸面。

介休谚语:一个[xuai⁵⁵]针眼眼,三斗二升风眼眼。

平遥歇后语:磨道儿寻块[xuæ⁵³]驴蹄蹄——找碴碴。

万荣歇后语:庙儿后头一外[uai²⁰]窟窿——庙(妙)透啦。

289

"个"的这个读音在南部吴语中仍保留。

2．反映古侯韵读如模韵的遗迹

临汾惯用语：蛇大喉咙[ku$^{24-22}$ len^{30}]宽。

洪洞谚语：先后[ɕian$^{21-33}$ xu^{30}]里和，弟兄和。

"喉、后"古读[u]韵母。

3．反映咸深摄字读[-m]尾的遗迹

临汾俗语：崖娃娃，穿白鞋，今马死了明儿埋。将"今天"说成"今马[tɕi^{21} ma^{20}]"，"今"是深摄字，第二个音节中的[m-]声母，均是第一个音节的[-m]尾衍生后的痕迹。

4．反映江韵失去后鼻韵尾的遗迹

忻州方言：肿眉破眼[tsuəŋ$^{313-42}$ mi^{31} p'ɛ^{53} niã^{313}]形容面部浮肿的样子。

例中的"破"，本字当为"胮"，其义为肿。忻州方言中与"胮"同地位的"棒"读[pɛ^{53}]，可证。忻州方言还有：眉泡眼肿[mi^{31} p'ɔ^{313} niã^{313} tsuəŋ^{313}]形容面目浮肿的样子。

怀疑此例中的"泡"也该是表浮肿的"胮"。

洪洞、临汾方言有"胮眉肿眼"，"胮"亦为浮肿义。

5．反映古宕摄读如果摄的痕迹

洪洞歇后语：鞋窟窿里点灯——明脚[tɕio]（姜）。"脚"为入声，舒化后读同果摄。"明姜"是洪洞一地名。

临汾谚语：太阳上墙[tɕ'io]，娃娃寻娘[ȵio]。"墙、娘"均为宕摄字，读同果摄字。

长[tʂ'o]处不长[tʂ'o]，不长[tʂ'o]处挖几勺[ʂo]。其义为该管的不管，不该管的乱管。

6．反映梗摄读如止摄的痕迹

汾西歇后语:环锥尖锭[t'i⁵³]子尖——尖对尖。

忻州谚语:人小帽子低[ti³¹³],说话没人听[t'i³¹³]。

盂县谚语:初一有雨半月泥[ȵi²²],十五有雨半月晴[tɕ'i²²]。

三 与今声、韵均不同的古音遗迹

1. 止合三韵母读细音

忻州方言成语:磨牙细齿[mɛ³¹ niɑ³¹ ɕi⁵³ ts'ʅ³¹³]指说了很多话、费了很多口舌。

磨鞋细袜[mɛ³¹ xæ³¹ ɕi⁵³ vɑʔ²]指走路费鞋袜。

此二例中的"细"本字当均为"费"。另有歇后语:吃棉花扃人——细人[ɕi²⁴ zəŋ³¹³],细当为"费"。

万荣歇后语:厦檐底下呐虫蚁儿——飞不远,其中的"飞"读[ɕi⁵¹]。

洪洞、汾西歇后语:鼓楼底下的飞娃儿——耐惊受怕,其中的"飞"读[ɕi²¹⁻⁴⁴]。

洪洞歇后语:飞[ɕi²¹⁻⁴⁴]娃儿铁擒立柱——难(南)擒(秦)。"南秦"是洪洞一地名。

山阴歇后语:马尾[i⁵²]提豆腐哩——提不起来了。

上文所举汾西、临县打筷子俗语中的"肥"读[ɕi],均反映止合三读细音的历史。

止开三读细音的则更多。如:

汾西歇后语:两只眼窝五道眉[mi²⁴]——假眉[mi²⁴]三道。

2. 反映梗开二见组字读细音的遗迹

朔州谚语:两河隔[tɕiɑʔ³⁴⁻³²]一洲,合流永不休,富贵无三辈,清官不到头。"隔"为古见母,今读细音。

忻州歇后语：三个厨子六个客[tɕ'iɛʔ²]，——太铺派。

东呼延哩客[tɕ'iɛʔ²]人——苏客。（谐音：酥壳。）

"客"为古溪母，今读细音。

临汾谚语：耕[tiɛ²¹]地的熬不过放羊的。

忻州成语：浅耕[tɕiɛ³¹³]素种。

"耕"为古见母字，今读细音。

以上二字反映舌根音声母受[i]的影响腭化为舌面音的遗迹。这种音变应是历史上晚期的音变。

3. 反映四等字读洪音的遗迹

忻州歇后语：桑木扁[pã³¹³⁻⁴²]担——宁折不克溜。"扁"是山摄开口四等字，不读细音读洪音。

参考文献：

[1] 高本汉 中国音韵学研究（缩印第1版）[M]，商务印书馆，1994。

[2] 乔全生 山西南部方言称"树"为[po]考[J]，中国语文，2002（1）。

[3] 乔全生主编 山西方言重点研究丛书[M]，山西人民出版社，2002-2007。

[4] 乔全生 晋方言语音史研究[D]，南京大学博士论文，2003。

[5] 温端政，张书祥 忻州俗语志[M]，语文出版社，1986。

[6] 温端政主编 山西方言志丛书[M]，语文研究丛刊.山西高校联合出版社，1982-1991。

[7] 张光明 忻州歇后语词典[K]，上海辞书出版社，2006。

[8] 中国社会科学院、澳大利亚人文科学院 中国语言地图集[M]，香港朗文（远东）出版有限公司，1987、1989。

（作者单位：山西大学语言科学研究所　太原　030006）

方言语汇的与时俱进
——以湖北团风方言为例

汪 化 云

本文所谓"语汇",包括谚语、歇后语、惯用语和成语四大类(温端政 2005、2006),大致相当于人们通常所说的"熟语"。本文的兴趣在于方言语汇。方言语汇植根于方言,具有鲜明的地方色彩。正因为如此,它也会随着方言的发展而发展。这种发展主要表现在某些语汇的"陌生化、雅化、借用"等三个方面,以下以湖北团风方言为例讨论。

一 某些方言语汇在新派中的陌生化

由于某些方言语汇产生的条件发生了变化,其所涉及的事象、观念在现实生活中不复存在或者出现了明显的变异,因此就导致了这样的现象:团风的老年人运用自如的某些语汇,青年人理解得不真切甚至感到费解,这就导致了这些"熟语"的不"熟"(汪化云 2000),即语汇在新派中的陌生化。这有四种情形:

1. 某些方言语汇反映的客观事象不复存在,导致其在新派中的陌生化。如:

(1) 发粑好吃,灰面难磓。(馍馍好吃,面粉难磨)

(2) 坐在磨子高头上面吃藕——看穿了,想转[tʂuan⁼]了。

(3)蛇服花子头儿盘。(蛇驯服地服从乞丐的耍弄)

例(1)、(2)涉及的用以磨面的石磨,上个世纪70年代在团风就差不多全被机器代替;例(3)涉及的乞丐耍蛇的现象,对于团风的老年人来说也只是一个久远的回忆。这些现象的不存在,必然导致一般青年对相关语汇产生陌生感。此类语汇比较多,如"戴碓臼玩故事_{扮故事}——吃力不讨好",就因为碓臼的不常见而使得这个语汇陌生化了。

2. 某些方言语汇所反映的深层意义被淡忘,导致其在新派中的陌生化。有些以团风方言文艺作品为基础形成的语汇,由于方言文艺的衰落而使得青年人不清楚其源,只能大致知道其主要意思。如:

(4)宋世杰的状纸——包告包准。(宋世杰是个历史人物,楚剧里有关于他帮人告状的折子戏)

(5)夏家畈的爹爹——大家穷_{坚决地共同贫穷}。

(6)怪得邱老槐倒。(怪不上任何人)

"宋世杰、夏家畈的爹爹、邱老槐"何许人也?人们并不十分清楚。使用这类语汇,团风的青年一般只满足于对歇后语后半部分的理解、对惯用语后面括号中意思的理解。至于语汇涉及的人物、故事本身,就没有多少人深究了。比起老派来,新派的理解是"浅化"了,也相对陌生化了。

3. 某些方言语汇涉及的客观事象发生了较大的变化,导致其在新派中的陌生化。如:

(7)穷人莫信富人董_{诓骗},椿树蓬头_{发芽}浸谷种。

(8)五月端午,冻死憨牯_{性情疲沓}的公牛。

(9)七月半,放牛伢趷跕畈。(阴历七月十五以后天凉了,放

牛娃可以成天待在田野里)

例(7)是产生于"稻麦"一年两熟时代的农谚。但团风近50年都是"稻稻麦"一年三熟,薄膜育秧至少要早于"椿树蓬头"半个月浸种,否则不能保证晚稻的成熟。例(8)、(9)反映的现象在气候变暖的今天,与团风的实际情况也不大相符。此类语汇较多,如"交秋_{立秋}一日,水冷三分"等等。语汇所涉及的对象发生了很大变化而语汇却没有变,当然就跟不上时代,因而在新派方言中就陌生化了。

4. 某些方言语汇所反映的观念在青年人中不被认可,导致其在新派中的陌生化。如:

(10)狗肉上不得正席。

(11)有肉嫌肥了。

(12)泥搭脚,稳掇掇。(种田是最稳当、最可靠的职业)

例(10)源于这样的观念:狗吃屎因而狗肉有"厌气令神灵讨厌从而得罪神灵的气味",端上灶台会得罪灶王爷,只能在野外煮食,当然不能上正席。但是,近40年从南方传到团风来的饮食习惯则使得狗肉成为宴席上一道档次较高的菜。例(11)所否定的嫌猪肉太肥的心态,正是今天人们的一般心态。例(12)所反映的观念,与一般青年人希望离乡离土闯世界的心理格格不入。新的观念与语汇反映的旧观念相左,当然会使得团风的新派对这些语汇反映的观念不认同,从而使得这些语汇陌生化。

上述四种情形的表现很多情况下是综合的。如"棉布衣,菜饭饱"是提倡节俭的,但如今的"棉布"已非昔日的土布,较之化纤,它是高档的面料;而由于改革开放后温饱问题的解决,没有人再吃"菜饭"了。显然,这个谚语在团风新派方言中的陌生化,是因为客观事象和人们的观念这两个方面的变化所导致的。

方言语汇是比较稳定的,但客观世界和人们观念的变化则为之注入了不稳定的因素。一些方言语汇,由于没有客观事象作为基础,且其中许多又缺乏书面语的支持,随着人口的自然交替,有些可能会从团风方言中淘汰。可见,某些语汇的陌生化应该是方言中旧质要素消亡的途径之一。

二 某些方言语汇在新派中的雅化

方言本身具有一定的稳定性,但是方言的发展变化却是绝对的。而教育的普及、传媒的多样化,则加速了这种发展变化。自然,这会影响到团风方言中很多语汇在沿用的同时,也发生一些不改变基本意义的变异。这些变异主要是局部的雅化,即部分地向普通话或武汉方言靠拢。局部雅化的现象比较少见。

1. 语音的雅化——受普通话和武汉方言影响而产生的文读代替团风方言固有的白读。如:

(1) 分了家,各人巴。

(2) 鸡鸭蛋,谷米换。

(3) 八月初一雁门开,雁群脚下带霜来。

在团风方言中,见系开口二等字存在文白异读(汪化云2001)。上面3例中,"家"白读为$_⊂$ka,"鸭"白读为ŋa$_⊃$,"雁"白读为ŋan$^⊃$。但是,现在很多青年却分别说成 tɕia、ia$_⊃$、iɛn$^⊃$,用上文读了。这是因为这类文白异读有些进入了"文强白弱"(徐通锵1991)的阶段,从而导致包含这类音类的语汇在新派中也发生了相应的变化。语汇是最能体现方言色彩的,却出现了使用文读的现象,此足见其雅化。这类现象并不多见。

2. 词汇的雅化——换用与普通话、武汉方言相近的新派词语。如：

（4）萝卜上街，先生医生过开。

（5）戴发光眼镜儿老花镜屙尿——自家自己把自家看大了。

（6）聋子的耳洞——摆[ᶜpʰai]式儿。

在团风新派方言中，例（4）中的"先生"一般换成了"医生"，例（5）中的"自家"一般换成了"自己"，例（6）一般改为"聋子的耳朵——摆设"。可见，在新派方言中，这些语汇在用词方面已经向普通话、武汉方言靠拢，明显地雅化了。这类现象相对多一些。

3. 语法的雅化——换用比较正式的"文序"（汪化云2001）结构的词语。如：

（7）狗婆儿不摆尾，狗公儿不上身。（女方在通奸中有责任，不能只责怪男方）

例中"大名冠小名"的"狗婆儿、狗公儿"是团风老派使用的词语，具有口语色彩（白序），新派则换成了与普通话语序相同（文序）的"草狗儿、公狗儿"。不过，由于语法具有稳固性，此类现象在团风方言中极为少见。

某些方言语汇在新派中的局部雅化，是方言中旧质要素和新质要素竞争而最终融合的产物。

三 普通话或武汉方言中某些语汇的借用

语汇的发展还表现在新语汇的产生方面。普通话的推广，武汉方言的影响，导致团风方言中出现的新语汇绝大多数是从普通话和武汉方言中借入的；其中关于阶级斗争、生产斗争（如20世纪60年代关于"农业八字宪法"的语汇）、科学实验的语汇最多。

这显然是团风方言中出现的新质要素,包括3种情形。

1. 普通话或武汉方言语汇的完全进入。这大多是填补团风方言语汇的空白,如"庄稼一枝花,全靠肥当家"等。以下几例的外来特征特别明显:

(1) 狗改不了吃屎。

(2) 水退石头在,好人说不坏。

(3) 飞机高头讲哲学——空谈理论。

团风方言的子尾词多,"狗"一般作"狗子";"石头"在团风一般叫"马古";"坏"在团风老派方言中指"弄脏"、"脏",普通话"好坏"的"坏"团风方言说"丑"。但是,这些语汇却没有使用上述方言词,且老派一般不使用这类语汇,足见它们是来自共同语或相邻的武汉方言。例(3)的"飞机、哲学、空谈理论"等,则很明显是现代产生的。当然,这类"引进"团风方言的语汇,有些也有少量词语的改动,例如把普通话的"上面"改为"高头":"飞机高头上面失了火,丢人又丢机(讥)"(令人讥笑)。

2. 普通话或武汉方言语汇的叠置。团风方言中本有某语汇,但是太俗。于是普通话或武汉方言的同义语汇进入,与之并存使用,形成叠置。普通话或武汉方言的语汇一般比较雅,适合在正式的场合使用,并没有代替在很俗的场合使用的同义方言语汇。如(前为外来的语汇,后为团风方言固有的语汇):

(4) "喝西北风"与"吃卵[ᶜno]屙蛇"并存。

(5) "抓辫子"与"捉尾巴"并存。

(6) "坐吃山空"与"寡妇大娘撒尿——只有出的没有进的"并存。

当然,两个并存使用的语汇,有的意义仍有一些差别,如"乱点鸳鸯谱"与"狗子骑(读 $_⊂k^ha$)猪"就意义不完全相同,例(6)也是如此。

3. 语汇使用中的转文现象。外来语汇往往通过书面语进入团风方言,显得比较"雅"。因此,有些外来语汇只见于书面,不大见于口头。如:狗拿耗子——多管闲事("拿耗子"团风方言说"捉老鼠");屋檐下的大葱——皮焦根枯心不死(团风不栽大葱,不存在把大葱吊在屋檐下的现象)。又如:

(7)警察捆老子——公事公办。

(8)阎王娘怀孕——一肚子鬼。

(9)半夜吃柿子——拣软的捏。

这类语汇还没有完全进入团风方言,只不过人们觉得有趣而偶然用用,更多的时候是作为显摆见识的谈资出现,显然具有转文的色彩。而"上厕所不带纸——想不揩(开)、厕所里丢炸弹——激起公粪(愤)"等等则因为太恶心,只被少数人用于开玩笑,没有真正进入方言。

团风方言中新出现的语汇,有些只是昙花一现,并没有扎下根来。如"人有多大胆,地有多高产",现在就只在回顾历史时偶然被少数人使用。

四 小结

依常识而论,方言内部应该存在新创造的语汇等现象,应该存在"雅化"以外的其他发展。但是,在团风方言中我们很难找到这类现象;而某些方言语汇的陌生化、构成成分的局部雅化和从普通话或武汉方言中借用某些语汇的现象,则相对多一些。这大概是因为共同语和权威方言的影响比较大的缘故。这三种现象在逐步改变着团风方言语汇的面貌,使之向共同语语汇靠拢。这也使得共时平面的团风方言语汇表现出鲜明的历史层次,值得进一步研究。当然,团风方言中像上述发生变化的语汇并不是很多,尤其是涉及方言语音、语法雅化的语汇更不多见。这是因为方言语汇具有一定的稳定性,所以团风方言的大部分语汇还在沿用,表现出鲜明的个性。以下仅举数例,以见一斑:

> 鸭子死了嘴巴子是硬的。口里吃怕鼻子看见了。捡枕头压野老公。驮冲担一种两端有铁尖的挑具,用以挑成捆的稻子等进四川——尖(悭)出了省(笋)。狗子过门槛——嘴巴子向前嘴快行动慢。糊谢瞎儿糊弄姓谢的瞎子。打雁的把得被雁啄了眼睛。合三儿的兄弟——合四儿(式)。会做的不如会说的,会说的不如会贴的,会贴的不如会捏的。驮扛竹篙进弄子——直进直出。跛子撵强盗——越撵越远。鸡公屙屎头子硬。一个鸡公也有四两力。诊好只一只眼睛又戳瞎只一只眼睛。竹篙打水沿路绽减。

团风方言语汇的与时俱进现象,应该具有一定的代表性。

参考文献:

[1] 温端政 "语词分立"和方言语汇研究[J],《语文研究》,2005(2)。
[2] 温端政 汉语语汇学教程[M],商务印书馆,2006。
[3] 汪化云 青年人不"熟"的熟语[J],《语文建设》,2000(11)。
[4] 汪化云 黄冈方言文白异序现象初探[J],《历史语言研究所集刊》第七十二本第三分,2001。
[5] 徐通锵 历史语言学[M],商务印书馆,1991。

(作者单位:浙江财经学院人文学院 杭州 310018)

河北魏县方言的俗成语*

吴 继 章

一 魏县方言的俗成语

1.1 本文中魏县方言俗成语的收列,是按照温端政等(2006)关于成语的论述进行的,限于魏县方言熟语中有如下特点者:一是四音节且四个音节间二二相承;二是具有描述性。另外,这里所收的成语一般是普通话中不用的或不常用的,像"七老八十""浓眉大眼""不慌不忙""吃里爬外""调虎离山"等魏县方言虽也很常用,但我们都没有收入。

1.2 下面的170多条俗成语按音序排列,释义为节省篇幅没有举例。

扒锅燎灶(很吃力地烧火做饭),**半死啦活**(半死不活),**不分里表儿**(不分关系远近,不论是非曲直),**不论里表儿**(同"不分里表儿"),**财迷转向**(因贪得无厌而不择手段地不顾一切地捞好处),**操而巴唧**(吊儿郎当),**操而巴蛋**(同"操而巴唧"),**场光地净**(庄稼的收割脱粒等工作彻底完成),**成八二十**(指人已到二十来岁,已经应该像个大人了),**粗体大胖**(五大三粗),**大事小情**(大大小小的众多

---

* 本文是河北省哲学社会科学规划研究项目"河北方言研究"(项目编号:200405008)的成果之一。

事情),**大天白日**(光天化日),**大天老明**(天已经彻底亮了),**大头小尾儿**(事情分量轻重的两头儿),**大眼嘟噜**(眼睛很大很美,只用于女孩儿),**当家管计**(在家里做主,主要指经济方面),**瞪迷死眼**(目光呆滞、面无表情或死盯着一处看),**滴溜嘟噜**(下垂的东西数量多而杂乱),**鸟[tiau³¹²]①蛋净光**(穷得一无所有),**嘟噜打蛋**(下垂的东西多而乱且互相碰撞),**二八吼子**(事情发展到了八九不离十的程度),**二鸡八眼**(二百五),**二溜八蛋**(形容痞子的逛逛荡荡、晃晃悠悠),**二溜不登**(迷迷瞪瞪),**二胡郎当**(没准头儿,模棱两可),**房倒屋塌**(因灾害尤其是洪涝灾害导致成片的房屋倒塌),**概而不论**(一概不论,一概不管不顾),**干板硬正**(坚持原则毫不动摇),**干手干脚儿**(地上没泥没水,常用于指因无雨水而鞋子衣服不会沾染泥污),**圪溜拐弯**(弯弯曲曲),**隔长不短儿**(事情隔不了多长时间(就重复一次)),**隔二片三**(工作等因不按顺序进行而做得不彻底、不完整),**隔三岔五儿**(同"隔长不短儿"),**跟头绊脚**(跌跌撞撞),**跟头不嘟**(同"跟头绊脚"),**跟头打脑**(同"跟头绊脚"),**跟头轱辘**(同"跟头绊脚"),**勾里扯棒儿**(说话没有中心,东拉西扯),**狗打连环**(坏人勾结在一起),**狗蛋自由**(人不守规矩,散漫自由,整日里逛逛荡荡),**光皮净眼儿**(指人的脸部白净,没有痦子、瘊子等),**猴头脚样**(举止十分不稳重),**黑不留丢**(黑不溜秋),**黑天半夜**(天黑而夜深),**厚之薄菲**(厚此薄彼,不公平),**胡吹八吹**(云山雾罩地吹牛),**胡吹六抡**(义同"胡吹八吹"),**活络八器**(器物的各部分之间濒临散架),**呼雷闪天**(电闪雷鸣),**胡衬败变**(反复无常,多用于女性),**囫囵半片**(常用于指衣衫褴褛),**胡闹八闹**(变着法儿地一味胡闹),**胡闹锅台**(所作所为一点儿也无助于问题的解决反而添乱),**呼耶喘地**(气喘吁吁),**胡里巴涂**(糊糊涂涂,迷迷糊糊),**胡溜八扯**(胡说八道),糊涂麻糕(胡里胡涂,什么也不懂),胡诌八扯(义同"胡溜八扯"),花花黎黎(花里胡哨),花猫掉舌儿(强词夺理,常用于孩子),花猫掉嘴儿(同"花猫掉舌儿"),荒草芜棵(满地都是荒草和丛生的植物),灰头鸟[tiau^{312}]耳(一头一脸的灰土,样子很狼狈),家长里短儿(家庭日常生活琐事),街里街坊(指相互之间具有邻里关系),噘爹骂娘(骂自己的爹娘,指人蛮横霸道之极),噘街骂巷(公然高声骂街坊邻居,指人蛮横不讲理,常用于女性),吭哧憋肚(说话结结巴巴,半天说不出一句话来),苦(甜、酸、涩、咸)不拉唧(除"涩不唧唧"可以解作很涩外,其余都可以解作味道不正),苦(甜、酸、涩、咸)不唧唧(除"涩不拉唧"可以解作很涩外,其余都可以解作味道不正),烂七八糟(乱七八糟),狼烟动地(狂风大作,尘土飞扬或烟火四起的样子),老病腔子(久病不愈的人),痨病腔子(同"老病腔子"),老大不小儿(年龄已经不小,已经应该懂事儿了),立陡立堰儿(十分陡峭)、里路成条(络绎不绝),连奔带咬(骡马等又踢又咬),连蹦带跳儿(人情绪激动时又蹦又跳),连吃带喝儿(又吃又喝),连噘带骂儿(不停地大声叫骂),连明搭夜(夜以继日),连阴布雨(接连不断地阴天下雨),两姓旁人(不属于同一族姓的人),忙忙叨叨(忙忙碌碌),懵头转向(晕头转向),没昂②没气(没有志气、志向),没皮拉脸(不知羞耻),磨牙费嘴儿(义同"花猫掉舌儿"),南北二京(到处,四下里),你谨我让(大家都很谦让),蔫头耷脑(萎靡不振的样子),浓唧滑渣(道路等十分泥泞),爬高儿上低(在房屋、树木、墙壁等物上上来下去,多用于男孩儿),爬高上梯(同"爬高上低"),胖圪抡墩(人低矮肥胖),跑马卖解(走江湖,玩儿杂技、杂耍),撇腔拿调儿(装腔作势),破鸡烂蛋(破烂不堪),破家无贵(看什么东西都不值得吝惜,随便毁掉或扔掉),七七八八(八九不离十)，**齐边儿齐堰儿**(形容建筑物、器具等的边、面、棱角陡峭、整齐)、**齐圪抡墩**(杆状物整体尤其是两端粗细过分相同)，**齐哭乱叫**(许多人哭叫成了一片)，**齐溜扑出**(七手八脚,大家一起动手很快地(做))，**起头了尾儿**(从开头到结尾)，**气昂巴肚**(窝了一肚子的火)，**前赶儿后撵儿**(后边的紧跟着前边的,也指事情工作等一环扣一环)，**悄手妙脚儿**(轻手轻脚)，**亲戚里道**(指具有亲朋关系)，**三出两蜷**(进进退退,犹犹豫豫,进退失据)，**三说两说**(也说"三说两不说",刚说了没几句就(说崩了或谈成了))，**三门四户**(只用于"不出三门四户",指女性经常不出家门)，**傻不唧唧**(冒傻气)，**傻拉巴唧**(同"傻不唧唧")，**傻溜败变**(冒傻气,出丑)，**傻溜不登**(同"傻溜败变")，**少昂没气**(同"没昂没气")，**少调失教**(缺少教养,不懂礼节)，**舍皮杠脸**(为达到某种目的而不顾脸面或羞涩)，**生巴烂熟**(半生不熟)，**十七大八**(已经十七八岁了,不应再像个孩子了)，**双眼地皮儿**(长有很美的眼睛和双眼皮儿)，**说七道八儿**(说三道四)，**说嘴说舌儿**(懂得多,遇到什么情况都能说出些道道儿来)，**丝丝秧秧**(丝或丝状物相互缠绕)，**死乞白勒**(死乞白赖)，**四白大脸**(脸方大而白)，**四北五下**(形容液体淌得四处都是或人、物品等乱糟糟到处都是)，**四飞五散**(在风等的作用下向四处散开)，**四角儿四棱**(方方正正)，**四邻八家**(周围的众邻里)，**四六不懂**(什么都不懂)，**四六不通**(义同"四六不懂")，**随高就低儿**(随着地势的变化进行建筑物的建造等,也指随着情况的变化调整自己与他人的关系)，**挑三祸四**(挑拨离间)，**头点腚撅**(点头哈腰)，**推屎屙尿**(借故推托或消磨时间)，**推屎拉尿**(义同"推屎屙尿")，**乌冬立夏**(寒冷的冬天和炎热的夏天)，**五吹六拉**(同"胡吹八吹")，**五吹六抡**(同"胡吹八吹")，**五马三戟**(动作迅猛且效率极高)，**五迷三道**(因迷信鬼神而迷迷瞪瞪,胡言乱语),**五套全活**(什么都会,什么都能干),**雾气棱登**(大雾弥漫的样子),**小眼八察**(眼睛小而难看),**小眼叽咕**(眼睛小而滴溜溜乱转透出人的歪点子多),**血松平常**(很平常),**斜插漫地**(从田野里横穿而过),**斜咪吊样**(因五官不正而相貌丑陋),**斜眉吊眼**(义同"斜咪吊样"),**心焦肚乱**(心烦意乱,心神不定,十分焦躁),**洋大二睁**(趾高气扬,满不在乎的样子),**一包在内**(所有的都包括在内)、**一蹦三跳儿**(人在着急或高兴时连蹦带跳),**一个[yɤ⁻¹]月四十**(一个月到四十来天那么一段时间),**一咪似样儿**(一模一样),**一齐一和**(步调完全一致),**一心一腑**(全心全意,没有半点外心),**呓二八怔**(刚睡醒时迷迷糊糊或似醒非醒的状态),**油光瓦亮**(锃光瓦亮),**油脂八奶**(衣物上油腻很多),**油脂麻花儿**(单指布类制品上油腻多),**云吃骗喝儿**(不断地变换地方儿到处去骗吃骗喝),**晕头奔脑**(晕晕乎乎,无精打采的样子),**有谨有让**(相互谦让),**怎长巴短儿**(事情的经过、发展变化的全过程),**锃明瓦亮**(锃光瓦亮),**争昂赌气**(为争气而发愤),**正经八掰**(正二八经),**支楞八杈**(物体的枝杈、人体的毛发杂乱地伸张开),**支手垫脚儿**(在家务或其他方面做协助性的工作,常用于指孩子帮助大人),**直挺板脚**(仰面朝天躺着),**砖头瓦块**(碎砖烂瓦),**祖辈传流**(一代一代传下来)、**醉马倒枪**(酒醉后摇摇晃晃的样子),**做精捣怪**(指孩子或女人在大人或男人面前过分地恃宠撒娇)。

二 从魏县方言或魏县方言与其他方言的比较看俗成语的几个特点

2.1 魏县和河北其他县市方言的俗成语都是描述性的

首先,我们这次收集到的魏县方言的俗成语都是描述性的;其次,李行健(1995),陈淑静、许建中(1997),张学军等(2004),吴继章等(2005)中所出现的俗成语也都是描述性的;第三,笔者近几年从河北各县市志书、同学学位论文、日常与各县市人们的接触当中收集到的俗成语也都是描述性的。如"头点腚撅、直挺板脚"(调查中得到的魏县俗成语),"细嚼缓咽、秃头画影(头发稀少)"(李行健1995),"疤瘌瘤形(形容脸上疤痕很多)、丢人白怪(丢人现眼)"(陈淑静、许建中1997),"羊模狗样儿、肥吃肥喝"(张学军2004),"一模似样儿(一模一样儿)、胡闹八鬼(胡闹)"(吴继章等2005)等就都是描述性的。

2.2 一部分俗成语的构成成分不明确或说是不容易确定其本字

比如,"洋大二睁"到底该用哪四个字来书写,就一个也没法确定;"胡衬败变"除了"胡"大致可以确定外,其他的三个字都不好确定;"五马三戟""勾里扯棒儿""厚之薄菲"等也都是这样。"挑三祸四",按照魏县方言的读音和四个成分之间的意义关系,"祸"似乎应该是"攉",但《红楼梦》以及张学军(2004)[③]中都写作"挑三祸四",李行健(1995)写作"挑三火四";像"挑三祸四"这类一两个成分或字不好确定的情况在整个俗成语中占有较大的比重,下面的俗成语(用括号括起来的就是不好确定的成分)都属于这一类:怎长(巴)短儿、二八(吼)子、活络(八器)、当家管(计)、傻溜(败变)、小眼(八察)、胡闹(锅台)、你(谨)我让、油脂(八奶)、糊涂(麻糕)、没皮(拉)脸、(里)路成(条)、齐圪(抡墩)。

如果我们把不同县市方言中相关或"同义"的俗成语放在一起加以对比的话,某些俗成语成分的不确定性就会更为凸显。魏县的"花猫掉嘴儿",我们现在已经掌握的河北其他县市的说法及其书写形式分别是:行唐[④]:滑吗调嘴;石家庄:黄猫掉嘴儿;邯郸有的县:画眉掉舌;定兴:花咪掉嘴儿。魏县:双眼地皮儿——衡水:双眼叠皮儿。魏县:破家无贵——临漳:破家无归,邯郸:破家五鬼。魏县:破鸡烂蛋,张学军等(2004,217)作"破逼浪蛋"。魏县:二不愣子——定兴(本文中定兴方言的例子引自陈淑静、许建中1997):二巴棱子。魏县:油脂麻花儿——定兴:油脂抹活。魏县:二胡郎当——定兴:二乎两当。魏县:连阴布雨——肥乡:连阴薄雨。

2.3 魏县及其周边的大名、广平、临漳等县,一部分俗成语的中间位置可以插进一个轻声音节

魏县方言中的这个轻声音节读[·tɛ]。在上述魏县方言的170多个俗成语中,可以插入[·tɛ]音节的有70多个,如:磨牙[·tɛ]费嘴儿、南北[·tɛ]二京、齐哭[·tɛ]乱叫、傻溜[·tɛ]败变、说嘴[·tɛ]说舌儿、推屎[·tɛ]屙尿、小眼[·tɛ]八察、心焦[·tɛ]肚乱、呓二[·tɛ]巴怔、油脂[·tɛ]八奶、直挺[·tɛ]板脚。一般来说,插入[·tɛ]之后的五音节形式与四音节形式同义且分布上是可以自由替换的;在这70多个可以插入[·tɛ]的俗成语中,在实际运用时有的常以五音节形式出现,如:齐哭[·tɛ]乱叫、三出[·tɛ]两蜷、跟头[·tɛ]轱辘;有的常以四音节形式出现,如:隔长不短儿、勾里扯棒儿、破鸡烂蛋;有的则看不出使用频率方面的差异,如:干手([·tɛ])干脚儿、烂七([·tɛ])八糟、心焦([·tɛ])肚乱。

2.4 大部分俗成语的通行范围都较小或很小

俗成语的这一特点可以通过如下几个方面反映出来:

一是魏县方言里的某个成语在别的县市(其中有的是相邻县市)与之同义同功能的是另外一个成语。如:魏县:立陡立堰儿——临漳:立陡齐崖;魏县:连明搭夜——井陉:没明采夜;魏县:五

马三戟——平山:三把两点;魏县:急三火四——平山:狗赶猫慌;魏县:一个[yɤ⁻¹]月四十——任丘:个月期程;魏县:狼烟动地——临漳:乌朵狼烟,邯郸;狼烟黑地,魏县:曲里拐弯儿——南宫:曲溜拐棒儿;魏县:油脂八奶——邯郸:油脂抹乃;魏县:隔二片三——定兴:隔三骗两儿;魏县:浓唧滑渣——平乡:浓泥圪插;魏县:呼雷闪天——文安、霸州:雷闪火闪(此例和本文中有的其他例子引自李行健1995),乐亭:雷成火闪;魏县:黑天半夜——鸡泽:半天黑夜;魏县:二不愣子——邯郸:半耍不俏;魏县:成千上万——三河:成千百万,故城:成千载万,吴桥:成千带万;魏县:撇腔拿调儿——固安:酸文假醋,文安:拿糖作卤,任丘:拿酸捏醋,河间:拿酸捏臭,行唐:拿糖作势,围场:拿肠摆怪,隆尧:拿腔作势,吴桥:油麻花饼。

　　二是有的县市的某些俗成语在别的县市(包括相邻县市)与之对应的同义表达形式不是成语,而是其他的语言形式。如:南宫:鸡毛狗眼(急得抓耳挠腮的样子)——魏县:鸡毛狗不是;永年:五二混鬼(爱耍滑头的人)——魏县:老油条;定州:骨碌班子(妍头,文中定州的例子引自《定州县志·方言》)——魏县:配搭儿;临西:二把锄子——魏县:二把刀;辛集、枣强、定兴等处:盟兄把弟——魏县:把兄弟、拜把子兄弟;阳原:小家憨气,迁西、辛集:小家百舍——魏县:心里穷、小气、小气着不济的。

　　下面这些其他县市的俗成语,魏县方言也都没有与之相对的成语,如:成安:肥白连颠(胖得笨手笨脚,此例和本文中有的其他例子引自吴继章等2005),行唐:格来急子(争强好胜,急着发表意见但经常反悔)、不愣弹正(爱闹事,不驯服),井陉:翻吹倒打(说话不算数,多次反复),海兴:蹊跷鼓打(指物品不实在,不耐用),任丘:小尖曲磨(不大方,爱占小便宜)。

三是有的县市在表达某种意义时有自己独有的成语形式,有的县市与之对应的成语则是普通话里也通用的。如:定兴:洋洋不睬儿——魏县:带答不理;定州:稀娘哈他儿——魏县:稀里糊涂;邯郸:大吃八喝、肥吃肥喝——魏县:大吃二喝;玉田:二马填仓——魏县:傻里傻气;井陉:二马油虎——魏县:马里马虎。上面这些例子里,魏县方言的成语就都是普通话里也存在的。

除上面说到的四个方面的特点外,魏县方言的一部分俗成语可以从近代汉语文献中找到出处以及成语的某个成分尤其是末音节的儿化明显多于普通话也应该说是其特点。前者如:"支手垫脚儿"见于《醒世姻缘传》,"亲戚里道"见于《二刻拍案惊奇》,"隔三差五""花花黎黎""少调失教"见于《金瓶梅词话》,"挑三祸四"见于《红楼梦》。后者如:隔三岔五儿、花猫掉舌儿、连噘带骂儿、三门四户儿、推屎屙尿儿、小眼八察儿、云吃骗喝儿,在上述魏县方言的170多个俗成语中,末音节必须儿化和可以儿化的共有近50条,其中又以必须儿化的占多数。另外,还应该指出的是,虽然魏县方言与其他县市以及其他县市的俗成语之间存在着上述明显的差异,但各个方言点之间同义俗成语的构成成分和构成方式,尤其是构成方式,有着高度的一致性却是不争的事实。

三 相关的几个问题

3.1要建立汉语的语汇学,对象自然应该是整个汉语的语汇。整个汉语语汇视野中的汉语成语,无疑应该包括汉语各个方言的成语。这样一来,汉语成语研究就又有两个任务摆在了我们面前:一是方言成语状况的调查、描写、分析;二是对以往主要以普通话书面语成语为研究对象而得出的结论、看法进行全面的审视。前一个方面的任务除山西的一部分方言点已经做了较为深入的工作外,其他省市还很少有深入开展工作的;后一个方面的任务与前一任务密切相关,随着方言成语调查范围的扩大和挖掘的深入、方言成语新特点的发现,以往人们关于成语的观点、看法必然会面临一定程度的挑战。李闻梅(2007)以《辞海》各个不同时期的版本,马国凡《成语》(1978 内蒙古人民出版社),史式《汉语成语研究》(1979 四川人民出版社),倪宝元、姚鹏慈《成语九章》(1990 浙江教育出版社),黄伯荣、廖序东《现代汉语》(1990 高等教育出版社),张静《新编现代汉语》(1980 上海教育出版社),胡裕树《现代汉语》(1981 上海教育出版社)等书中有关成语的论述为依据,归纳出了成语的五个特点:1.书面形式四字格;2.内部结构凝固化;3.意义内容整体化;4.有一定的出处和习用性;5.语用色彩书面性。拿这些特点与我们掌握的河北方言成语比较,可以看出,起码有一半以上的特点与之是不吻合的。

3.2 建立汉语语汇学,除了整体的宏观把握之外,我们肯定还会碰到形形色色的具体问题,下面我们要谈的就是将方言成语纳入汉语成语视野之后有关成语的具体问题。

汉语学界一般认为成语以四字形式为主,但大都认可成语中有少量的非四字格。《辞海》(1979)成语条:"熟语的一种,长期以来惯用的,简洁,精辟的固定词组或短句。在汉语中多数由四个字组成。"1989 年版《辞海》成语条对 1979 年版的定义进行了修改,但对"在汉语中多数由四个字组成"却完整地予以保留。兰寿春(2002)指出成语中四字形式占 90% 以上。温端政等(2006)与上述的看法不同,认为汉语成语必须为四字结构,不承认非四字结构为成语。

温先生等（2006）指出："以结构上'二二相承'为特征,把成语从表述语和描述语里分离出来。""由此,可以得出这样的认识:所谓成语,实际上是由四字结构的表述语和四字结构的描述语组合而成的。"很显然,温先生他们是把"二二相承"的"四字结构"看做了成语最基本的特点。规定成语必须为四字结构,从目前掌握的魏县和河北其他县市方言俗成语的情况看,我们已经看到的有下面两个具体的问题:一是魏县及周边县市的一部分俗成语中间可以插入轻声音节的问题,即"三出两蜷""磨牙费嘴儿""五吹六拉"等在插入轻声音节[·tɛ]之后还是不是成语的问题。除了这种现象非魏县独有之外,前面我们还指出过,在魏县方言的俗成语里这种情况占到40％以上；由此看来,对此我们不能以特殊情况,少数例外视之。二是在河北方言中,许多四字格的构成成分尤其是末尾的那个音节都是可以儿化的,前面我们已经指出过魏县方言俗成语末音节儿化占有较大比重的情况；另外,在河北的一些县市,如保定所属的大部分县市,儿尾是可以独立成音节的。这里的问题是:在儿尾独立成音节的方言点上,它们还算不算成语？如定兴:"哑咪悄静儿[·ŋər]（鸦雀无声）""隔三骗两儿[·uər]""隔三叉五儿[·uər]","三天两头儿[·uər]""变毛儿[·uər]失色（惊慌失措）""扯谎儿[·ŋər]掉皮（撒谎骗人）""贪响儿[·ŋər]恋黑（为了多干活而到收工的时候不收工）"。如果这些加"儿"音节后的五音节形式不算成语,那么,是不是下面这几个定兴方言中加"儿"音节后的四音节形式就是成语了？:"翻眼猴儿[·uər]（反复无常,爱翻脸的人）""和事佬儿[·uər]""糖不瞪儿[·ŋər]（酥糖）"。不光是"儿化"可以引出这里的后一类问题,在一些有"子"变韵等音变情况的方言里,也会碰到类似的问题。

3.3 方言俗成语的调查研究除了与汉语语汇学的建立密切相关外,其对语言学其他方面理论建设的价值和意义也是不应该忽视的。

戴庆厦(2006)说:"我们通过汉藏语诸语言的比较……注意到缺乏形态手段的分析性语言,一般比形态手段丰富的语言更易于产生四音格词,并且更容易将它作为构词的重要手段来使用。"我们这些年通过调查比较注意到,从晋语中心区到边缘区,从边缘区到官话区,俗成语是呈递减趋势的;从形态方面看,我们找不到官话区形态丰富于晋语区的任何根据,反倒是觉得如果把形态看得宽泛一点的话,可以认为晋语区的形态丰富于官话区。很显然,我们见到的方言俗成语在不同方言区的存在状态与戴先生的结论是有矛盾的,这里存在着需要通过进一步调查研究回答的问题:是戴先生所说的四音格词与我们的方言俗成语属于不同质的东西,还是我们以往的调查存在问题,抑或是还有别的什么原因或问题存在?相信寻找这些原因或问题答案的过程,会促使我们提高对汉语俗成语、汉语语汇学、整个汉藏语四音格以及相关的其他问题的认识。

附注:

①魏县方言有阴平、阳平、上声、去声四个调类,调值分别是:33、53、55、312。

②魏县"没昂没气""气昂巴肚""少昂没气""争昂赌气"中的"昂"音[naŋ^{53}]。

③张学军(2004)中出现的词语都没有确切指明属于邯郸市的哪一个县。

④2.2、2.3、2.4等当中成语前的两字组(加上三字组"石家庄")是成语所在县市的名称。文中其他县市方言的成语,凡出自文献的,一律按文献的

书写形式记写。

参考文献：

[1]陈淑静　许建中 定兴方言[M],方志出版社,1997。

[2]辞海编辑委员会 辞海[Z],上海辞书出版社,1979。

[3]戴庆厦 跨语言视角与汉语研究[J],汉语学习,2006(1)。

[4]兰寿春 汉语成语中的古汉语现象分析[J],龙岩师专学报,2002(2)。

[5]李闻梅 汉语成语实体隐喻的认知研究[D],河北大学汉语言文字学专业硕士学位论文,2007。

[6]李行健主编 河北方言词汇编[M],商务印书馆,1995。

[7]王福田主编 定州市志[M],中国城市出版社,1998。

[8]温端政主编 汉语语汇学教程[M],商务印书馆,2006。

[9]吴继章等 河北省志·方言志[M],方志出版社,2005。

[10]张学军等 普通话与邯郸方言[M],吉林人民出版社,2004。

(作者单位：河北师范大学文学院　石家庄　050091)

浅议平山话歇后语

唐 健 雄

一 平山述略

平山县位于河北省西部,太行山东麓。东邻鹿泉市,南连井陉县,北靠灵寿县,西与山西省五台县、盂县接壤,全县总面积2648平方公里,辖23个乡镇,717个行政村,1400个自然村。人口44.5万,县城在县境的东南部。平山县西部是山区,山峦起伏,中部是丘陵,沟川纵横,东部是平原。滹沱河穿境而过,素有"八山一水一分田"之称。平山县古称蒲邑,春秋时属晋,战国初属中山国,赵灭中山后,属赵国番吾君地,汉初设蒲吾县,唐设岳州,至德元年改称平山县,宋、元、明、清、民国,一直称平山县。抗日战争时期先析为建屏和平山两县,后又析为盂平和平山两县,1958年又合并为平山县。平山县是革命老区,1949年中国共产党七届二中全会在平山召开。平山话属晋语张呼片,平声不分阴阳,有独立的入声调,分尖团,臻摄字并入梗摄。

23个声母 p p' m f t t' n l k k' ŋ x
　　　　 ts ts' s tʂ tʂ' ʂ ʐ tɕ tɕ' ɕ ø;
33个韵母 ɿ ʅ i u ɯ ɤ
　　　　 a ia ua ɛ uɛ au 3 ɜu i ə uə iə iuə ao
　　　　 iao ai uai

æ iæ uæ iuæ aŋ iaŋ uaŋ əŋ iŋ
uəŋ uŋ iuŋ；

4个声调　平声21,上声55,去声51,入声24。

16个儿化韵母　ar iar uar ɔr iɔr ər iər iuer uər
ær iær uær iuær ir iur ur。

二　平山的歇后语

歇后语是一种人们习用的熟语形式,它的语言形式分前后两个部分,前半截像谜面,后半截像谜底,例如隔墙吹喇叭——名声在外。那些常用的歇后语,后半截不说出来,人们也能意会。歇后语产生于民间,是人们集体创造并在民间使用、流行,表意诙谐生动,被搬引到人们的话语中,主要是用来代替自己话语,来增加说话的表现的。歇后语有地方性,各地都有带有本地特点的歇后语。虽然带有地方性的歇后语多少有些土气,甚至显得粗俗,但它展示出人们的智慧和爽朗、乐观、风趣、幽默的性格特征。人们把它视为珍奇,常以自己歇后语掌握得多,语言诙谐而自豪,能说很多的歇后语也是展示自己知识、智慧的一种表现。创造并大量运用歇后语的广大农民,樵夫,渔民,石匠等并不都知道"歇后语"这种雅称,他们有自己的名称。河北很多地方叫"调坎子",平山人把歇后语叫"秕子话儿"或"棒槌话儿"。"秕子"是谷子没有结实的空壳,平山也指包谷皮儿,都是废物,但平山歇后语不是废话。虽然在正经场合很少使用,闲谈中却异彩纷呈。看似无用,就得了个"秕子话儿"的名称。其实这个名称反映了平山歇后语的使用场合。过去许多平山人惩治有罪责的人好用棒槌打屁股,而许多平山歇后语嘲讽了愚钝、落后、自私的行为,所以"棒槌话儿"这个名称恰当地显示了平山歇后语的调侃作用。平山乡土作者在他们呈给平山人民的作品中经常运用平山歇后语。

（一）平山歇后语的取材

平山是一个山区县，隔山如隔世，十里不同天。人们吃在山，住在山，乐在山，愁在山，生在山，死在山。世代生存在这地壳的皱褶里，人们对山的形象、山里的事物都非常熟悉，信手拈来，成了他们创造歇后语的材料。平山歇后语的取材很多是山区人们常见的环境、事物、生活、习俗、心理活动等，如：

蚂蛤蟆翻大山——难呐

隔山买老牛——难知好歹

十里沟的房子——里里拉拉

隔着锅头上炕——太心急啦①

七月的核桃——满人（仁）儿

十月的黑枣——七零八散

大理石凿成猪槽子——可惜了那好料子

石匠做豆腐——软的硬的都能对付

旱井里撒尿——缺八辈子德了

腊月里点火绳——专门训（薰）人呢

哥俩儿吸旱烟——对着嗳起来啦

狐狸窝上垒窝儿——能过狐子了

兔子打喷嚏——干吹面面土儿

合合口儿的老鸹筋儿（云母）——层层分明

木厂人看日报——过去半月了②

瓦瓮山人串门儿——一天的工夫儿

正月十四偷饽饽儿——理直气壮③

山里人嫁闺女——对下不对上④

正月十五接闺女——看好儿（火儿）

飞机播树籽儿——一泻而下

山沟里看电视——别无选择⑤

小道士上天桂山——过一道关（观）又过一道关（观）⑥

天桂山上放风筝——出手不低

岗南水库里下茶叶——有味没味儿也算是茶水儿

里庄的布袋——装算（蒜）来⑦

文庙的柏树——心中生疑（异）⑧

十八盘上的界石——寂静（冀晋）

有的歇后语，后半截与平山地名谐音。人们常常隐去后边的地名，只说前部，听者自然会意，饶有情趣，如：

石板上种豆儿——南甸（难点）　　羊群下山——回舍

胡字不是胡字儿——古月　　公鸡打盹儿——小觉

卖山里红的坐锅——温塘（糖）

有的歇后语有调侃、揶揄、嘲讽意味，这种调侃并不是恶意的，如：

玩猴的敲锣——就等着你哩

半年凿个石驴槽——为（喂）的是你

把屎到裤裆里——气狗哩

平山的歇后语有"二百五"系列，很多歇后语的表述对象都用"二百五"。"二百五"指代做事不精明的人。可笑、滑稽、尴尬的事儿不好说某个具体的人，就用"二百五""武大郎"代替，例如：

二百五擤鼻涕——甩到哪儿算哪儿

二百五吃生柿子——张口结舌

二百五吃西瓜——不留情（青皮）

317

二百五相老婆——单厢情愿

二百五当会计——混账

二百五照相——装模作样

还有一些歇后语带有色情意识或粗俗、低级的内容。

(二)平山歇后语的类型

平山歇后语分为谐意类和谐音类两大类。谐意类又可分为事理比方类,形象比方类,想象比方类,典故比方类;谐音类实际又包括谐音类和拟音类两类。

1. 谐意类

(1) 事理比方类

这类歇后语用事理打比方,它所写的事理是平山人所熟知的,如:

有猪尿泡不吹洋茄子——光拣大的吹

光膀子扫雪——假充积极

拉开破草垛——就不怕雨淋了

(2) 形象比方类

用形象来打比方,这类歇后语是平山歇后语中数量最大的一类,如:

抠屁股上房——自己抬高自己

宝塔顶上插旗杆——尖上把尖

老太太做扒糕——全凭拍呢

(3) 想象比方类

用想象打比方,如:

电灯泡捣蒜——一下子事儿

虮子当了虱子的官儿——论资排辈儿

小鸡子和小鸭子亲嘴——人家嘴大咱嘴小

驴和牛碰头——豁着脸上

(4) 典故比方类

根据史上书的典故得来的歇后语,如"李渊的媳妇——都是(窦氏)"等在平山有不少流传。还有一些"典故",是指平山村民中发生的典型事儿,如:

孟贤壁种芝麻——看对[9]　　新喜垒砖——对对对[11]

海海当队长——谁闹由着谁[10]

这类歇后语,只限于某一小圈子(一村或数村)中流传,外人不得而知。平山每村都有这类歇后语。在交谈中来上一句这样的歇后语,熟知的人们心领神会,甚至大笑,使交谈充满幽默,雅谑,融洽的气氛。不熟知的人待弄清原因之后,就牢牢地记在心上。这样,有一棵串一坡,其流行面就像洋姜滋生一般,"串"大了。

1. 谐音类

(1) 拟音类(摹声)如:

武大郎放屁——不知

河边饮驴——都懂都懂(咕咚咕咚)

(2) 谐音类又分为两小类。第一类非平山籍人也能理解,如:

头遍锄不定苗儿——再见(间)

隔着玻璃亲嘴——闻(吻)不着儿

屁股蛋上贴邮票——你由(邮)你,人家不由(邮)你

鸡蛋戴孝帽——急(鸡)死啦

小姑子坐月子——顾不上扫(嫂)了

第二类"谐"的是平山地方语音,如:

买韭菜的走了——重(葱)来

319

牛皮上放火铲儿——讲（耩）古呢

不涩的青柿子——懒（漤）透了

吃糖光嚼——不穷（嚃）

猪槽子没底——（添）透了⑫

有些特殊的平山歇后语,既可作谐意理解,也可作谐音理解,如：

靠上梯子上鸡窝——笨（奔）蛋

聋子拉二胡——自顾自（吱咕吱）

山坡上的电线杆——上下拉扯得挺近（紧）

低矮的鸡窝还要靠上梯子上去,不是笨蛋是什么？这是从意义上讲；上鸡窝的目的是拿蛋,是奔蛋来的,"奔"和"笨"同音相谐,故"靠上梯子上鸡窝——笨（奔）蛋"既属于谐意类又属于谐音类。聋子拉二胡,听不见自己拉的乐曲,也听不见同伴拉出的乐曲,只顾自己拉自己的,是自顾自；而"自顾自"又可拟二胡声"吱咕吱"而得出。故"聋子拉二胡——自顾自（吱咕吱）"也是兼属谐意谐音两类的。如果谁和上下级关系都很密切,人们说"山坡上的电线杆——上下扯得挺紧",也可以说"上下拉扯得挺近（紧）",前者属于谐意类,而后者应属于谐音类。

（三）平山歇后语的形式

平山歇后语前半截是说明一种情况,后半截是对这种情况的评述性结语。有的前半截是一个偏正结构,有的前半截是一个主谓短语,有的前半截是个并列结构；后半截有的是一个词,有的是偏正结构,有的是主谓结构,有的是复句形式。形式上多种多样,灵活多变。

1. 前半截是一个偏正结构,如：

巧媳妇烙的饼——层次分明

狗尾巴上的露水——经不起摇摆

糖衣药丸——外面甜来里面苦

九月的柿子——越来越红了

2. 前半截是一个主谓结构,如:

小孩子拉巴巴——光挪摊摊儿

老太太坐牛车——稳稳当当

老光棍上房——除了老天没人敢惹

暖水袋漏水——恼事在后边呢

3. 前半截是一个复谓结构,例如:

放屁打喷嚏——两头有气儿

砸锅卖铁换酒喝——痛快了一时说一时

拉屎攥拳头——内里使劲儿

穿布衫过河——两头儿搂着

4. 前半截说两种并列的情况,后半截是一个结语,如:

老婆婆烧香女婿拜丈母娘——心到就行

飞机耕地放屁砸核桃——净想好事儿

靴子里摸脚罐子里捉鳖——唯拿

实际上,这样的歇后语可以分解成两条,后半截结语相同,如第一个就可分拆成:

老婆婆烧香——心到就行   女婿拜丈母娘——心到就行

5. 后半截的结语是一个词,如:

下雨拉砒子——沾   手榴弹擦屁股——危险

小鸡吃黄豆——够戗   碌碡上挂铁耙——平常(场)

6. 后半截是一个成语,如:

猪毛搅豆渣——乱七八糟   大闺女包媒——先人后己

321

隔着门槛就来——吃里扒外

哥儿几个吃西瓜——条块分割

等鸡下蛋——望眼欲穿　　见风使舵——万无一失

7. 后半截是复句,如:

二百五掉进粪坑里——不拉你吧,你吃屎呢;拉你吧,你发恨呢

屁股上贴邮票——你由(邮)你,人家不由(邮)你

蛤蟆落到脚面上——不咬也得吓一下

扛着铡刀片劁猪——家伙不小生意不强

烫发妞儿照相——顾到前边顾不到后边

平山歇后语有的前半截取材不同,而结语相同,如:

吹鼓手赶集——没事找事儿　　阴天打孩子——没事找事儿

热闹处卖母猪——净干败兴事儿

娶媳妇使棺罩——净干败兴事儿

闺女回娘家——未必有事儿

星期六回家——未必有事儿

虽然得出同一结语,却有一定的使用区别,如最后一组中,前者是条老歇后语,村民经常使用;后者则是在现在享受周末休假制度的工作人员中产生的,城镇工作人员经常使用。

也有的歇后语前半截取材相同,后半截结语角度不同,如:

放屁吹气球——升到哪儿臭到哪儿

放屁吹气球——一功两得　　放屁吹气球——省动嘴舌

平山歇后语多在口语中流传,由于平山地域广大,故它有极大的灵活性,有些歇后语前半截和后半截的形式语都不固定。如:

尿了炕方后悔没在筛子里睡——已经晚了

尿了炕才找筛子睡——早晚了

抱着湿被子找筛子睡——赶不上了

(四)平山歇后语的修辞

平山歇后语本身构造来看,运用了一些修辞手法,现举例说明:

1. 拟人 把动物或其他事物当做人来说,如:

泥鳅和黄鳝攀亲家——滑头碰上滑头了

八哥啄柿子——专拣软的欺

2. 夸张 故意夸大或缩小事物,如:

板栗壳里睡觉——小人一个

邮票擦屁股——将就着来吧

3. 双关 用一句话关涉两件事,表面一层意思,内里又有一层意思,如:

老鸹死了三年了——就剩了一张嘴

放屁打喷嚏——两头有气儿

前者表面意思指老鸹死了三年,尸肉俱无,只剩一张硬嘴,实际讥讽油嘴滑舌,只动嘴不动手的人。后者的"两头有气儿"表面指身体内喷出的气儿,实际指有关联的两方面人都不满意。

4. 谐音 评述性表述中字面上的词与要表达实际意思的词读音相同或读音相近,如:

电扇没电——转(赚)不了啦

葱地里出韭菜——有韭(旧)根儿

5. 摹声 评述性表述中字面上的词描摹某种声音,有时兼谐意,如:

武大郎放屁——不知　聋子拉二胡——自故自

6．映衬　把相差悬殊的事物放在一起对照,突出某一方面,如：

扛着铡刀片劁猪——家伙不小生意不强

羊圈里跑出小驴儿来——数你大

铡刀片本身比小母猪大得多,用它做劁猪刀,饲养户可是死也不敢劳驾,家伙虽大生意却没有,这就形成鲜明的对照。

7．析字　利用字形上的差异、变化构成歇后语,如：

马先生不如冯先生——差两点

"门"字变"闩"字——横插一杠子

"天"字变"夫"字——出了头了

8．奇设　采用超出客观实际情况的奇特的假设,如：

放屁抓青——百事不顶

冰凌块儿作湿壶塞儿——一忽忽工夫

9．借代　借用与所指事物有密切关系的另一事物来代替所指事物的一种修辞方式,如：

空手吃罐头——难开口

过事做账房——有权不使过期作废

前者用"空手"指代"空手的人",后者用"账房"指代在账房记账的"账房先生",这两条歇后语都用了借代的修辞方法。

10．折绕　用迂回曲折的语句来代替直述本体,如：

猪腿不是猪腿——肘子⑬

拉屎不擦屁股——丢着后手哩

还有其他反复,婉曲,讳饰等等修辞方法,这里就不多谈了。

三　平山人砸棒槌话

平山歇后语更近似俚语,它是利用人们身边的事物、生产活动、事理经验、故事传说等通过离奇的虚构想象,巧妙的夸张和双关,形成的俏皮话。它的前半截引子部分取材广泛,想象奇特,后半截结语部分是人们对前半截引子的归纳、总结或引申得出的评论性表述。歇后语主要表达作用是诙谐、调侃、揶揄、讽刺。在口语交际中有特殊的交际效果,说的人脱口而出,听的人或是心领神会,或是恍然大悟,听不懂的人会被人们嘲笑语言知识、生活经历太少。有些人,特别是上了年岁的人,并不识多少字,却很能"砸棒槌话儿",说歇后语也是展示个人智慧的表现。亲友会聚,街坊闲谈,集市庙会,婚嫁喜事等时常能听到笑声伴着妙趣横生的歇后语。如张老太干涉女儿婚姻自由,街坊一位李老太太去劝她:"六月底砸核桃——看看有人(仁)儿没有。"李老太上前敲门:"在不在啊?""在呢。快进来吧。"李老太推门进去,说:"你家三女和臭小子可是蜂窝煤上烧藕——挺对眼啊。""荞麦皮打浆子——根本不沾。咱俩是卖茶的吆喝——谁和谁(喝水)呀? 我就对门娶媳妇——不绕弯子了。我能相中那小子,只是他老子孟岭的醋——太酸,北京的毛粉——太细啦。我要了八百元彩礼,他就捉虱子烧袄——舍不得。真是扫帚叉鳖——差(叉)得太多。"李老太接过来说:"你别死母鸡身上找蛋——死抠啦。"……短短几句话,竟用了好几个歇后语,可见歇后语在平山人口语交际中的广泛性。

平山县文联主办的《百合花》杂志中每期都有"秕子话儿"。下面两例均来自《百合花》。

汉:俺是哑巴吃饺子——心里有数,咱是一手抓工,忙里抽闲来抓标,十字街头抢跟头——四下里扒叉来。⑭

孙活宝:我孙活宝是桅杆上挂灯笼——有名(明)的光棍……⑮

平山歇后语也在不断变化调整,那些庸俗低级的歇后语,宣扬腐朽落后意识的歇后语,反映旧时代生活的歇后语,随着人们物质生活水平和精神文明水平的提高而逐步淘汰。随着科学知识在山区的传播,人民文化教育水平的提高和物质生活条件的改善,新的歇后语也不断产生出来。有些歇后语就反映了山村生活变化:

山村的自来水——水平不低

烫发妞儿照相——顾到前边顾不到后边

洗衣机里洗娃娃——光图快了

电视上的广告——反反复复

电冰箱里放鱼——冷处理

属吸尘器的——一肚子脏东西

平山歇后语如山泉,如野果,如平山大理石,丰富而有奇异的魅力。太行山风和滹沱河水会把这平山的"秕子""棒槌"带到更远的地方。大山已不能阻隔,越来越多的人会更加喜欢它那山石、泥土的味道。

附注:

①平山深山区是连锅炕,锅头盘在屋内与炕相连,欲上炕须先上锅头。

②木厂乡居西北角,与山西五台为界,距平山城将近三百华里,且路途坎坷,故日报半月以后才可送达。

③平山岗南附近风俗,正月十四晚上,每家都准备下饽饽儿让别人来"偷",而自己去别人家"偷"饽饽儿吃,谁也不必担心被捉。

④越往深山区,条件越艰苦。山区的母亲们总是将自己的女儿向下(即往东南方向)许配,即使不能跳出大山,也离城镇近了一些。

⑤山区距电视台远,且由于大山阻挡,电视信号极弱,只能接收平山电视台转播的节目,没有选其他电视台的余地。

⑥天桂山有里道观和外道观,故云"小道士上天桂山——过一道关(观),又过一道关(观)"。

⑦里庄村祖辈种蒜,常于冬春用布袋装上大蒜去赶集。

⑧平山文庙中有一株唐柏,树心已空,里边长出一株桑树来,形成翠柏抱桑的奇景,故有"心中生疑(异)"的说法。

⑨孟贤壁村有一人自称为种地把式,别人请他种芝麻,种到一半地时耧里就快没籽儿了,他就把剩下的几粒籽儿种到地头儿,一看耧里没籽儿了,说:"地完籽尽,多看对!"几天以后,一半地没出苗儿。"看对"在平山指正好,刚合适的意思。

⑩平山镇西水碾海海当了生产队长,指派社员深翻地(三尺深),社员不同意,他说:"海海当队长,谁闹由着谁。"此后,水碾人在让别人按自己意图行事时常说这条歇后语。

⑪西水碾新喜本不是泥瓦匠,别人问他会不会垒墙,他说:"不怕好就让我来。"他垒了几行,有人问他:"你垒的对吗?"他一看才说:"对对对,哎呀!全对砖缝儿了。"这条歇后语就源于此。

⑫平山人称品质恶劣叫"添"。

⑬平山人称笨蛋不中用为"肘子"。

⑭《全民打好翻身仗》,见《百合花》1985年1期25页。

⑮《柬为媒》,见《百合花》1986年1期66页。

参考文献:

[1] 平山县志编纂委员会编 平山县志[M],中国书籍出版社,1996。
[2] 盖林海 平山方言志[M],河北教育出版社,2004。
[3] 朱建颂,刘兴策 关于歇后语的几个问题[C],中国修辞学会编,《修辞学论集》第一集.福建人民出版社,1983。
[4] 刘代文,胡志伟,武俊和《群众语汇选编》前言[M],山西人民出版社,1983。
[6] 温端政 汉语语汇学[M],商务印书馆,2005。
[5] 张光明 忻州歇后语词典[M],上海辞书出版社,2006。

(作者单位:河北师范大学文学院　石家庄　050091)

长治方言的谚语

史素芬 段 丽

一 引言

谚语是广大劳动人民在生产斗争和生活实践中,总结了各个方面的丰富经验和教训后创造出的用于警世、劝诫、启迪他人的一种固定语句。它语义完整,内涵丰富,通俗凝练,比较直接和全面地反映了人民群众的生活、思想和相关的民俗现象。汉语方言众多,每种方言都有自己的谚语。挖掘方言谚语的文化内涵对地域文化的研究有着极其重要的意义。

长治位于山西省东南部的上党盆地。在这片文化积淀深厚的土地上,产生了大量的口头谚语,其内容包括社会生活的方方面面。本文着重从人们传统的文化心理和审美特征两个方面进行分析。所涉及到的长治方言谚语的范围,是中华人民共和国成立以前出现,现在仍然在长治地区人民群众口头上流传的以及古代文献中保留而现在依旧广为流传的谚语(有些用例也通行于其他省市和地区)。本文所说的长治方言指的是广义的长治话,即包括长治市城区、郊区、长治县、沁县、长子、壶关、屯留、潞城、平顺、沁源、襄垣、黎城、武乡在内的13个县市区的长治话。

二　长治方言谚语与传统文化心理

长治方言谚语是在上党文化土壤中形成并历代传承下来的。不管它是来自历代的文化典籍,还是来自民间的口头创作,都蕴含着当地群众的思想观念和文化心理。

（一）朴素的本能心理

"修房盖屋,丧葬父母,娶儿换妇,三不疼钱"。这句谚语体现了上党人民朴素的本能心理,也反映出人们对生活朴实和直观的理解。

1. 婚丧嫁娶

生老病死,婚丧嫁娶,从一个人的出生到死亡,几乎在每一个特殊的环节上都有其特殊的民风。

娶媳妇作为人生中的大事,在上党的民间从繁到简,从传统到现代,自有"三里风俗各不同"之称。"天上没呢（没有）云不下雨,地下没呢媒不成婚"。旧时,男女婚姻不能自主,悉听"父母之命,媒妁之言"。不过"媒人口,无量斗",所嫁的人怎么样,也只能"嫁鸡随鸡,嫁狗随狗,嫁给老狼满山走"。议婚讲究"身世田园,门当户对",选择门户极为讲究。即便是现在,也是"好马配好鞍,好女嫁好汉"。"男怕入错行,女怕嫁错郎"、"种不好地一季的（子）,娶不好媳妇一辈的"、"选婿不选金钱,选妻不唯容颜"、"女大一岁,荣华富贵"、"女大三,抱金砖"。这些谚语都形象地说明人们对于"结婚人选"的重视。

丧葬活动,与其说是为了哀死,倒不如说是为了给活着的人看。排场的仪式可以使家人脸上增光。"死人是活人的眼目",反映出葬礼具有既为死人也为活人的两重性。丧礼办得是否隆重和符合旧规,既是衡量子孙尽孝与否的标志,又对能否获得祖先荫庇有重要意义。因此,人们非常注重办丧事。

2.育子成丁

受中国传统文化男尊女卑思想的影响,上党地区多把"子"定义为狭隘的"男子",而育子成丁的目的也在于"养儿防老"、"延续香火"。

"龙生龙,凤生凤,老鼠儿的(子)会打洞",这是对小孩出生背景的一种贬义说法,这当然是对别人的孩子,对自己的孩子人们通常都认为"别人的媳妇好,自家的孩子乞(俊)"。既然养儿是为了防老,所以在出生伊始就注重对孩子的教育,"生日满月小破财,最后落个小乞孩"、"养鱼不能让水干,养子不能任其性"、"小树不摧(敲打)不成材,小孩不打不成人"、"小孩三天不打,上房飞砖揭瓦"。养儿的又一目的是为了光宗耀祖,"前三十年抖牌的(子),后三十年抖孩的(子)"。

人们对于生活的本能理解,可以通俗地反映在以上两个方面。

(二)浓厚的根土观念

上党自古以来就有着浓厚的根土观念。根土观念是农业经济的产物,它是在农民们祖祖辈辈守着土地绵衍生息的历史条件下产生的一种封闭型的文化观念。"金山银山,不如家里的炕头;山珍海味,比不上家乡的窝头"、"金窝窝银窝窝,不如自己的土窝窝"、"穷到吃野菜,不把家乡卖"、"人不亲土亲,河不清水清"、"在家千日好,出门事事难",这些谚语告诉人们一个道理:"家乡最好,邻里最亲"。这种根土观念,植根于血缘基础之上。而朴实、勤劳、重亲的上党人民在对自然界的认识中更加坚定了这一意识。在根土观念的影响下,"背井离乡"实在是愧对祖宗、迫不得已的事情。

即使一个人一生多数时间客居异地,在晚年也要回到故土上来。从"树高千丈,叶落归根"到夸耀"自己的土窝窝",其间的联想是十分自然的,又是非常深沉的。

(三)勤俭持家的思想

"出门走路看风向,穿衣吃饭量家当"。上党人民物质生活非常俭朴。"粗茶淡饭,吃得到老;粗布棉衣,穿得到老"。日常饮食,重主食不重副食,重数量不重质量,多制稀而少制稠。"做饭该稀不要稠,三年过来省头牛"。邻里早晚相遇,常问:"喝了没有?"老年人戏逗小孩子时也常用"黏黏窝窝,米面调和"的谚语。在穿衣方面有:"新三年旧三年,补补纳纳又三年"、"笑破不笑补,穿旧不算丑"、"笑脏笑破不笑补"、"穿破才是衣"。即便是在丰收之时,人们也谨慎地对待这份喜悦,"丰收不忘歉收苦,饱时不忘饥时难"、"粮食打进仓,不忘灾和荒"、"细水长流,吃穿不愁"、"丰年要当欠年过,碰到灾年不挨饿"。

这种勤俭风气并非是人们有意所为,根本原因是上党地处山区,土地贫瘠,资源匮乏。由于地理位置的相对孤立和封闭,人们形成了传统的本位思想,不擅长社会交往,习惯于自给自足的小农经济。所以当开源的努力被环境和心理束缚无法施展的时候,节流便成了人们的自然选择。

(四)重农事节气的观念

几千年来封闭的小农经济生产方式,缓慢的生产力发展过程,形成了上党人民"力农"的民风。而农事丰收与否,很大程度上取决于天气的变化,所以,对于时令、气象,人们有了更为全面的关注和总结。

"过了闰月年,走马就种田"、"春差一日,秋差十日"、"人误地一时,地误人一年"、"春天一刻值千金,农事节气不等人"、"榆钱青,犁地起五更"、"榆钱黄,种谷忙"、"谷雨前后,安瓜点豆"、"白露不秀,寒露不收",这些谚语形象地说明了劳动人民在生产过程中对于农时的把握。而"靠天吃饭"的现状迫使人们在农时把握之外更加注重天气的变化,总结出很多关于气象的谚语。如"今晚天上起鱼斑,明天晒谷不用翻"、"清早屹星(下小雨),晌午晒死屹狑(松鼠)"、"早霞不出门,晚霞晒死人"、"久旱蛤蟆叫,不久大雨就来到"、"鸡的(鸡儿)上架早,明天天气好"、"水缸返潮,阴雨快到"、"蚂蚁搬家山戴帽,大雨不久就来到"、"早霞不出门,晚霞行千里"。还有关于时令的:"大旱不过五月十三"、"天长长不过五月,天短短不过十月"、"热在三伏,冷在三九"、"春打六九头"、"春前有雨花开早,秋后没霜叶落迟"、"一场春雨一场暖,一场秋雨一场寒"、"二八月乱穿衣"。这些谚语都充分地体现出人民群众普通而富有哲理的语言智慧。

(五)固守本位的思想

习俗是经过长期的积淀而形成的。受传统的根土观念的影响,人们普遍认为只有土地是最可靠的,既不怕天灾,又不怕抢劫。所以不管是做官,还是做商人,人们一旦有了钱,最想做的就是把得来的钱投资在购买土地上。谚语有:"庄稼户的钱,万万年;做买卖的钱,只十年;贪官的钱,纸糊的船""千买卖,万买卖;不如在家啃土块"这直观地反映了上党人对土地的眷恋。

耕读传家使上党的教育和文化得以巩固和发展,但在一定程度上也扼杀了上党人民敢闯、敢干、敢冒险的精神。时至今日,仍有"走一地不如守一地"和"出门屹扑(扑闹、拼搏),不如守个土窝"的说法。由于长期在土地上的捆绑,使人的行为变得单一而又麻木,"宁死不挪窝,饿死不讨吃"的观念不知在什么时候悄悄地潜入人们的心里,成为一种沉重的文化积淀。

(六)深厚的伦理道德观念

"伦理道德"这种在漫长历史文化传承中遗留下来的观念,渗透于社会生活的方方面面。

1.传宗接代观念

传宗接代观念来自于中国传统的家族制度为基础的长期宗法制社会模式的潜在影响。家族是社会发展的产物,它的产生与人们的婚姻、生产等内容息息相关。家族也是中国传统社会的核心,要维系家族的存在和兴旺就必须具备主体——人,所以传宗接代的观念就显得自然而且有必要了。

如上文育子成丁中提到的,人们狭隘的定义规定传宗接代必须生子传代,否则就是"不孝有三,无后为大""龙生一子定乾坤,猪生一窝拱墙根"。反过来就是"早生贵子多得福,多生贵子多得福"、"要儿不如亲生子"、"有钱难买子孙贤"。

2.男尊女卑思想

在以男子为中心的社会,男性继承财产、姓氏,男婚女嫁,只有男子才能顶上门户、延续血脉,谚语"没子不成家"、"有子万事足"、"男主外,女主内"便是这种状况的反映。男人在外运筹帷幄,女人在家相夫教子,所以女人多处于从属地位,并且女人要守妇道:"好马不搭双鞍鞴,好女不嫁二夫郎",宣扬"女子无才便是德"的思想,对女性极端歧视:"老婆当家,必定有差"、"嫁出去的闺女泼出去的水"、"媳妇是墙皮,死了再泥"等,这些都反映了人们重男轻女、男尊女卑的思想观念。

(七)淳朴的辩证法观念

长治方言谚语中反映生活辩证法的内容很多。如:"好看的不一定好吃,难听的不一定没用"、"便宜没好货,好货不便宜"等。从这些朴实的描写中,可以看出上党人民淳朴的辩证法观念。这些谚语源于生活,又指导生活,所揭示的是生活辩证法的矛盾普遍性。怎样对待这一矛盾呢?归纳起来有两种典型的文化心理:

1. 善隐心理

"出头的椽的(椽子)先烂"、"枪打出头鸟"、"树大招风"、"人怕出名猪怕壮",这些谚语告诫人们:对待显露与隐藏这对矛盾时,只能是隐藏,而不能显露。"真人不露相,露相不真人"。正因为有这样的思想基础,所以上党人民在生活中时时从两方面提醒自己。一方面谦虚、自律:"强中自有强中手,不在人前自夸口""能人背后有能人"。另一方面谨小慎微,明哲保身:"话到嘴边留半句"、"处世诫多言,多言必有失"、"能吃过头饭,不说过头话"、"宁走百步远,不走一步险。"这些谚语所描述的两个方面,是不同场合行事的准则,是矛盾的,又是统一的。

2. 和为贵的思想

传统的文化积淀影响了人们的立世心态,"只求平安,不求富贵""家庭不和四邻欺"。人们看重的是家庭的和睦和人的平安。"天地和气,万物自生""家和万事兴"等谚语都反映出在人们心中"和"的重要和可贵。

(1)处世方面

为了求"和",人们常常以"处世诫多言,多言必有失"来规诫自己的言行。在"各人自扫门前雪,不管他人瓦上霜"这种"事不关己,高高挂起"的观念影响下来处理人际关系。同时固守本位的思想也极大地影响到人们"和为贵"的心态,所以在世事面前人们常持"树大招风,钱多招贼""穷招嫌,富招恨"的态度。对于矛盾,人们采取的是"忍一时风平浪静,退一步海阔天空"的这种避让而非激化的方式,目的就是为了避免争端。

(2)修身养性方面

在和为贵思想的影响下,人们也注重对自身修养的提高。

在"知识益多,才不压人"思想的影响下,人们有了"人生七十古来稀,向人领教不为低"、"笨鸟先飞早入林,笨人先学变聪明"、"虚心十事九成,自满十事九空"的学习态度。同时也有了"不做贼心不惊,不吃鱼嘴不腥""不讨便宜不吃亏,不走小路不圪背(运气不好)"的立世观念和"独木不能成火焰,孤身不能成俊贤""不是是非人,不说是非话"的人性认知。其他的如"善说不如善做,善始更要善终"、"少说漂亮话,多做平凡事"、"与人不说半句话,为人不做亏心事"、"没事不找事,有事不怕事"等。

总之,透过长治方言中的谚语,可以窥到上党人民传统文化心理之一斑。

三　余论

人们常说,谚语是人生的百科全书。"在教育不发达的年代谚语就是人们的教科书,人们通过谚语学习生活知识、生产知识、做人的道理;即使在教育比较普及的今天,也还存在着教育滞后的地区和人群,谚语仍然是他们最基本的知识来源;甚至在教育很发达的地区,谚语也仍然在为人们提供精神食粮,弥补正规教育之不足。"[①]谚语以它强烈的生活气息,鲜明的口语特点,独特的艺术色彩树立于语言艺术的画廊之中。作为地域文化的一种显性标志,长治方言谚语深刻地揭示了人们对于生活的朴素而又直观的理解。长治方言谚语博大精深,本文只涉及了其中的一部分,还有更多有特色的谚语值得去发掘、研究。让我们把这项有意义的探索工作继续下去,让方言谚语尽显出它独特的魅力。

附注:
　①崔希亮《汉语熟语与中国人文世界》第 258 页。

参考书目:
[1] 张鸿苓主编,鞠海虹、鞠增艾著 中华民俗览胜[M],语文出版社,2000。
[2] 林宝卿 汉语与中国文化[M],科学出版社,2000。
[3] 沈锡伦 中国传统文化和语言(增补本)[M],上海教育出版社,2004。
[4] 崔希亮 汉语熟语与中国人文世界[M],北京语言大学出版社,2005。
[5] 张映庚 昆明方言的文化内涵[M],云南教育出版社,1997。
[6] 中国谚语集成山西卷——壶关谚语集成[M],壶关民间文学三套集成编委会,1987。
[7] 木　兵 魅力长治文化丛书之八——《民俗寻根——民俗卷》[M],北京燕山出版社,2006。
[8] 李淑珍 山西方言谚语的语义、文化及认知解读[C],山西省语言学会年会论文,2006。
[9] 王　利 长治方言谚语的类型及其审美文化特征,未刊。

(作者单位:长治学院中文系　山西　长治　046011)

《祖堂集》俗语汇例释

温 振 兴

《祖堂集》[①]约成书于五代南唐保大十年(952),由福建泉州招庆寺静、筠二禅德编撰,是我国现存最早的灯录体史书,也是现存最早的禅宗语录总集。20世纪80年代,《祖堂集》得以回归本土,很快掀起国内语言学界的研究热潮,迄今在词汇和语法研究方面取得了许多重要成果。

语汇就是"语"的总汇,"语"不是概念性而是叙述性的语言单位,由词和词组合成且结构相对固定,并具有成句和被引用的功能。(温端政2005)《祖堂集》作为晚唐五代珍贵的白话文献,其中还保留了大量鲜活的俗语语汇,禅僧在日常问答中借助这些语汇表达深刻的讽喻意义。袁宾《禅宗词典》的若干条目曾涉及于此,但从语汇学的角度专门考察《祖堂集》的工作尚不多见,因此其中众多的俗语语汇尚未挖掘。温端政(2005)认为:汉语语汇可分为谚语、惯用语、歇后语和成语四类。根据语的叙述性特征,以叙述方式为标准,可将语分为表述语、描述语和引述语三种类型。表述语是通过判断或推理体现某种思想认识,具有知识性,谚语属于表述语;描述语描述人或事物的形象、状态或行为动作的性状,可以采用词组的形式,也可以采用句子的形式,不受结构形式的限制,惯用语属于描述语;引述语是由引子和注释性叙述两个部分组成,也就是歇后语。而成语就是四字结构的描述语加上四字结构的表述语。笔者不揣谫陋,按温先生的标准先分四类拈出《祖堂集》中的语汇,再于宋明禅录中搜寻该语及其同源语,在此基础上尝试揭其喻义,以此就正于方家。

一 《祖堂集》中的谚语

(1) 龙生龙子,凤生凤子

初见侍者便问:"和尚还在也无?"对曰:"在,只是不看客。"师曰:"大深远生!"侍者曰:"佛眼觑不见。"师曰:"龙生龙子,凤生凤子。"(卷四,丹霞和尚)

喻指禅悟层次各有高低。又作"龙生龙子,凤生凤儿"(《景德传灯录》卷十四《邓州丹霞天然禅师》261页[②],《五灯会元》卷十四《梁山缘观禅师》864页[③]),或作"龙生龙子,凤长凤雏",《从容庵录》卷六:"黄檗昔年曾掌百丈,今日遭他临济毒手,真龙生龙子,凤长凤雏。"(《大正藏》卷四八,283a)

"龙生龙子、凤生凤儿"不仅可省用为"龙生龙子",如《碧岩录》卷七:"不见古人道,千圣灵机不易亲,龙生龙子莫因循。"(《大正藏》卷四八,196a),又可进一步延长为:"龙生龙,凤生凤,老鼠养儿沿屋栋。"上下句谐音,叙述对象正反对比,使俗语义更为形象鲜明。《五灯会元》卷十六《光孝深禅师》1104页:"龙生龙,凤生凤,老鼠养儿沿屋栋。"《如净和尚语录》卷一还可见到形式更复杂者:"龙生龙,凤生凤,指天指地独称尊,老鼠养儿巡屋栋。"(同上,122c)由此可见禅录中的谚语具有可延展性,该属性是"同源语"存在的一个重要理据。

该语并不限于唐宋禅林使用,俗家语言生活中亦习见。今山西山阴方言即存如下谚语:"龙生龙,凤生凤,老鼠的儿会打洞","龙生龙,凤生凤,讨吃的儿会拉棍"。

(2) 正衔天子敕,诸侯避路傍

后有人拈问曹山:"作摩生祗对,免得药山打之?"曹山曰:"正衔天子敕,诸侯避路傍。"(卷四,药山和尚)

喻指应该顺应时势,不可强作他会。又作"正敕既行,诸侯避道。"(《景德传灯录》卷十七《抚州曹山本寂禅师》327页),或作"王敕既行,诸侯避道。"(《五灯会元》卷十三《曹山本寂禅师》792页)

(3) 前锵托犹浅,后箭射人深

进曰:"只如上座,过在什摩处,即被打之?"曹山曰:"前锵托犹浅,后箭射人深。"(卷四,药山和尚)

喻指不可驰求文字句意,而应于当下顿悟禅机。又作"前箭犹似可,后箭射人深。"(《景德传灯录》卷十七《抚州曹山本寂禅师》327页,《五灯会元》卷十三《曹山本寂禅师》792页),也有禅籍写作"前箭猶是可,后箭射人深。"(《汾阳无德禅师语录》卷二,《大正藏》卷四七,612a)"犹似可"义为"尚且可以",常常作为铺垫,突出强调紧跟其后的小句,《五灯会元》卷十三《洞山良价禅师》783页:"僧回举似师,师:'幽州犹似可,最苦是新罗。'"同书卷十九《大沩法泰禅师》1283页:"志公呵呵大笑曰:'前头犹似可,末后更愁人。'"

(4) 龙有出水之机,人无弁得之能

进曰:"争那闲名在世何?"霜曰:"张三李四他人事。"云居代云:"若有闲名,非吾先师。"曹山代曰:"从古至今,无人弁得。"疎山代云:"龙有出水之机,人无弁得之能。"(卷六,洞山和尚)

该语在宋代禅录均作"龙有出水之机,无人辨得。"(例见《景德传灯录》卷十五《筠州洞山良价禅师》292页④,《五灯会元》卷十三《瑞州洞山良价悟本禅师》786页),且用于同一公案语。喻指凡情自迷,未能寻见顿悟之机。

(5) 宁可清贫长乐,不作浊富多忧

问:"诸缘则不问,如何是和尚家风?"师云:"宁可清贫长乐,不作浊富多忧。"(卷十三,招庆和尚)

指禅意在于追求自然。宋代禅录又作:"宁可清贫自乐,不作浊富多忧。"(《景德传灯录》卷二一《泉州招庆院道匡禅师》423页)。该语又常简省为"清贫长乐",如《续传灯录》卷二《道颜禅师》:"担板汉清贫长乐,粥足饭足俯仰随时。"(《大正藏》卷五一,480a)

(6) 心不负人,面无惭愧

问:"如何是学人自己?"师云:"一怕你不问,二恐你不会。""便请。"师云:"心不负人,面无惭愧。"(卷十九,陈和尚)

指寻见自我本心,即可顿悟无累。又作"心不负人,面无惭色。"(《景德传灯录》卷十二《陈尊宿》209页),又可简省为"心不负人",《云门匡真禅师广录》卷一:"问:'如何是活?'师云:'心不负人。'"(《大正藏》卷四七,547b)

(7) 只见锥头利,不见凿头平

僧问镜清:"米和尚回意如何?"云:"只见锥头利,不见凿头平。"(卷二十,米和尚)

批评对方失去自然本心,只是追求片面,弃本逐末。宋代禅录多作"只见锥头利,不见凿头方。"(《景德传灯录》卷九《金州操禅师》154页;《虚堂和尚语录》卷一,《大正藏》卷四七,989b)禅录中对该语的谚语性质有明确记载:"近世学者多弃本逐末,背正投邪。只以为学为道为名,专以取富贵,张大门户。为决定义,故心术不正,为物所转。俗谚所谓只见锥头利,不见凿头方。"(《大慧普觉禅师语录》卷二四,同上,913b)。也可省作"只见锥头利",如《明觉禅师语录》卷二:"可惜王老师只见锥头利。"(同上,680b)

禅录另可见此谚语的同源语两则:"只见锥头利,失却凿头方。"如《汾阳无德禅师语录》卷二:"'打得铁船也未?'代云:'只见锥头利,失却凿头方。'"(同上,618a),用该语劝告对方时又可作"莫见锥头利,失却凿头方":黄蘖有时正路行,或时草里走。汝等诸人,莫见锥头利,失却凿头方。(《黄龙慧南禅师语录》卷一,同上,633a)

二 《祖堂集》中的惯用语

(1) 牛不吃栏边草

僧问石头:"如何是祖师意?"石头曰:"老僧面前一踏草,三十年来不曾锄。"有人举似师,师云:"牛不吃栏边草。"(卷五,云岩和尚)

该语喻指不知自心即佛,却一味地向外驰求。禅录又见:"铁牛不吃栏边草","泥牛不吃栏边草",概为同源语汇。例如《续传灯录》卷四:"僧问:'师唱谁家曲,宗风嗣阿谁?'师曰:'铁牛不吃栏边草,直上须弥顶上眠。'"(《大正藏》卷五一,491a)《续传灯录》卷十二:"问:'如何是祖师的意?'师曰:'泥牛不吃栏边草。'"(同上,542b)

(2) 肉重千斤,智无铢两

僧对曰:"龟毛兔角岂是有耶?"师云:"肉重千斤,智无铢两。"(卷五,三平和尚)

喻指思维沉溺于外在世象,不见真法。同例见于《景德传灯录》卷十四《漳州三平义忠禅师》276页和《五灯会元》卷五《三平义忠禅师》283页。

(3) 时至根苗自生

师于言下承旨,礼谢而退。翠微云:"莫埋却!"师曰:"时至根苗自生。"(卷六,投子和尚)

该语喻指万法顺其自然。同则公案语见《景德传灯录》卷十四《翠微无学禅师》268页及《五灯会元》卷五《翠微无学禅师》279页。《圆悟佛果禅师语录》卷十四亦见其例:"得非此段大因缘,时至根苗自生也,亦机感相投有地也?"(《大正藏》卷四七,779b)

(4)嚼饭唛鲁伯

僧问黄龙:"古人道:'不许夜行,投明须到',意作摩生?"黄龙曰:"嚼饭唛鲁伯。"(卷六,投子和尚)

对待鲁伯还像对待小孩子一样嚼饭给他吃,喻指繁琐拖沓,徒做无用功。禅录与此同源的惯用语有"嚼饭餵婴儿"、"嚼饭餧婴孩"、"嚼饭餧小儿","唛、餵、餧"皆为"喂",例如:《虚堂和尚语录》卷二:"且道,今夜还来吃果子否?卓主丈,嚼饭餵婴儿。"(《大正藏》卷四七,1000b);《续传灯录》卷三:"沙里无油事可哀,翠岩嚼饭餧婴孩。他时好恶知端的,始觉从前满面埃。"(同上卷五一,485c);《续传灯录》卷二十一:"诸禅德,这个公案唤作嚼饭餧小儿。"(同上,608b)。

(5)冷灰里豆子爆

师云:"莫从天台采得来不?"对曰:"非五岳之所生。"师曰:"莫从须弥顶上采得来不?"对曰:"月宫不曾逢。"师曰:"与摩则从人得也。"对曰:"自己尚怨家,从人得堪作什摩?"师曰:"冷灰里豆子爆。"(卷七,夹山和尚)

喻指抛除一切杂念之后,猛然间顿悟自心。其同源语又作"冷灰爆豆"、"冷灰里豆爆"、"冷灰豆爆"、"冷灰里有一粒豆子爆"、"冷灰里有一粒豆爆"等,例如下:《镇州临济慧照禅师语录》卷一:"合浦还珠固为奇特,冷灰爆豆亦自不妨。"(《大正藏》卷四七,495c)《密庵和尚语录》卷一:"到箇里,回头一觑,蓦地冷灰里豆爆,如关将军入大阵。"(同上,973b)《虚堂和尚语录》卷二:"且道,火炉头说甚么话?恐冷灰豆爆,弹破诸人鼻孔。"(同上,1000b)《景德传灯录》卷二十《杭州佛日和尚》390页:"师曰:'自己尚是冤家,从人得堪作什麽?'曰:'冷灰里有一粒豆子爆。'"同例《五灯会元》卷十三《杭州佛日禅师》827页作"冷灰里有一粒豆爆"。袁宾先生《禅宗词典》285页有"冷灰豆爆"条,其义释为:"指妄念灭尽(冷灰),顿悟真性(豆爆)。"甚确。

(6) 野老门前不话朝堂之事

问:"西天一人传一人,彼此不垂委曲。谁是知音者?"师曰:"野老门前不话朝堂之事。"(卷九,落浦和尚)

禅师使用该语讽指痴妄高深,实则背离本心的俗念,对答中以此一语截断迷途。宋代禅录多见其例,《景德传灯录》卷十六《澧州乐普山元安禅师》313页:"又问曰:'承西天有二十八祖,至于此土人传一人,且如彼此不垂曲者如何?'师曰:'野老门前不话朝堂之事。'"《五灯会元》卷六《洛浦元安禅师》317页:"'佛佛相应,祖祖相传,彼此不垂曲时如何?'师曰:'野老门前,不话朝堂之事。'"《从容庵录》卷三亦引洛浦此语,其例为:"洛浦云:'野老门前不话朝堂之事。'故安贴农桑,未尝颦蹙,何也?无用处成真用处,好因缘是恶因缘。"(《大正藏》卷四八,250b)

(7) 老鼠吃盐

问:"曹溪一路,请师举扬。"云:"莫屈著曹溪摩?""与摩则群生有赖。"云:"汝也是老鼠吃盐。"(卷十三,山谷和尚)

老鼠吃盐是违背常理的,所以该语喻指刻意追求,误入迷途。

相同公案语见于《景德传灯录》卷二二《漳州报恩院行崇禅师》447页。《大慧普觉禅师语录》卷四亦有其例："进云:'只如云门道,人从天台来,却往径山去。又作么生?'师云:'老鼠吃盐。'"(《大正藏》卷四七,826a)

(8) 雷声甚大,雨点全无

问:"大藏教中还有宗门中事也无?"师云:"是什摩?"进云:"如何是宗门中事?"师云:"雷声甚大,雨点全无。"(卷十二,荷玉和尚)

喻指脱离本心,徒作无用功。禅录习见其例,《景德传灯录》卷二八《大法眼文益禅师》614页:"问:'从上宗乘如何履践?'师曰:'雷声甚大,雨点全无。'"另《碧岩录》卷七亦有其例:"前不搆村,后不迭店。拗折拄杖子,向什么处去? 雪窦雷声甚大,雨点全无。"(《大正藏》卷48,196a)

(9) 足上不足,比下有余

东引西证,忽因古德光贤,便有见处。岂不是足上不足,比下有余?(卷十二,禾山和尚)

禅僧于机锋对答中常借用此语断除对方的妄念。《云门匡真禅师广录》卷二(《大正藏》卷四七,565c)亦有其例。《祖堂集》另有"于上不足,足下有余"两例,概为与此同源者:

问:"无居止处,还许学人立身也无?"师云:"于上不足,足下有余。"(卷十三,招庆和尚)进曰:"直得一物不留,还消得也无?"师云:"于上不足,足下有余。"(同上)

三 《祖堂集》中的歇后语和成语

《祖堂集》中歇后语使用较少,兹拈其两例如下:

(1) 蚊子上铁牛,无你下嘴处

云岩却问:"百丈大人相如何?"师云:"魏魏堂堂,炜炜煌煌。声前非声,色后非色。蚊子上铁牛,无你下觜处。"(卷十六,沩山和尚)

喻指领悟禅法不可拘泥于外在的词句表述,而应该回归本心。该语又可单用作"蚊子上铁牛",宋代禅录习见,见袁宾先生《禅宗词典》465页该条。其源可追至《祖堂集》。

(2) 一粒在荒田,不耘苗自秀

"如何是本来者?"师云:"一粒在荒田,不耘苗自秀。"(卷九,落浦和尚)

该语喻指领悟禅法本不用刻意追求,而是万法自然。《景德传灯录》卷十六《澧州乐普山元安禅师》314页,《五灯会元》卷六《澧州洛浦山元安禅师》318页均见该语,公案同一。《宏智禅师广录》卷六亦曰:"种性不枯,花叶遍界。所以道,一粒在荒田,不耘苗自秀。"(《大正藏》卷四八,75c)

《祖堂集》中可见诸多沿用至今的成语,皆用于点明禅旨。其例如:

不可思议(卷二,闍夜多尊者)、喜不自胜(卷四,药山和尚;卷十九,灵云和尚)、浮生扰扰(卷五,龙潭和尚)、得意忘言(卷六,洞山和尚)、打草惊蛇|抛塼引玉(卷七,雪峰和尚)、家破人亡(卷七,夹山和尚)、斩钉截铁|出生入死(卷八,云居和尚)、时不待人(卷十,玄沙和尚)、覆水难收(卷十,镜清和尚)、与蛇画足(卷十二,荷玉和尚)、知过必改(卷十三,招庆和尚)、雨顺风调(卷十三,报慈和尚)、拖泥涉水(卷十五,麻谷和尚)、忘前失后(卷十五,五洩和尚)、回光返顾(卷十八,仰山和尚)、粉骨碎身(卷十

九,临济和尚)。

四 《祖堂集》语源试探

《祖堂集》中的俗语大多出自当时日常的农禅生活事理。禅僧追求智慧,因此所用语汇具有极大创造性,上举谚语、惯用语和歇后语之例多为此类。不过《祖堂集》中也有出于外典的俗语汇,这些语汇又可分为两类:一类为化用俗家典故,同样体现了禅僧追求智慧创新的旨趣,另一类为直引外典之语,此类用例不多。今揭其例如下:

1. 化用俗家典故

(1) 射虎不中,徒劳没羽

进曰:"三跳外事如何?"师云:"射虎不中,徒劳没羽。"(卷九,落浦和尚)

该语喻指未见时机,徒下功夫。禅录又作"射虎不真,徒劳没羽。"例如《景德传灯录》卷十《赵州观音院从谂禅师》171页:"保寿云:'射虎不真,徒劳没羽。'";《明觉禅师语录》卷一:"僧拟议,师便喝。僧云:'未审只与么,别有在?'师云:'射虎不真,徒劳没羽。'"(《大正藏》卷四七,674a)该语化用于汉将李广射虎未中,箭没于石的典故,见《汉书·李广传》(中华书局,1983年)。

(2) 来朝更献楚王看

师有时上堂,众集良久云:"来朝更献楚王看,珍重。"(卷十,镜清和尚)

该语典出战国卞和献玉遭刖足之事。用于禅林喻指不可刻意急求顿悟,失去自然本心。禅录多见其例,如《景德传灯录》卷二二《韶州白云祥和尚》450页:"问:'如何是和尚接人一路?'师曰:'来朝更献楚王看。'"⑤;《瑞州洞山良价禅师语录》卷一:"五祖戒别首座云:'朝来更献楚王看。'"(《大正藏》卷四七,523a)此典故更完整的谚语形式为"抱璞不须频下泪,来朝更献楚王看。"其例见于《景德传灯录》卷十九《福州安国院明真大师》370页:"僧曰:'乞师指示。'师曰:'抱璞不须频下泪,来朝更献楚王看。'"

2. 直引外典俗语

(3) 生我者父母,成我者朋友

和尚见了云:"灼然是'生我者父母,成我者朋友'。你不用在我这里,便速去。"(卷四,药山和尚)

唐前正史即多见以"生我者父母"为起句的惯用语临时用法,例如:生我者父母,知我者鲍子也。(《史记·管晏列传》,中华书局,1975年);生我者父母,活我者子也。(《三国志·魏书·卷二十八》,中华书局,1997年)所谓生我者父母,贵我者高王。(《北齐书》卷二,中华书局,1997年)《祖堂集》例概与此同源,反映了禅僧语言受到外典语言的影响。

(4) 玉不琢不成器,人不学不知道

玉不琢不成器,人不学不知道。(卷六,洞山和尚)

该语来自外典,对此《宗镜录》卷三九中已有说明:"外书云:玉不琢,不成器。人不学,不知道。"该语见于《礼记·学记》(《十三经注疏》本,中华书局,1980年):"玉不琢,不成器。人不学,不知道。"后世俗典习见。

结 语

今天所能见到的古代禅宗典籍数量庞大。唐宋禅林僧众是拥有较长历史阶段和庞大人群的一个言语社团。禅僧在不立文字,见性成佛的思想主张下,于日常语言生活中形成惯用俚俗语接引禅机的鲜明特色,因此唐宋禅宗语录保持了当时很大的口语性,是汉语历史语汇学研究的重要资料。《古今俗语集成》(第二册)曾对《五灯会元》中的俗语语汇进行了考察。《五灯会元》是成书于南宋晚期的禅宗灯录,而成书于晚唐五代的《祖堂集》是我国禅宗灯录的开山之作,且未经官方文人刊削,因此对于考察禅宗语汇史具有不可替代的价值。迄今禅籍俗语汇的研究与其巨大藏量并不相称,《祖堂集》以及唐宋禅籍的语汇宝藏需要进行大力挖掘和研究。

附注:

①大韩民国海印寺本,日本花园大学禅文化研究所影印发行,1994年。文中《祖堂集》引例皆据此本。

②文中《景德传灯录》页码皆取自妙音、文雄点校本,成都古籍书店,2000年。另以日本花园大学影印东禅寺版《景德传灯录》与该点校本核校,点校本有误者相应记于脚注。

③文中《五灯会元》页码皆取自苏渊雷点校本,中华书局,1984年。

④日本花园大学影印东禅寺本作"辨"。成都古籍本录作"辩",显误。

⑤此据《景德传灯录》东禅寺本,成都古籍本录作"来朝更献楚炳王看"。

参考文献:

[1] 温端政 汉语语汇学[M],商务印书馆,2005。
[2] 温端政主编 古今俗语集成[K],山西人民出版社,1989。
[3] 袁 宾 禅宗词典[K],湖北人民出版社,1994。

(作者单位:山西大学文学院 太原 030006)

含色彩语素的服饰成语

徐 颂 列

服饰成语是含有服饰语素的成语,从服饰成语中我们可以了解到大量的古代服饰文化。服饰成语中有一部分含有色彩语素,这些含有色彩语素的服饰成语反映了我国古代的尚色文化和章服制度。要正确地理解和使用这些成语,就需要了解它们的文化背景。本文试从古代尚色文化和官服制度两个方面来解读含有色彩语素的服饰成语。

一 恶紫夺朱——中国古代尚色文化

"**恶紫夺朱**"《辞海》释义:"原谓厌恶以邪代正。后以喻以邪胜正,以异端充正理。"为什么以"紫"为邪,以"朱"为正呢?这就需要了解古代人们对色彩的认识。

对色彩的记载最早出现在甲骨文中。甲骨文中出现的色彩词有"黄"、"黑"、"白"、"赤"等。上古时把青、赤、白、黑、黄五种颜色视为"正色"。《周礼·考工记》:"画缋之事,采五色。东方谓之青,南方谓之赤,西方谓之白,北方谓之黑,天谓之玄,地谓之黄。""五色"也与"五行"对应起来。《尚书·洪范》:"五行,一曰水,二曰火,三曰木,四曰金,五曰土。"清桂馥《说文解字义证》:"木色青,故青者东方也;木生火,其色赤,故赤者南方也;火生土,其色黄,故黄中央也;土生金,其色白,故白者西方也;金生水,其色黑,故黑者北方也。"与"正色"相对的是"间色",即由正色混合而成的色彩。如绿、红(浅红)、碧、紫、骝黄。《论语注疏》邢昺疏:"正义曰:云'朱,正色。紫,间色'者,皇氏云:正,谓青赤黄白黑五方正色。不正,谓五方间色,绿红碧紫骝黄色是也。青是东方正,绿是东方间。东为木,木色青。木克土,土色黄,并以所克为间,故绿色青黄也。朱是南方正,红是南方间。南为火,火色赤。火克金,金色白,故红色赤白也。白是西方正,碧是西方间。西为金,金色白。金克木,木色青,故碧色青白也。黑是北方正,紫是北方间。北方水,水色黑。水克火,火色赤,故紫色赤黑也。黄是中央正,骝黄是中央间。中央土,土色黄。土克水,水色黑,故骝黄色黄黑也。"《说文解字》对这几种颜色的释义是:"绿,青黄也","红,赤白也","碧,白青也","紫,黑赤也","骝黄,黄黑也",这些颜色都是由两种正色混合而成的,因此不纯。故在上古人看来,正色尊贵,间色卑贱;正色高尚,间色邪恶。

"恶紫夺朱"典出自《论语·阳货》:"子曰:'恶紫之夺朱也,恶郑声之乱雅乐也,恶利口之覆邦家者。'"邢昺疏:"'子曰'至'家者'。正义曰:此章记孔子恶邪夺正也。'恶紫之夺朱也'者,朱,正色。紫,间色之好者。恶其邪好而夺正色也。"邢昺疏"紫衣君服":"《管子》称齐桓好服紫衣,齐人尚之,五素而易一紫。孔子云:'恶紫之夺朱。'""朱"即"赤",为正色。"紫"为间色中漂亮的颜色,因此为齐桓公所喜爱,从而带动贵族都喜爱着紫色衣服,这就冲击了"朱"的正统地位。这种以邪代正的行为自然为孔子所不取。如果不了解古代崇尚"正色"鄙弃"间色"的尚色文化,就不能正确理解"恶紫夺朱"的意义。类似的成语还有"**红紫乱朱**""**以紫加朱**"等。而"**朱紫难别**"则比喻正与邪、善与恶难以辨别。

相关的成语还有"**邹缨齐紫**",意为上行下效。典出自《韩非子》。《韩非子·外储说左上·说五》:"齐桓公好服紫,一国尽服紫。当是时也,五素不得一紫。"又"邹君好服长缨,左右皆服长缨,缨甚贵。"这应是一个含有贬义的成语,贬义就在于"紫"为间色,不应为齐王所好而齐王好之,引得一国人皆好之,齐王是带了一个坏头。"上行"的是不正的事,当然"下效"的也是不正的事。了解了色彩有正色间色之别,就能正确把握这个成语的褒贬色彩义。

二 怀金垂紫——色彩与古代官服制度

"怀金垂紫"《辞海》释义:"形容显贵。金,金印;紫,系印的紫色丝带。"《史记·蔡泽传》有"怀黄金之印,结紫绶于腰……足矣"句。以"金印"喻高官比较容易理解,为什么"紫绶"也表示位居高官呢?这是因为古代君臣的官服中,色彩绶有标志官职级别高下的作用。

"绶"是古代系印或玉玺、玉佩的丝织的带子。古代帝王百官等的印钮都是玉质的,因此"绶"亦指帝王百官、后妃命妇系缚在印钮上的丝带,使用时佩挂在腰部右侧或盛于印囊。此种佩绶的制度始见于战国时期,至秦形成制度。《后汉书·舆服志下》:"秦乃以采组连接于璲,光明章表,转相结受,故谓之绶。"自秦以下,不同颜色的"绶"表示不同等级的官衔。不过各代的制式和色彩略有不同。汉代皇帝、太皇太后、皇太后、皇后佩黄赤绶,诸侯王赤绶,相国绿绶,公、侯、将军紫绶,九卿、中二千石、二千石青绶;千石、六百石黑绶,四百石、三百石、二百石黄绶,百石青绀绶。隋制采用双绶,左右各一,佩挂在腰下,在绶的中间施放玉环。天子佩玄黄赤白缥绿六采双绶,正从一品绿綟绶,从三品以上紫绶,银青光禄大夫、朝议大夫及正从四品青绶,正从五品墨绶。[①]

唐代也以不同颜色的绶来区别官阶。据《旧唐书·舆服志》载:

"诸佩绶者,皆双绶。亲王纁朱绶,四彩,赤、黄、缥、绀,纯朱质,纁文织,长一丈八尺,二百四十首,广九寸。一品绿綟绶,四彩,紫、黄、赤纯绿质,长一丈八尺,二百四十首,广九寸。二品、三品紫绶,三彩,紫、黄、赤,纯紫质,长一丈六尺,一百八十首,广八寸。四品青绶,三彩,青、白、红,纯青质,长一丈四尺,一百四十首,广七寸。五品黑绶,二彩,青、绀,纯绀质,长一丈二尺,一百首,广六寸。"除了一品官佩绿綟绶,二品、三品佩紫绶,四品佩青绶外,高于一品的亲王佩纁朱绶,五品官佩黑绶。无论是汉代还是隋唐,紫绶都为高官所佩戴。"怀金垂紫"正是这种佩绶制度的写照。

同样表示"显贵","位居高官"的还有"**怀金拖紫**"、"**怀黄佩紫**"、"**腰金拖紫**"、"**带金佩紫**"、"**纡佩金紫**"、"**纡金曳紫**"等。

另一组反映佩绶制度的成语是"**纡青拖紫**""**纡青佩紫**"、"**青紫被体**"等。《汉书·扬雄传》:"客嘲扬子云:'……析人之圭,儋人之爵,怀人之符,分人之禄,纡青拖紫,朱丹其毂。'""青"指青绶。汉代九卿、中二千石、二千石佩青绶,等次仅在紫绶之下。佩青绶和佩紫绶一样,都是身居高位的标志。因此用"纡青拖紫"等来形容地位尊显。

"青紫"既然指代高官显位,那么"**芥拾青紫**"就比喻获得高官厚禄像拾地芥一样容易。典出自《汉书·夏侯胜传》:"士病不明经术,经术苟明,其取青紫如俛拾地芥耳。学经不明,不如归耕。"出自同一典故的成语还有"**俯拾青紫**"、"**青紫拾地**"、"**青紫如拾**"、"**青紫可拾**"等等。

与佩绶制度相关的成语还有"**传龟袭紫**",《辞海》释义:"谓继承高爵显位。""紫"为紫绶,"龟"则是官印上的龟形鼻纽。汉代皇帝诸侯百官也以官印上不同的印纽来区别高低等次。皇帝为白玉印螭虎纽,诸侯为黄金印橐驼纽,丞相大将军等高官为黄金印龟纽。孙星衍辑《汉旧仪补遗》卷上:"列侯黄金印,龟纽,文曰印;大将军黄金印,龟纽,文曰章。"《后汉书·樊宏阴识传》:"樊氏世笃,阴亦戒侈。恂恂苗裔,传龟袭紫。"李贤注:"公侯皆紫绶金印龟纽。"

还有一些成语和古代的品色服制有关。例如"**黄袍加身**"、"**司马青衫**"(青衫司马)、"**白发青衫**"、"**金龟换酒**"、"**悬龟系鱼**"、"**白衣公卿**"、"**白衣卿相**"、"**一品白衫**"、"**脱白挂绿**"等。

色彩服是中国文化的重要组成部分。色彩服自古就有。《诗经·邶风·绿衣》:"绿兮衣兮,绿衣黄裳。"这种色彩服并不与官员的职务高低相关。据孙机先生考证,"汉代文官皆着黑衣……这时,从衣着上区别官员级别高下的依据,主要看绶的采色,文职者并可参考进贤冠上的梁数。至北周时,才有所谓的'品色衣'出现。《隋志》说:'大象二年下诏,天台近侍及宿卫之官,皆着五色衣,以锦绮缋绣为缘,名曰品色衣。'……此次隋炀帝以官品定服色之举,影响则颇大,自唐迄明,皆因袭这种做法,成为我国古代官服之一重大变革。"[②]"从这时起,历唐、宋、元、明各代,原则上就都采用这一制度了。[③]

首先是黄色,自唐代始成为皇帝的专用色。《旧唐书·舆服志》:"武德初,因隋旧制,天子燕服,亦名常服,唯以黄袍及衫,后渐用赤黄,遂禁士庶不得以赤黄为衣物杂饰。"又《新唐书·车服志》:"至唐高祖,以赭黄袍、巾带为常服……既而天子袍衫稍用赤黄,遂禁臣民服。"黄袍成为皇帝的专用服。"黄袍加身"典出自后周赵匡胤"陈桥兵变,黄袍加身"事件,后指登上皇帝位。《宋史·赵竑传》:"宝庆元年正月庚午,湖州人潘壬与其弟丙谋立竑,竑闻变匿水窦中,壬等得之,拥至州治,黄袍加身"讲的就是宋理宗时,济王赵竑在潘壬等的胁迫下即皇帝位,也就是历史上所谓的"湖州兵变"。

唐代以品色服表官级的制度比较复杂,根据《旧唐书》和《新唐书》的记载，不同年代的服制，大体如下表所示：

	武德四年	贞观四年	上元元年	文明元年	太和三年
一——三品	紫	紫	紫	紫	紫
四品	朱	绯	深绯	深绯	朱
五品	朱	绯	浅绯	浅绯	朱
六品	黄	绿	深绿	深绿	绿
七品	黄	绿	浅绿	浅绿	绿
八品	黄	青	深青	深碧	青
九品	黄	青	浅青	浅碧	青

从上表可以看到，唐代的八、九品官是着青色官服的。因此以"青衫"指卑微的官职。"白头青衫"意即晚年才得到卑微的官职。宋赵令畤《侯鲭录》卷七："……作诗曰：'白发青衫晚得官，琼林顿觉酒肠宽。'"而"司马青衫"则出自白居易《琵琶行》"座中泣下谁最多，江州司马青衫湿"。白居易当时虽为江州司马，却是最低的文散官将仕郎，为从九品官。所着的九品官服就是青色的。后以"司马青衫"形容凄切悲伤。

唐代的高官还要佩鱼符。这个制度是从隋朝沿袭下来的。《隋书·高祖纪》："十年……颁木鱼符于京师官五品已上。""十五年，丁亥，制京官五品已上，佩铜鱼符。"到了唐代，则有"佩鱼——佩龟——佩鱼"的服制变化。《新唐书·车服志》："高宗给物品衣裳随身鱼、银袋，以防召命之诈，出内必合之。三品以上金饰袋。垂拱中，都督、刺史始赐鱼。天授二年，改佩鱼皆为龟。其后，三品以上龟袋饰以金，四品以银，五品以铜。中宗初，罢龟袋，复给以鱼。郡王、嗣王亦佩金鱼袋。景龙中，令特进佩鱼，散官佩鱼自此始也。然员外、试、检校官，犹不佩鱼。景云中，诏衣紫者鱼袋以金饰之，衣绯者以银饰之。开元初，驸马都尉从五品者假紫、金鱼袋，都督、刺史品卑者假绯、鱼袋，五品以上检校、试、判官皆佩鱼。中书令张嘉贞奏，致仕者佩鱼终身，自是百官赏绯、紫，必兼鱼袋，谓之章服。当时服朱紫、佩鱼者众矣。"最初随身佩戴鱼符是为了防止发生出入宫廷的诈伪事件。后远离宫闱的外官也准许佩戴鱼袋，此时鱼符防诈伪的功能已失，只是成为高官的一种褒饰了。至唐天授二年，又改佩鱼为佩龟，至中宗时又复改回佩鱼。"悬龟系鱼"正是反映了唐代的这一服制。后也用"悬龟系鱼"指任高官显贵。

"金龟换酒"也是佩龟制度下形成的成语。典出自唐孟棨《本事诗·高逸第三》："李太白初自蜀至京师，舍於逆旅。贺监知章闻其名，首访之。既奇其姿，复请所为文。出《蜀道难》以示之。读未竟，称叹者数四，号为'谪仙'，解金龟换酒，与倾尽醉。期不间日。"贺知章为武则天时进士，官至太子宾客、秘书监。太子宾客为正三品官，秘书监为从三品官，皆应佩龟。"金龟换酒"即谓相交甚得，重人才轻官位。秦观《望海潮》"最好金龟换酒，相与醉沧州"句，即取此意。

唐代文人在投献行卷和应考时，一般都穿白色的麻布衣。唐代宰相多从进士出身，故世人对进士极为看重，认为虽为白衣之士，却享有卿相的资望，故称之为"白衣公卿"。典出自五代王定保《唐摭言·卷一·散序进士》："缙绅虽位及人臣，不由进士者，终不为美，以至岁贡常不减八九百人，其推重谓之'白衣公卿'，又曰'一品白衫'。"也作"白衣卿相"。宋柳永《鹤冲天》："才子词人，自是白衣卿相。"

"脱白挂绿"谓初入仕途。这一成语是基于宋代的官服文化形成的。宋代在品色服制上继承了唐制而又有变化。九品以上用青色，七品以上用绿色，五品以上用朱色，三品以上用紫色。到宋元丰年间用色稍有更改，四品以上用紫色，六品以上用绯色；九品以上用绿色。与唐代相同,服用紫色和绯色（朱色）衣者,都要配挂金银装饰的鱼袋。宋太宗开创了赐新及第进士绿袍、靴、笏的恩例。《燕翼诒谋录》卷一曰:"先是,进士参选方解褐衣绿。是岁（太平兴国二年）赐宴后五日癸酉,诏赐新进士并诸科人绿袍、靴、笏。"[④]"解褐衣绿"即脱去白色的麻布衣服,穿上皇帝恩赐的绿色袍服。"脱白挂绿"正是这种恩例在语言中的反映。明郎瑛《七修类稿·辩证类·襴衫》:"又士子出身后则曰'脱白挂绿'。"

附注:
　①参见《隋书·礼仪志》。
　②参见孙机《古舆服论丛》329页。
　③参见孙机《古舆服论丛》153页。
　④参见祝尚书《宋代登第进士的恩例与庆典》,四川师范大学学报（社科版）2006（3）。

参考文献:
[1] 孙　机　古舆服论丛[M],文物出版社,1993。
[2] 孙建军　古代尚色文化与汉语色彩词[J],中国青年政治学院学报,2006（3）。
[3] 吴东平　古汉语颜色词刍议[J],孝感学院学报第23卷第5期,2003（9）。
[4] 徐颂列　唐诗中的"绶"[J],语文研究,2001（3）。
[5] 徐颂列　唐诗中的红色系列衣服词[J],语文研究,2004（1）。
[6] 徐颂列　唐诗中的绿色和青色系列上衣词[J],浙江教育学院学报,2003（6）。
[7] 周汛、高春明　中国衣冠服饰大辞典[K],上海辞书出版社,1996。
[8] 祝尚书　宋代登第进士的恩例与庆典[J],四川师范大学学报（社科版）,2006（3）。

(作者单位:浙江教育学院　杭州　310012)

明清俗语辞书研究综述[*]

曾 昭 聪

一 明清俗语辞书的构成

明清时期的俗语辞书数量很多。所谓俗语辞书,这里指的是记录并诠释汉语俗语的辞书。其中较著名的已收录于《明清俗语辞书集成》。《明清俗语辞书集成》由日本已故著名汉学家长泽规矩也辑集,他从日本公私庋藏的中国古籍中精选有关书籍20种,于1974年由日本汲古书院影印出版。这些辞书多是俗语辞书,也有部分虽不是俗语辞书,但也提供了不少有用的材料,或列举词条,或释义,或引证,或探源,或兼有数者,弥足珍贵。上海古籍出版社于1989年将此书重新影印出版,嘉惠学林。

这20种辞书是(按《集成》收录的先后顺序):明陈士元《俚言解》、明陆嘘云《(新刻徽郡原板诸书直音)世事通考》、清顾张思《土风录》、清梁同书《直语补证》、清易本烺《常谭搜》、清史梦兰《异号类编》、清梁章鉅《称谓录》、清孙锦标《通俗常言疏证》、清西厓《谈征》、清高某(静亭)《正音撮要》、清唐训方《里语征实》、清蔡奭《(新刻)官话汇解便览》、清北洋陆军督练处《军语》、民国周起予《新名词训纂》、清李某(鉴堂)《俗语考原》、明张存绅《(增定)

---

[*] 本文属基金项目:广州市社科联项目"明清笔记体辞书研究"(08SKLY12)

雅俗稽言》、明赵南星《目前集》、明周梦旸《常谈考误》、清郑志鸿《常语寻源》、清郝懿行《证俗文》。

除收入《明清俗语辞书集成》者外,明清俗语辞书还有不少,如商务印书馆1959年出版的《〈迩言〉等五种》,即钱大昭《迩言》、平步青《释谚》、胡式钰《语窦》、罗振玉《俗说》四种,另一种是上面提到的郑志鸿《常语寻源》;另外,清翟灏《通俗编》、钱大昕《恒言录》、陈鳣《恒言广证》、李光庭《乡言解颐》、王有光《吴下谚联》等等也都可以划归这一范围。另外,清人学术笔记中亦颇多俗语,或释义,或推源,因不属于辞书之列,故本文不涉及。

二 学术界有关明清俗语辞书的研究现状

1. 相关问题:对于俗语的名称以及定义、范围该怎样界定,学术界基本上已有统一的认识。

关于俗语的名称。"俗语,或称言、里言、俚言、乡言、俗言、传言、常言、迩言、恒言,或称谚、里谚、野谚、古谚、乡谚、俗谚,或称语、里语、俚语、民语、常语、古语、直语、鄙语、谚语、俗语,或称俗话、古话、炼话、常谈、俗谈、方言土语、街谈巷语等。其中最为常用的还是'俗语'。"(徐宗才 1999,P1)

对于什么是俗语,学术界虽有不同看法,但也有一共同观点。"语言学家和辞书有关'俗语'的解释和定义也不完全相同,共同点是:俗语是通俗的定型的语句,广泛流行在人民群众中间。"(徐宗才 1999,P9)

温端政先生《中国俗语大辞典·前言》:"俗语是群众所创造的、并在群众口语中流传、结构相对定型的通俗而简练的语句。"(温端政 1989)这种观点已得到普遍承认。

关于俗语的范围。徐宗才先生说:"从古代传统的俗语概念来看,俗语包括俗语词、俚语、惯用语、成语、歇后语、谚语和俗语等,指称的范围很宽泛。近年来有人对俗语的范围作了这样的划分,即把俗语分为广义和狭义两种,广义的俗语称作'熟语',包括成语、典故、俗语、谚语、格言、惯用语、名句、警句、俚语等;把狭义的俗语仍叫'俗语',它与谚语、歇后语、惯用语、成语等并列,是一种独立的语类。"(徐宗才1999,P9)温端政先生认为:"我们可以把俗语定义为:汉语语汇里为群众所创造、并在群众口语里流传,具有口语性和通俗性的语言单位。按照这种定义,俗语首先应包括谚语。……除了谚语之外,俗语还应该包括歇后语和惯用语。"(温端政2006,P73)

明清俗语辞书收录的"俗语"范围基本上属于广义的范围;但其中还有相当多的俗语词(有的甚至全部是俗语词),又是超出广义的俗语这一范围的。

2.分类(学科)研究

(1)文献研究

最早论及这些明清俗语辞书的专书是刘叶秋《中国字典史略》,该书于1983年问世,第五章《字书的进化与兴盛期 明·清》下的第三节《〈方言〉派方言俗语词典的进化》中,分别介绍了(一)(明陈士元《俚言解》、(二)明张存绅《雅俗稽言》、(三)明陆噓云《世事通考》、(四)明周梦旸《常谈考误》、(五)明佚名(按,实为赵南星)《目前集》、(六)清翟灏《通俗编》(附清梁同书《直语补证》)、(七)清钱大昕《恒言录》(附清陈鳣《恒言广证》)、(八)清顾张思《土风录》、(九)清郝懿行《证俗文》、(十)钱大昭《迩言》等七种及其他(按,另六种指清外方山人西厓《谈征》、易本烺《常谭搜》、郑志鸿《常语寻源》、平步青《释谚》、唐训方《里语征实》、胡式钰《语窦》、罗振玉《俗说》、孙锦标《通俗常言疏证》)、(十一)清厉荃《事物异名录》及其他(附清梁章鉅《称谓录》、史梦兰《异号类编》)、(十二)清胡文英《吴下方言考》(附近人章炳麟《新方言》)。从所列目录已可看出,介绍是比较全面的。《中国字典史略》对这些辞书多从体例、内容方面作一介绍,并有简明扼要评价,便利初学者,可使之按图索骥,有目录中解题作用,但比之更详细。[①]

这是从总体上对明清俗语辞书作介绍和综合评价的,上世纪80年代以来有一些对其中一种或多种书作评价的单篇论文。

最早提及长泽规矩也及其所辑《明清俗语辞书集成》的,是吴晋辑《日本图书馆界中的中国学者》(四川图书馆学报,1981.1)[②],但惜未作任何介绍。曲彦斌《日本出版的〈明清俗语辞书集成〉》(辞书研究,1984.3)是最早对《明清俗语辞书集成》这一套丛书的体例和内容作简单介绍的。董晓萍《俗语辞书〈土风录〉》(浙江学刊,1985.2)对《土风录》作了简单介绍。储玲玲《〈雅俗稽言〉刍议》(上海师范大学学报,1997.3)考查了《雅俗稽言》的成书、版本、体例、全书价值与不足。陈东辉《长泽规矩也在编纂、刊刻汉文丛书方面的贡献》(史学史研究,2002.1)、陈东辉《中日学术交流与汉语训诂学研究》(古籍整理研究学刊,2006.1)则从文献学角度提及《明清俗语辞书集成》。汪亮《试论〈通俗编〉的特点及其影响》(《图书馆理论与实践》,2006.3)从文献史料的角度对《通俗编》作了评价,全文分两部分:一是"《通俗编》的内容及其特点",二是"《通俗编》的地位及其对后世的影响"。论述较为清晰、中肯。

(2)文化研究

文化研究是一个比较宽泛的概念,许多论文虽然不是专门论述明清俗语辞书的,但往往要引用其中的一些数据——这表明明清俗语辞书中数据的重要性。例如涂元济《福建民俗小札》(民俗研究,1994.4)、王振忠《清代徽州民间的灾害、信仰及相关习俗》(清史研究,2001.2)、张箭《咖啡的起源、发展、传播及饮料文化初探》(中国农史,2006.2)、翁士勋《〈蹴鞠谱〉是一部明朝人汇编性的著作》(体育文史导刊,2005.3)、黄涛《语言研究的民俗学视角》(北方论丛,2000.3)等。另外值得一提的是田育诚、李素桢《〈土风录〉中的化学史料》(松辽学刊自然科学版,1986.4),从自然科学史的角度论述了该书的重要意义。

(3) 语言研究

语言学史著作中重视明清俗语辞书的还不是很多,王力、濮之珍先生的《中国语言学史》都未提及。何九盈先生《中国古代语言学史》在第五章和第六章分列了"明代辞书"和"清代辞书"两节,明代部分介绍了《通雅》、《俗言解字》、《方言据》、《蜀语》;清代部分介绍了《吴下方言考》、《续方言》、《广续方言》、《方言藻》等俗语辞书。(何九盈 1995,P274-278,408-412) 从总体上加以介绍的还有蒋绍愚先生《近代汉语研究概要》,该书在谈到 20 世纪之前的近代汉语词汇研究概况时列举了一些明清俗语辞书。(蒋绍愚 2005,P274-276) 其他一些近代汉语研究专著或教材虽谈及近代汉语俗语,但未对记录俗语的辞书作论述。褚良才《中国古代军语研究导论》附录一《近当代三部军语辞典简评》对清北洋陆军督练处《军语》有简要的评论。

专门对明清俗语辞书从语言角度进行研究的论文到目前为止还只有两篇:曾昭聪《读明清俗语辞书札记》(古籍整理研究学刊,2003.5)、《当代权威词典应重视明清俗语辞书》(语文建设通讯,第 76 期,2003 年 12 月),以举例形式,通过引用明清俗语辞书中的词条及其解释,讨论了明清俗语辞书中的词汇对于当代大型辞书的补正作用。其他的则多为引用其中的若干语料进行汉语史研究,例如顾之川《明代汉语的修辞称谓与变异研究》(青海师范大学学报,1993.3)、黄树先《"哥"字探源》(语言研究,1999.2)、姚永铭《同形词与汉语词汇史研究》(古汉语研究,2006.2),汪维辉《论词的时代性和地域性》(语言研究,2006.2)。更多的是把明清俗语辞书的资料用作词语考释的书证,如王锳《〈近代汉语读本〉注释校勘商补》(湖北大学学报,1993.4)、王锳《宋元明市语续证》(贵州文史丛刊,1995.1)、李见亮《"跳槽"义释》(杭州师范学院学报,1995.1)、骆伟里《辞书疏误举例》(苏州教育学院学报,1996.4)、方龄贵《元明戏曲中的蒙古语续考》(西北民族研究,1997.2)、邵同遂《"行货"的音义》(培训与研究,2002.1)、饶道庆《"出恭"词义来源及产生时间补释》(嘉兴学院学报,2004.4)。

(4) 辞书研究

储玲玲《〈诸书直音〉摭言》(辞书研究,2001.5)从辞书角度对该书的注音体例作了论述。周荐《词语雅俗论——兼谈易本烺〈常谭搜〉的收条、分类等问题》(日本《立命馆言语文化研究》第13卷1号,2001年;又载《词汇学词典学研究》,商务印书馆,2004)从收词与分类举例作了论述。另外,曾昭聪的两篇论文也是兼从辞书编纂角度来谈的。

3. 关于明清俗语辞书不足方面的研究

蒋绍愚先生《近代汉语研究概要》在评价了20世纪之前的近代汉语口语词研究成绩之后,论其不足:一是有些词语的诠释缺乏科学性,二是缺乏明确的历史观念,三是缺乏系统性。这些评价应该也是适用于明清俗语辞书的。(蒋绍愚2005,P278-280)

从辞书角度论其不足的,最主要的成果是温端政先生《汉语语汇学》中的相关内容。他指出,虽然古代学者,特别是清代学者,在语汇资料的搜集、整理和考释上取得了不少成就,但还有许多不足之处,主要表现在:

①重资料辑录而轻理论探讨。对语的性质、范围没有形成明确的认识,普遍存在语、词混杂的情况。以钱大昕的《恒言录》为例,全书共收八百多条,分为19类……所收语汇,主要见于卷六"成语类"和"俗谚有出"。其他部分,基本上都是收词,包括单音词和多音词。

名称上也没有明确规范,对语的理解偏重于"俗"。对所用的"俗语"、"常言"、"常谈"、"恒言"、"乡言"、"俚言"、"俗言"、"迩言"、"俗谈"、"俚语"、"里谚"、"俗谚"、"直言"等同义、近义术语,没有进行辨析和规范。

②重考源轻释义。辑录语汇数据过程中,一般不重视对词目的解释,而把功夫放在追溯语源上。语的求典寻根工作,从南朝梁代刘霁《释俗语》就已经开始……街谈巷语,本来出自群众口语,硬要从书本上考证"语源",往往出力不讨好。

③重典籍而轻口语。古人对语汇的辑录和考源,资料来源主要是古代典籍。不重视,甚至轻视从当时口语和古今口语化的作品里采集数据的倾向,长期存在。明代杨慎编撰的《古今谚》和《古今风谣》收集了当时口语里的一些谚语,即遭到清代学者的批评。这种情况在《乡言解颐》和《吴下谚联》等著作里有一定的改变,但没有成为主流。(温端政2006,P44-45)

因此,他认为,语汇研究在我国古代还没有成为一门科学。(温端政2006,P45)这一认识是非常深刻的。

另外,曾昭聪在《当代权威词典应重视明清俗语辞书》文末提及明清俗语辞书在引文、释义、书证方面也常有问题。这些问题都需继续加强研究。其他研究成果尚不多见。

三 明清俗语辞书研究展望

以上对明清俗语辞书研究现状作了简要介绍,可以看出,这一研究领域虽然不是空白,但有关研究成果实在太少。关于明清俗语辞书,可以从以下角度进一步研究:

1. 从词典学角度研究

词典学作为一门学科的观点已经得到了广大词典学研究者的广泛认同,虽然词典学的学科归属问题仍存在较大分歧,但对于词目的建立、词语释义的方式方法、书证的完善等等进行研究是其重要工作,这一点应是没有疑义的。明清俗语辞书毫无疑问属于词典学的研究范围。它们的成绩、不足都需要我们认真地总结。同时,新的问题又来了——词典学是从"词"的角度来说的,而"俗语"是语,而不是词,再用"词典学"的术语来研究它们,似乎有点不妥。该如何准确地界说,还需要研究。(参见下文所引温端政先生语)

2. 从文献学角度研究

文献学包含的范围较广,从校勘、辑佚、编纂以及著作权——从不少辞书内容的明显重复这一现象出发考证作者及写作年代等方面进行研究还大有可为。

3. 从语言学角度研究

明清俗语辞书的价值体现在多个方面:从近代汉语词汇研究来看,其中的立目、释词很值得注意;从辞书编纂来看,它们对今日大型语文辞书的编纂也有着极其重要的作用,但现在权威性的《汉语大词典》在编纂时似乎未对此加以足够的重视。事实上,在词条失收、例证过晚、缺乏书证、释义欠精等很多方面,明清俗语辞书都是可以对《汉语大词典》有所补正的。这一方面的研究亟需加强。

4.相关研究:语词的分立研究

与明清俗语辞书相关的一项研究,同时也是语言学与词典学相结合的研究,是语词分立研究。

"语"与"词"是有区别的,但一般研究中往往语词不分,径称"词语";同时对"熟语"的使用极为混乱。温端政先生指出:

过去词汇学论著和教材里概念不清的一个突出表现,是对"熟语"的运用。正如许威汉先生所说的:"'熟语'这个术语本身是个模糊概念,而且它同其他固定词组同中有异,异中有同。多着眼于'异',则'熟语'与其他固定词组并列;多着眼于'同',则'熟语'包容了其他固定词组。而且彼此同异程度又不尽一致,分合划界也费斟酌。"这种情况的产生,可能有多种原因,其中一个因素,也是跟"语"、"词"不分有关:把"语"归入"词汇",就缺少了一个关于"语"的总称,于是就通过"译借"的办法从外语引进"熟语"这个名称。它在外语里本来就是一个多义词,可以有不同理解。引进之后,各有各的说法,至今无法统一。模糊的概念,造成使用的混乱,不能不影响科学的理论体系的建立。(温端政2002)

明清俗语辞书大多也是词、语兼收。这一问题还牵涉到词典方面的研究。他说:

目前语词类的辞书越来越多,分工也越来越明确。总的来看,"语"类的辞书不见有收"词"的,而"词"类的辞书几乎都收到一定数量的"语"。……应当说,在过去"语"类辞书相当缺乏的情况下,以词为主的词典兼收"语",是可取的。但现在看来,在语文辞书分工越来越细致的条件下,再这样做,就有一些值得商榷的问题。拿公认的优秀辞书《现代汉语词典》来说,在收"语"方面,包括词目的选择和释义,在同类辞书中是最具有权威性的。但仔细推敲起来,仍有一些问题。表现在:1.所收的"语"不够平衡,存在残缺不全的问题。……2.所收的"语",缺乏明确的标准,带有某种程度的任意性。……3.所收的"语"在释义上有的缺乏准确性。……实行"语词分立",让词典集中收词,全力做好词的释义工作,解释好每个词汇单位的意义,使词典真正成为词汇研究的成果,就可以从根本上避免上述问题。"语"的收集和整理,让给"语典"去做,让"语典"成为语汇研究的成果。不论从眼前来说,还是从长远来说,这都不失为一种两全其美的做法。(温端政2002)

这一呼吁是前瞻性的,真正实行将解决许多问题。这一观点对明清俗语辞书的进一步研究也具有指导作用。另外,从文化、民俗、科学史料等角度对明清俗语辞书进行研究也仍然是任重而道远。

最后,需要提一下,从研究手段来看,有关俗语辞书的传统研究手段也需要向当代的计算机科学迈进。

温端政研究员主持了国家社科基金项目"汉语俗语语料的计算机处理及相关语言学问题研究",在他的带领下,山西省社科院以古代图书中"子集"所收的俗语为例进行了反复的探索和实验,已经较好地解决了关键性的技术问题。

据报道,该汉语俗语语料数据库主要由六个部分组成,包括古代经、史、子、集俗语数据库,近代戏剧、小说俗语数据库,现代名作俗语数据库,谚语数据库,歇后语数据库,惯用语数据库。

汉语俗语语料数据库,利用计算机这种现代化手段,处理浩如烟海的俗语数据,克服了过去手工操作的局限性,将大大提高数据处理的规模、范围以及速度。不仅使资源得以共享,而且能在最大程度上满足用户的需要。随着汉语俗语语料数据库的不断完善和提高,不仅有助于汉语俗语学的研究和发展,而且有可能从"语"的层面为汉语信息处理作出贡献。(温端政,中国社会科学院院报,2003-09-02)

我们前面提到的多项研究如能借助该数据库也将会如虎添翼。例如,著作权研究如借助这一软件,只要输入查找对象,同类条目及其解释就可以出现在一个页面上,孰早孰晚,孰创孰袭将一目了然。我们盼望这一套汉语俗语语料数据库能早日为学术界所共用,促进俗语研究的繁荣。

附注:

①这一段内容不放在辞书研究部分讨论,是因为《中国字典史略》对明清俗语辞书的评介更接近于文献学上的解题。

②为使参考文献不致太臃肿,本文用这种缩略方式。"1981.1"指该杂志1981年第1期。以下所提及的论文出处仿此。

参考文献:

[1] 褚良才 中国古代军语研究导论[M],浙江教育出版社,1998。
[2] 何九盈 中国古代语言学史[M],广东教育出版社,1995。
[3] 蒋绍愚 近代汉语研究概要[M],北京大学出版社,2005。
[4] 刘叶秋 中国字典史略[M],中华书局,1992。
[5] 温端政 汉语语汇学.[M],商务印书馆,2006。
[6] 温端政 论语词分立[J],辞书研究,2002(6)。
[7] 温端政 山西社科院试建"汉语俗语语料数据库"[N],中国社会科学院院报,2003-09-02。
[8] 温端政 中国俗语大辞典·前言[Z],上海辞书出版社,1989。
[9] 徐宗才 俗语[M],商务印书馆,1999。

(作者单位:暨南大学文学院中文系　广州　510610)

一门新兴的有待完善的学科
——读《汉语语汇学》《汉语语汇学教程》

杨 蓉 蓉

长久以来,没有汉语语汇学,语汇研究一直隶属于词汇学。有关语言学的论著基本上都只在"词汇"中提到熟语,某些较早的著作中"语汇"是"词汇"的代名词。温端政先生撰写的《汉语语汇学》和他主编的《汉语语汇学教程》,[①]不仅以"语汇学"命名,而且勾勒了汉语语汇学的框架,建筑了汉语语汇学的体系。今天有条件这样做,是词汇理论研究和词典编纂实践发展的结果。而且尽管没有自己的独立名目,有关语汇的理论研究与语类辞书的编纂实践也已经进行了很长的时间。温先生能在众多学者研究的基础上,构建起汉语语汇学的学科框架,是与他数十年来孜孜不倦地从事语的理论研究和语类辞书的编纂工作分不开的。20世纪80年代初期温先生就致力于此,有很多建树和成果,他有专著近10种,论文30余篇,他参与编纂或主编的关于语的工具书近30种,总共超过3000万字。[②]更可贵的是,他将两方面的工作紧密地结合起来,取得了相当好的效果。因为编工具书需要资料,他和他的同仁们收集了大量语料,建立了大型电子语料库,因而他的理论研究能建筑在极其广阔的平台上。在编工具书时几乎每一个条目的撰写都要经过对有关此个体的全部语料的考察、辨析,这些个体的研究为温先生在理论层面上的归纳、提炼提供了坚实的依据,使研究结论确凿可信。温先生又以理论研究来指导工具书编纂实践,他参与编写和主编的有关语的工具书被公认为有较高的质量。就在这样的良性互动中,温先生的思维空前活跃,对语的认识日益深刻,因而他在语的理论研究上有了不少突破性的进展。这些理论研究的重大突破,为语汇学的诞生创造了条件。没有许多学人前后相继的努力,没有温先生在某些理论问题上的重大突破,要建立汉语语汇学都是不可能的。

一 语汇理论研究的重大突破

《汉语语汇学》《汉语语汇学教程》从语的名称、性质,语汇的性质、范围、系统性,语汇学的研究对象、内容、任务、方法、手段,语的分类系统、分类原则,语的构成成分、结构类型、构语法,语义的特点、分析、描写,各类语的性质、范围、结构、意义、功能,方言语汇,语典编纂等方面构筑起了汉语语汇学的体系,其中有一些在语汇理论研究上有重大的突破。以下就我的认识,谈谈温端政先生在语汇理论研究上的重大突破。

(一)语、词分立

如前所说,"语汇"和"词汇"的混淆由来已久,或混用两概念,或将对成语、谚语、歇后语、惯用语等语言建筑材料的研究归入词汇学的研究范畴。经过比较长的时间,人们才开始重视这些语言建筑材料的性质、特点及与词的同异。首先鲜明而且有力地倡导"语、词分立"的是温端政先生。1989年他在给《中国俗语大辞典》写的前言中就说"俗语作为语汇的一个组成部分是早已存在的",而没有说是"词汇"的组成部分。[③]十年后,温先生和沈慧云先生为纪念王力先生百年诞辰联合发表的《"龙虫并雕"和"语"的研究》一文指出："'语'在性质和作用上都不相当于一个词，'语'不是词的等价物，'语'不属于'词汇单位'。"④不久温先生又发表了《论语词分立》。⑤这两篇文章举实例分析了语与词的实质性不同，提出"从汉语实际出发，建立与词汇学并行的语汇学"，前文还论述了语汇的系统性，后文还论述了语、词分立的重要意义。这些内容在《汉语语汇学》《汉语语汇学教程》中都有专门章节阐述。温先生提出的"语"与"词"在相同中的不同，可归纳为四点：

1. 语与词同是"语言单位"，但结构不同。语是由两个或两个以上的词构成的词组或具有句子形式的复杂结构。

2. 语与词在意义上都有"整体性"，但性质、特征不同。从性质看，词有词汇意义和语法意义，而语语汇意义明显，语法意义不那么明显。从特征看，词义的基本特征是概念性，而语义的基本特征是叙述性（包括表述性、描述性和引述性）。

3. 语与词在结构上都有"凝固性"，但语的凝固性是相对的。与词相比，语凝固性稍差；不同的语，凝固性的程度不同。

4. 语与词都是"现成的语言材料"，但语法功能不同。词有虚、实两类，实词可以充当句子成分，虚词一般不能充当句子成分；语都有实义，都能充当句子成分，此外，语还有成句的功能，被引用的功能，被拆开分别充当不同句子成分的功能。⑥

以前将语归为词汇的一类，将固定词组作为词的等价物，主要着眼于"语言单位""整体性""固定性"⑦"现成材料"等相同点，温先生接触了大量的语料，对语有了比前人更深刻的理解，因而他从同中看到了更为本质的不同。如果说，前人也谈到过固定词组与词的不同，谈到过熟语应成为一门学，但那只是一种粗浅的或感觉上的并未上升到理论分析层面的认识,退一步说,即使当时已经有了比较深刻的认识,也没有用语言科学地表述过。温端政先生深刻地阐述了这些相同点的另外一面,科学地表述了语与词的实质性不同,为语、词分立提供了无可辩驳的依据。在这些分析的基础上,温先生为"语"下了一个科学的客观的定义:"语是由词和词组合而成的、结构相对固定的、具有多种功能的叙述性语言单位。"对词的定义现在已经取得了公认,即:"词是最小的、能够独立运用的、有意义的语言单位。"根据这两个定义,词、语分立势所必然。这个理论突破是语汇学形成的先决条件。

(二)语汇的分类

语、词分立是要不要建立语汇学的问题,究竟怎样来构建语汇学,还要碰到很多必须解决的理论问题,其中最突出的就是语汇的分类。20世纪以来语的理论研究已经开始,对各类语的性质、特征有了一些讨论,也有少量文章讨论到各类语的区别,但没见有文章专门讨论语的分类。⑧而在语类辞书编纂时这是一个不能回避的问题,在20世纪编纂的工具书有关语的辞书中各类语混淆的情况十分严重。当然各类语兼收的没有太大的问题,但是不标明每一语目所属的语类,也不便于读者理解。至于专门为某一类语编纂的工具书互相之间矛盾就很多,最常见的是成语词典中夹杂了很多谚语、惯用语,此外,还有相当数量的语目有收于谚语词典的,有收于惯用语词典的,甚至有收于歇后语词典的,⑨让读者无所适从。

温端政先生20世纪80年代就撰写了一些有关谚语、歇后语的专著和论文,在语的理论研究和语类辞书编纂实践中,他着重研究和探讨了语的分类问题,直至21世纪初才形成了比较成熟的看法。在2004年撰写的《"中国俗语大全"前言》中,温先生对俗语(谚语、歇后语、惯用语)[10]的特征和分类作了较全面的表述。在《汉语语汇学》和《汉语语汇学教程》中都有专章讨论语的分类。温先生的分类原则是:1.科学性。即充分认识一种语的性质,采取形式与意义相结合的方法,把握其语义结构的特点。2.系统性。即从语汇整体出发,充分考虑语汇自身的系统性。3.通行性。即充分注意社会的约定俗成,人们的传统理解和语感。从这三个原则,可以看出温先生与以前学者的不同。科学性与通行性是一般学者在谈论语的性质时都会考虑的,而系统性却是以往学者考虑不够的。以往学者往往是就某一种语的语料来总结、归纳其性质、特征,而温先生是将所有的语都放在语汇的系统中,用同一标准来检验它们进而对其进行类别的归纳。这种高于前人的起点,使温先生对语的分类有很大的优越性。

温先生对语的具体分类方法和原理可以概括如下:

1. 因为如上所说,温先生已概括出,词义是概念性的,而语义是叙述性的,因而首先根据语的叙述性特征,将语分为三种类型:

(1)表述语。表达某种推理和判断,传授某种知识和经验。如"哀兵必胜""不平则鸣""远水不救近火""留得青山在,不怕没柴烧"等等。

(2)描述语。描述事物的形象、性质或状态。如"走后门""和风细雨""魂不守舍""挂羊头,卖狗肉"等等。

(3)引述语。前一部分为引子,后一部分为注释,注释部分表示某种形象、性质或状态。如"快刀打豆腐——两面光""木匠戴枷——自作自受""泥菩萨过河——自身难保"等等。

2. 以上分出的三个类型,第(3)类基本上是歇后语,[11]第(1)

类中有成语和谚语,第(2)中有成语和惯用语。因而温先生又用形式结构上的"二二相承"作为语类划分的第二个层面的标准。也就是将"二二相承"作为成语的结构特征,通过它将第(1)类和第(2)类中的成语与谚语、惯用语分开。

温端政先生在两本书中都用图表表示了这个语的分类系统,使人一目了然。温先生的这个分类系统最大的优点就是语类之间的界限明确。实际上任何分类标准,只有在实践中能使划出来的类别界限明确,各类别之间基本没有纠缠,它才真正能够成立。温先生第一个层面的划分标准是他长期研究的结果,是其独创,在定第二个层面划分标准的时候,他充分吸收了前人的成果。最早提出成语"二二相承"特点的是吕叔湘先生,他曾说:"成语的主要特点是形式短小,并且最好是整齐,甚至可以说是四字语,尤其是二二相承的四字语为主。"[12]后来孙维张先生在他的《汉语熟语学》[13]中也专门分析了这个问题。吕先生还不是一个绝对的意见,温先生进一步发展了吕先生的想法,而且借助于此,最终完善了自己关于语的分类标准,使一百年来语类间纠缠不清的现象得以廓清。这不能不说是语的理论研究中的又一重大突破,这也是建立语汇学的必要条件之一。

(三)语汇的系统性

语的分类也关乎语的系统性,但它只是语汇系统的一个比较主要的方面。温先生在提出"语汇学"这个概念时不仅强调了词与语的本质不同,而且强调了词汇和语汇各有不同的系统。对这个问题,他和沈慧云先生在《"龙虫并雕"和"语"的研究》中已有阐述。任何学科都必须有自己的系统才能成立。王力先生在《汉语史稿》中曾说:"一种语言的语音的系统性和语法的系统性都是很容易体会到的,唯有词汇的系统性往往被人们忽视了,以为词汇里面一个个的词好像是一盘散沙。其实词与词之间是密切联系着的。"[14]王力先生提出这个看法正值词汇学兴起之时,后来有很多学者研究了这个问题。词汇系统表现在,词汇是各种词汇成分相互联系相互制约的整体,各种不同的词汇成分总是存在着共同的特点,受相同规律支配,并作为总体内的有机组成部分而存在,它们在历史发展演变的过程中相互作用,互为因果,它们在共时的"类"的联系中总是成组系、分层次的。温先生指出,语汇和词汇一样,也不是一盘散沙,语汇的存在是系统性的。温先生在《汉语语汇学》《汉语语汇学教程》中专门讨论了这个问题,平时我也聆听过先生这方面的教诲,深感先生很重视这一点。现将我体会的先生这方面的见解概括如下:

1. 语汇系统和词汇系统有类似的特点,但它们是绝不混杂的两个系统,这也是语汇学能成立的重要条件。

2. 这个系统是独立的,语汇有自己严格的内涵和外延,就是由词和词组合而成的、结构相对固定的叙述性语言单位。外延是这些条件的最大范围,凡是不符合这些条件的就不属于语汇,明确的外延使它不与其他语言建筑材料相混。内涵就是必须符合这些条件的语言建筑材料才能进入语汇。

3. 语汇可以按照形式和意义相结合的原则进行分类,形成它的分类系统。[15]

4. 语汇是历史形成并不断发展变化的,这是它的历时系统性。

5. 语汇中语类的相互联系、语义的类聚等是属于共时的系统性。

6. 在一定条件下,语类可以互相转化,也是语汇系统性的表现,它可以是共时的,也可以是历时的。

从温先生的理论中看出语汇确实有自己的系统性,可对这种系统性的研究似乎还需要再进一步,它的表述也可以进一步科学化。除此之外,温先生还谈到语汇的数量问题,这虽不是一个理论问题,但与语汇学也有极大的关系。

(四)各类语的性质和特征

对各类语的性质和特征,从20世纪80年代起温先生就陆续有文章发表,研究很深,发表的文章也最多。其中对歇后语和惯用语的研究最为突出。

关于歇后语,温先生指出"所谓歇后语,其实并不'歇后',也不能都'歇后'",它"前后两个部分既不是'比喻—解释'的关系,也不是'谜面—谜底'的关系,而是'引子—注释'的关系","歇后语可以简单地定义为'由存在引注关系的前后两部分组成的俗语'",因此"歇后语"真正科学的名称是"引注语"。[16]20世纪30年代起就有学者提出歇后语不歇后的问题,李寿彭先生认为,歇后语"并不歇后,有人称'缩脚语',亦与事实不符",姚念琴先生认为,譬解语"十有八九是并不'歇后'的",茅盾先生认为,某些歇后语"除了大家熟悉的一些而外,如果只写出上半截而'歇'去它的后半截,那就使人猜不到它的意义。因而,这一类歇后语如果严格而论,应当有一个另外的名称"。[17]但是,这些正确意见并未引起学界注意,"公认"的,为工具书、教科书沿用的说法仍是,歇后语分为两部分,前是比喻或谜面,后是解释或谜底,说话时可省去后文,以前文示义。相反,由于温先生具有高度的语言敏感性及对语料的缜密思考能力,茅盾先生等的反传统见解,在他的思想和研究中产生了很重要的影响。温先生摒弃前人的不足,[18]汲取前人的精华,自己进行踏实的调查研究。他对《红楼梦》《儒林外史》《西游记》《暴风骤雨》《李自成》等520多部作品中的4893条歇后语进行分析统计,歇后的只有375条,占十二分之一不到,[19]他又"观察和分析了6000多条歇后语,其中包括4000多条散见于书籍和报刊的用例",研究前后两部分的关系。[20]经过实在的微观研究,切实得出了如上宏观看法。自温先生提出歇后语新解后,引起了学界的热烈讨论,已有越来越多的学者感到新说极有说服力,认识到它对歇后语的分析比以前各种说法更确切,不过其中也有相当的人认为名称可以习非成是,不必再改。[21]尽管学科术语的改变牵涉面过大,必须等待时机,但这在歇后语理论研究中无疑是一大进步。

对惯用语,温先生也有很多真知灼见。惯用语作为一种语言现象在古代文献中早已存在,但对惯用语的研究却是很晚才开始的。最早使用"惯用语"名称的是吕叔湘先生和朱德熙先生,他们在1951年发表的《语法修辞讲话》中用其来指代一些不合逻辑、不能作语法分析的习惯说法,至20世纪60年代初马国凡《谚语·歇后语·惯用语》中才用"惯用语"这个名称指称"一种定型的词组",将它看做一个语言单位。[22]马先生是较早研究惯用语的学者之一,他与高歌东合著的《惯用语》[23]对惯用语的性质提出三点看法:1.它是一种定型词组,从意义到结构都是完整的。2.它是抽象化的、虚指的,产生抽象虚指意义的基本途径是比喻。3.它在语言结构上多数是三个音节的动宾结构词组。这三点虽不能明确说明惯用语的性质与范围,但因此书是第一本专写惯用语的著作,对后世有很大影响。随着研究的深入,有学者对此三条提出了不同看法。如张宗华先生提出,惯用语除了使用比喻手法外,还有使用借代、夸张、白描或其他手法的。[24]这样惯用语就不一定是抽象虚指的,扩大了马国凡、高歌东所说的惯用语的范围。孙维张先生认为惯用语形式不限于短小,不限于三字格,少则三字,多则七八字不等,甚至有十几个字的,他细分了惯用语的各种结构,否定了多为动宾结构的说法。[25]这使惯用语的范围更大。总的来说,对惯用语的性质和范围,并无一个公认的看法,也就是对它性质的概括既不能涵盖它的全部,又不容易将它与其他语类相区别。温先生通过对惯用语的深思熟虑,通过将惯用语与其他语类的仔细比较,提炼出惯用语的主要特征是描述性,即描述事物的形象、性质或状态。应该说,这种概括揭示了惯用语的本质特征,高于以往的任何一种概括。温先生还指出,描述性将惯用语与谚语、歇后语区别开来,结构上的是否"二二相承"将惯用语与描述性成语区别开来。[26]温先生关于惯用语的理论明显有它的优点,但至今尚未得到很好的推广。

对于谚语,温先生主要揭示了它的表述性。"表述性""描述性"可以从语词意义上理解,更应该从学科术语的角度来认识。与"描述事物的形象、性质或状态"有根本性的不同,"表述性"是指表达某种推理和判断,传授某种知识和经验。温先生还用是否"二二相承"将谚语和表述性成语区别开来。

对成语,温先生指出历来的概念存在模糊性,他将成语定义为"二二相承的表述语和描述语"。如前所述,成语"二二相承"的特点是吕叔湘先生首先揭示的,但是吕先生并不绝对地认为成语必须有这个特点,还是就成语谈成语,其他的成语定义也是如此。温先生将成语放在语汇系统中来考察,他的定义使成语和其他语类都比较彻底地划清了界线。

许许多多的学者对各种语的性质、范围、特征作了不断深入的研究,取得了丰硕的成果,这都是语汇学的重要内容。温先生对各类语的定性,与语的分类有极大关系,在前人基础上前进了一步,值得充分重视。

(五)语典编纂

和词汇学内讨论词典编纂一样,语汇学中讨论语典编纂也是顺理成章的。在《汉语语汇学》中还没有这一内容,《汉语语汇学教程》中增加了"语典"一章。2007年5月在晋南皇城相府召开的海峡两岸《康熙字典》学术研讨会,有一个议题是工具书与文化传承的关系,温先生递交了论文《语典的兴起及其对文化传承的关系》。虽然以前也有不少关于成语词典、俗语词典编纂方法的讨论,温先生与之还是有所不同的。温先生的研究有如下几方面值得注意:1.强调了"语典"一词及其与词典的不同。2.将语类辞书编纂的操作上升到理论的高度。3.强调语汇理论研究与语典编纂之间的良性互动。

从辞书学的角度看,先有解释字义的字典,然后又出现了词典,②现在语汇从词汇中独立出来,构建了自己的汉语语汇学,那么,"语典"一词成立,语典编纂研究成为汉语语汇学的一个分支也是自然而然的。有的学者认为,词典中必须收有单字,《汉语大词典》《现代汉语词典》中都收有成语、惯用语、谚语等,因此语典和词典分开是不现实的。要认清这些问题,首先要分清两个不同的层面和两个不同的角度,即语汇理论研究层面和语用层面的不同,语汇学的角度与辞书学的角度的不同。从理论层面看,语汇学的体系应该完整、严密,有自己的逻辑结构,应该划清语典和词典的界限;从语用的层面看,要从实际需要出发,语汇不是只能用来编语典的,它也能被其他工具书吸收。从语汇学的角度出发,只与语典有关,与字典、词典是毫无关系的;从辞书学的角度出发,可以分别编字典、词典与语典,也可以编包括字、词、语的综合性语文工具书。其实语汇的工具书,如成语词典、惯用语词典、谚语词典、歇后语词典,乃至于综合性的俗语词典等,[⑩]它们是不需要以字和词立目的,必需解释的字、词,依据惯例注于每条语目之下。至于词典收字确实有一种需要,但是有两点值得注意,一是字在现代汉语中有时就是一个单音节词,[⑪]二是也存在一些不收字的词典,如《辞通》《联绵词典》《外来语词典》《港台用语词典》等等。但这是词汇学、辞书学应当讨论的问题,它并不妨碍语典与词典的分离。由于语汇与词汇有不同的特点,在编纂工具书时也有不同的特点和要求。如由于概念性和叙述性的不同,对词和语的释义要求和方法也会不同。又如语典和词典的功用不完全相同,因而它们对检索方法也有不同的要求。[⑫]因此,将语典和词典分开可以使研究更深入,有利于提高工具书的质量。温先生就主张从理论上将语典、词典分开,但在语用上他并不反对编语、词兼有的工具书。

在《汉语语汇学教程》中,温先生首先讨论了"语典"的性质,也就是上述观点。不过书中写得比较简单,不如论文阐述详细。此外,还讨论了语典有四个功用:1.备查。2.阅读。3.教育。4.规范。其中第一、第四两点是词典也具备的,其他两点却是词典不具备的。温先生还讨论了语典的类型和结构,并从立目、释义两个角度强调了语汇研究对语典编纂的重要作用。温先生长期从事有关语类辞书的编纂,有敏锐的语感、丰富的经验和雄厚的语料积淀。他又长期从事语汇的理论研究,因而他对语典的编纂提供了许多宝贵的经验,也能上升到一定的理论高度进行分析,但总的来说,这是他最近在研究和思考的问题,尚有待进一步深化。无论如何,他认真提出这个问题,并加以研究,是很值得学界重视的。

二 有待检验和完善的新学科

如上所述,温先生在语汇理论研究上有许多重大突破,并在前人的研究和这些突破的基础上构建了汉语语汇学的体系框架,对语言学的理论和实践来说都功不可没,但汉语语汇学毕竟是一门刚兴起的学科,它在学界并没有词汇学那样牢固的和一致公认的地位,它的理论框架受历史检验的时间也很短暂,因此,它必然会存在很多粗糙和不足之处。以下想就《汉语语汇学》《汉语语汇学教程》两书,对尚需进一步深入研究的问题,提一些个人的看法。

(一)语的定义和范围界定

温先生为语下的定义是:由词和词组组合而成的、结构相对固定的、具有多种功能的叙述性语言单位。这有关语汇的外延和内涵,前已述及。温先生在讨论语的范围时,提到两个问题:1.谚语的归属问题。2.容易与"语"相混的言语作品或其他单位的归属问题。第一个问题目前似乎大多数人已取得了比较一致的认识,容易相混的言语作品或其他单位温先生提示了三类情况,其中专门用语和专名是概念性单位,是真正的"词的等价物",结构上缺乏必要固定性条件的语言单位更接近于自由词组,也似乎争议不大,它们都可以归于词汇学的范畴,而对另一类情况,即名句、格言,温先生将它们归于言语作品,却有较多的不同看法。如前所提到的胡裕树主编的高等学校文科教材《现代汉语》中便将格言和谚语等同样看待,归为熟语,并视作语言建筑材料。

名句指传世的著名句子。格言指含有哲理或具有劝诫和教育意义的名句。名句、格言和谚语、惯用语的区别,主要是有没有明确的作者,是产生于个人的,还是约定俗成的,创造者具有群体性,而这一点在语的定义中并无表示。而语的定义中的几个特征,在有的名句和格言中似乎也存在。例如:

哀莫大于心死

《庄子·田子方》:"仲尼曰:'恶!可不察与!哀莫大于心死,而人死亦次之。'"[31]

得道者多助,失道者寡助

《孟子·公孙丑下》:"得道者多助,失道者寡助。寡助之至,亲戚畔之;多助之至,天下顺之。"[32]

"哀莫大于心死"出于孔子之口,属于名句。"得道者多助,失道者寡助"出于孟子,属于格言。它们都由词和词组组合而成,流传于世时结构也是相对固定的。它们在流传中都有一个固定的意义。前句表述的意思是:人的心死,即意志消沉,不再有创造性,是最可悲哀的。后句表述的意思是:得道与失道,即行为的正义与非正义,是人心向背的原因。它们都可以作为句子的某种成分,被视作语言建筑材料。如在"'哀莫大于心死'出于孔子之口""'得道者多助,失道者寡助'出于孟子"中就是分别用它们作主语的。再如:"看了她的模样,我才知道什么叫做'哀莫大于心死'了。""这正是因为'得道者多助,失道者寡助'的原因。"可见,名句、格言可作句子的各种成分。当然句子(言语单位)也可以作句子成分,但一般句子不是相对固定的,而名句、格言却是相对固定的。这样看来,语的定义并未把部分名句、格言排除在外。相对固定的句子作为言语单位,与作为语言建筑材料的语言单位到底有什么质的区别,值得好好研究,"创造者具有群体性"是否要加入语的定义,也

381

值得进一步探讨。在《汉语语汇学》《汉语语汇学教程》中对这个问题的探讨还不够深入。

(二)语汇分类系统中的兼类问题

温先生关于语的分类,是目前最有优越性的分类,这个分类基本上能做到界线分明,已见上述,可是,这个分类是否已经完善,没有一点麻烦呢?尚不尽然。在温先生主编的《中国谚语大全》《中国惯用语大全》中仍有少量重出的条目。其中大部分是编者一时疏忽,贯彻理论尚不彻底,但也有个别例子是值得讨论的。现举一例说明。

《中国惯用语大全》下编:[33]

不见棺木不哭爷

《扫迷帚》一〇回:"你'不见棺木不哭爷',有一日你的眷属,或到青阳地遇了祟丧了命,那时方晓得老子说话是不错的,恐懊悔也无济了。"

魏巍《东方》六一章、浩然《艳阳天》五二章作"不见棺材不掉泪"。

《中国谚语大全》下编:

不见棺材不下泪

《金瓶梅》九八回:"咱如今将理和他说,不见棺材不下泪,他必然不肯。小弟有一计策,哥也不消做别的买卖,只写一张状纸,把他告到那里,追出你货物银子来,就夺了这座酒店。"又见《玉燕姻缘全传》五九回。

《扫迷帚》一〇回作"不见棺材不哭爷";[34]周而复《上海的早晨》二部四八作"不见棺材不掉泪";李英儒《野火春风斗古城》一七章作"不见棺材不落泪";赵树理《李家庄的变迁》二作"不见丧不掉

泪"。

这条俗语喻指不到穷途末路不会认错回头,描述了某些人的状况,似为惯用语,《扫迷帚》一例就很清楚。但在《金瓶梅》之例中,这种状况并未发生,说话者只不过将很多同类状况归纳为一种经验告诉听话人,此例归为谚语似也不错。如果将此话改成"他不见棺材不下泪,必然不肯",又不同了,虽然未发生,但是就对方一贯而言,也可看做描述性的。再来看《中国谚语大全》中的其他用例。

《玉燕姻缘全传》五九回:"韩妈儿气他不过,心下想道,这个不重抬举的死贱人,好言好语不肯依从,又道是不见棺材不下泪,连忙吩咐院中女使,取了皮鞭、绳索欲拷打。"

周而复《上海的早晨》二部四八:"杨健料到徐义德不见棺材不掉泪的,还存着蒙混过关的幻想,他便把最近沪江纱厂的情况写了一个报告给区委,建议召开面对面的说理斗争大会。"

李英儒《野火春风斗古城》一七章:"范大昌眼睛一瞪:快闭嘴!没有闲话给你说,不到西天不识佛,不见棺材不落泪,来人!叫这家伙去打打秋千。"

赵树理《李家庄的变迁》二:"小喜从龙王殿出来道:我看说不成,他们这些野草灰不见丧不掉泪,非弄到他们那地方不行。"

以上四例中《玉燕姻缘全传》用同《金瓶梅》,也指一种普遍的经验,而后三例都是描述具体的人,用同《扫迷帚》。从收集的资料看,此语主要作为惯用语。另一种用法,如果只有《金瓶梅》一例,可以怀疑,或是作者表达上的问题,或是版本问题,但又有表达更明确的《玉燕姻缘全传》例,就有理由认为此语也可用为表述语,而将它看做一种兼类俗语。⑤

383

这类例子还有一些。那样,是不是能够根据兼类现象来质疑这种语的分类理论呢?笔者认为目前尚没必要。理由有三:一、已发现的兼类数量很少。二、有一些俗语虽然兼类,但在具体语境中完全可以分辨,不存在既是表述性的,又是描述性的情况。三、语言中有兼类情况已被承认,如词汇学中的词性就有兼类的。目前需要根据掌握的所有语料,仔细分析每一个语境,可靠地统计出兼类现象占总数的百分比。如果确实很少,就应该对这些现象作研究,找出特征和规律,进而将兼类的情况从理论高度表达出来。如果兼类现象占总数的百分比较高,那这种分类理论还是可以质疑的,需要寻找更恰当的分类法。不管如何,温先生的语的分类理论,较以前是个飞跃,目前还是最有说服力,最能解决问题的。

(三)"二二相承"与语言习惯

温先生进行语的分类时,有三个原则,已如上述,其中一个是通行性原则,这牵涉约定俗成和人们的语感。在《汉语语汇学教程》中说:"这种界定并不脱离传统知识,而是以传统认识为基础,因此,分类结果符合多数人语感,具有可接受性。"这话并不错,这个分类系统与其他相较,确实有这个优点。但是对约定俗成的习惯还需要分析,一门新学科的兴起,可能有时也不得不冲破一些传统习惯。现以"二二相承"划分成语和谚语为例,作一个分析。温端政、王树山、沈慧云主编的《谚海》ＡＢＣ三个字母中有四字格语目35条,⑧其中"暗箭难防""笨鸟先飞""兵不厌诈""兵贵神速""兵贵于精""财不露白""财大气粗""财可通神""苍天有眼""成事在人""除恶务尽""窗外有耳""春捂秋冻""寸丝为定"等14条,有些成语词典中已经收入,它们都是"二二相承"的四字格,正好以此为标准将它们划归成语。此外,还有如下21条:

矮子多心　俗谚云:矮子心多。(王钟伦《独钓龙潭》)⑰

爱亲做亲　俗话说……"爱亲作亲"。(《林兰香》)

拗气损财　这叫～呀。(王少堂《武松》)

百人百姓　"～嘛,"生宝他妈说,"……。(柳青《创业史》)

百艺防身　常言道:～。(明·无名氏《贤达妇龙门隐秀》)

饱乏饿懒　俗话说,"～"……(王立道《南园风情录》)

兵离将败　自古道:～。(《喻世明言》)

兵无尽杀　常言道～。(明·无名氏《曹操夜走陈仓路》)

兵凶战危　自古道:～。(明·梅鼎祚《玉合记》)

病不瞒医　可是俗话说:"～。"(姚雪垠《李自成》)

不满则旺　俗话说:～!(岳啸《武当山传奇》)

财动人心　自古道:"～。"(《禅真后史》)

财多身弱　常言说的"～"……(杨尘因《新华春梦记》)

豺群噬虎　俗云:"～。"(宋·陆佃《埤雅》)

吃过肚记　俗话说"～"的便是。(李杭育《流浪的土地》)

螭头有水　由是谚传为"～"。(宋·王溥《唐会要》)

出家无家　人都说,"～"……(王少堂《武松》)

船不载万　江湖语曰:"～。"(清·俞樾《茶香室续钞》)

船破有底　可是我～,他们不敢搬我。(浩然《艳阳天》)

葱三薤四　谚曰"～。"(魏·贾思勰《齐民要术》)

粗木重石　～,这话颇有道理。(黄骏《武侠郭武能的传说》)

上列各条也都是"二二相承"的四字格,未见有收于成语词典的,一般都被收入谚语词典。有些可能较僻,不为人注意,缺少研究,但有些收入谚语词典也是编者经过思考,有一定道理的,把它们看成谚语更符合人们的语言习惯。有一些比较俗,如"矮子多心""吃过肚记""破船有底"等等。⑧有一些句子紧缩的意味较浓,如"兵离将败"可以看成词组,解释为"兵都逃散了,将也战败了",而根据语言环境,此语的解释是"军心离散,将领就会打败仗",明显地不是词组而是复句的紧缩。有一些主要是传授科技方面的知识、常识的,如"船不载万""葱三蒜四",这类介绍知识的语一般归入谚语。是按照习惯仍将它们归于谚语,并修改"二二相承"的划分标准呢,还是不顾习惯,坚持标准?要对此深入研究,必须穷尽所有情况,了解量比,再进行逐一分析,最后总结,得出结论。就笔者的语感,这类习惯上归于谚语的"二二相承"的四字格并不很多,因此笔者主张不顾习惯,仍将它们归为成语(包括俗成语)。习惯的形成是有过程的,习惯也是有变化的。一门新学科的建立,改变某些旧习惯旧传统是必然的。如果语汇学成立,语典与词典分离,那么,成语词典、谚语词典、歇后语词典、惯用语词典、俗语词典等提法就必须改称,而且是当务之急,而歇后语改称引注语则可暂缓。因为前者是系统性的,后者是个案。某些习惯的改变是正常的。一种新理论只要为全社会接受,旧的约定俗成可以变成新的约定俗成。如"文法"现在称"语法","字类"现在称"词类","加词"现在称"修饰语","仂语"现在称"词组","指名代字"现在称"人称代词",经过一定的时间,人们不是也习惯了吗?

读《汉语语汇学》《汉语语汇学教程》的粗浅体会和想法条述如上。目前语汇的理论研究已经进入了一个新阶段,但是在工具书和大学教材中对语汇研究的成果,包括一些在学界已取得共识或得到大多数人承认的成果,不仅可说反映不够,甚至可说置若罔闻。这表明了工具书编纂和教材编写严重落后于语汇理论研究,这对汉语语汇学的进一步发展是极为不利的。因此,我们要呼吁全社会来关注这门新兴的学科。对于这门新兴学科,我们应当了解它,检验它,完善它,推广它。

附注:

①《汉语语汇学》,商务印书馆,2005年1月。《汉语语汇学教程》,商务印书馆,2006年9月。

②资料由周伟良先生提供。参见《俗语工具书市场综述》,首届汉语语汇学学术研讨会论文。

③《中国俗语大辞典》,上海辞书出版社,1989年。

④《"龙虫并雕"和"语"的研究》,《语文研究》,2000年第4期。

⑤《论语词分立》,《辞书研究》,2002年第6期。

⑥ 温先生多次论述表达的实质相同而表述方式略有不同,以上根据是笔者对温先生多次论述的理解概括。

⑦以前的各种词汇学论著都提"固定性",温先生也一直沿用这个提法,而在《汉语语汇学教程》中他改用了"凝固性",笔者认为"凝固性"比"固定性"更确切,故以上概括也使用"凝固性"。

⑧参见温端政、周荐《二十世纪的汉语俗语研究》。

⑨语、词分立后,关于语的工具书不应再叫词典,此姑沿用旧称。下同。

⑩俗语中还包括俗成语,因其往往被收于成语词典,故"中国俗语大全"与其他俗语辞书一样,不收俗成语,俗语分类中也未及此。

⑪对此类温先生还提出了"引注语"的名称,从语言资料看,"引注语"似乎更确切,但根据约定俗成,姑用旧称。

⑫《〈中国俗语大辞典〉序》,1987年,《中国俗语大辞典》,上海辞书出版社,1989年。

⑬《汉语熟语学》,吉林教育出版社,1989年。

⑭《汉语史稿》,科学出版社,1958年。

⑮关于语汇的分类系统在上一节"语的分类"中已有详说。

⑯温先生在这方面的论著有《关于"歇后语"的名称问题》《引注语(歇后语)的性质》《引注语(歇后语)的来源》《试谈"引注结构"》《歇后语的语义》《略论"歇后语"前后两部分的关系》《歇后语研究五十年》《〈中国歇后语大词典〉前言》等文及专著《歇后语》。在《汉语语汇学》《汉语语汇学教程》中也有

概括的论述。

⑰李寿彭说见《歇后语论集》,北平景山书社,1936年。姚念琴说见《谈"譬解语"》,《大公报》1952年3月26日。茅盾说见《关于"歇后语"》,《人民文学》,1954年6期。

⑱以上三位先生所说都有不足之处,如李寿彭将广义歇后语与缩脚语相提并论,姚念琴认为譬解语与歇后语不同,乃由歇后语演变而成,茅盾所论也只是某些歇后语,且并未真正理清两部分的关系,提出确切的名称等等。

⑲温端政《歇后语》,商务印书馆,1985年。

⑳温端政、周荐《二十世纪的汉语俗语研究》,书海出版社,2000年。

㉑朱建颂、刘兴策《关于歇后语的几个问题》,《华中师范学院学报》,1981年2期;谭永祥《歇后语新论》,山东教育出版社,1984年。

㉒参阅温端政、周荐《二十世纪的汉语俗语研究》。

㉓马国凡、高歌东《惯用语》,内蒙古出版社,1982年。高歌东另著有《惯用语新探》,山东教育出版社,1986年。

㉔张宗华《惯用语词典的收词问题》,《辞书研究》,1985年5期。

㉕见孙维张《汉语熟语学》有关章节,吉林教育出版社,1989年。

㉖温先生关于惯用语的论述除了两书外,还见于《论语词分立》《〈中国俗语大辞典〉前言》《〈汉语常用语词典〉前言》《〈通用惯用语词典〉前言》《"中国俗语大全"前言》等文及专著《谚语》。

㉗虽说中国古代已有字书一门,一般《说文解字》被看做字典的源头,而早于《说文》的《尔雅》被看做词典的源头,但它们还不是严格意义上的字典、词典。

㉘语典与词典分开后,这些工具书是需要重新正名的。本文在不可避免时,沿用旧称。

㉙字的义项中包括词素,这是另一问题。

㉚由于语典还有词典不具备的阅读和教育功能,由于语的查阅比词更复杂,因而语典有自己检索要求。笔者认为最适合语典的是分类检索法,但对此研究非常不够。易笺《略谈俗语辞书的编纂与创新》已提出这个问题,见《俗语研究与探索》,上海辞书出版社,2005年。

㉛陈鼓应《庄子今注今译》,中华书局,1988年。

㉜杨伯峻《孟子译注》,中华书局,1995年。

㉝《中国惯用语大全》《中国谚语大全》上编为语目部分,下编为用例及资

料部分。

㉞"棺材"当做"棺木",见前引,此误。

㉟《中国惯用语大全》上编收入此语,《中国谚语大全》上编未收。根据掌握的语料的主要用法,可以这样处理。如果《中国谚语大全》下编根据《金瓶梅》《玉燕姻缘全传》用例也收入此语的话,应当将《扫迷帚》例删去(《中国惯用语大全》下编已收),将《上海的早晨》《野火春风斗古城》《李家庄的变迁》三例移入《中国惯用语大全》下编。

㊱《谚海》,语文出版社,1999年。当时温先生尚未提出"二二相承"的谚语、成语划分标准,《谚海》中收入四字格无可厚非。

㊲语目后面引出的是例证原文摘录,语目用 ～ 替代,如果为变式,引出文句。过长的句子用省略号节略。

㊳成语中也有俗成语,但习惯上往往会把俗的东西归为谚语。

(作者单位:上海辞书出版社　上海　200040)

汉语语汇学的开山力作
——评《汉语语汇学》

马贝加 朱赛萍

孔子曰:"名不正,则言不顺。"每一门学科建立之初,都或多或少面临过"命名/正名"的问题。汉语语汇学也不例外。自20世纪"五四"新文化运动以降,到语言学成为显学的今天,关于"谚语、惯用语、成语、歇后语"等"语"的研究就一直没有间断过。尤其是20世纪80年代以来,在汉语研究者孜孜不倦的努力下,语汇的调查收集、整理归类和理论研究都取得了全新的进展,涌现出众多高质量的学术论文。这一时期,语汇类的辞书编纂、出版也空前繁荣。在语汇的研究队伍中,温端政先生无疑是杰出的领导者。早在1978年,从晋方言调查入手,温先生就开始对俗语、惯用语、歇后语等产生了浓厚的兴趣,并做了专门的调查研究。近30年寒暑易节,温先生始终对"语"的研究兴趣盎然,在掌握的大量的第一手材料中,在庞芜繁多的语料里,凭其深厚的学术涵养、慧眼识珠,尝试把对"语"的解释从感性认识上升到理性认识,并开创性地提出"语"、"词"分立的主张。在充分论证的基础上,2000年温先生倡议建立一门与词汇学平行的新学科——语汇学。时至今日,凝结着温先生数十年心血的专著《汉语语汇学》(商务印书馆,2005年1月出版)终于问世。作为汉语语汇学的开山力作,该书"前无古人,后启来者",为学科建设奠定了坚实而系统的理论框架,显示出语汇学学科的强大生命力。

一 理论探索——"语词分立"建立汉语语汇学

与同类型的语汇书相比,《汉语语汇学》强烈凸显出要创建"语汇学"这门新学科的特质。在理论探索上,《汉语语汇学》不遗余力,构建了一座语汇学的大厦。众所周知,"谚语、惯用语、成语、歇后语"等"语"的语言功能与"词"十分相似,学术界常称之为"词的等价物","语"无意中充当了"词"的附庸。我们若以"词汇"这个术语来涵盖"语",显然无视浩如烟海的语汇;若以"语汇"称之,不免混淆了二者界线,使"词"这个概念模糊化。术语归类处理起来是如此棘手,以致学术界一直找不到一种合适的解决方案。在温先生看来,"语"和"词"二者虽然同为语言建筑材料,都具有整体性、固定性的特点。但毫无疑问,"语"还是有其强烈的个性色彩,"语"由词和词组合而成,是大于词的语言单位;"语"不是概念性而是叙述性的语言单位,它还具有成句和被引用的功能。温先生立足汉语事实,认为"语"就是"语","词"就是"词",主张二者分家,建立起关于"语"的系统理论。由此,"语"从"词"跳脱而出,温先生为汉语语汇建立了一个自足的完整系统。以往的语汇书侧重于语汇的个案研究,而没有站在理论高度的恢弘视野,往往缺乏一种宏观创制,流于琐碎。《汉语语汇学》在语汇理论的指导下,立足汉语实际,作了翔实的语汇个案收集、整理和分析。我们在认真阅读后不难发现,温先生语汇学的专著的确集腋成裘,采撷众家之长,显示出了吐故纳新的智慧。

《汉语语汇学》开宗明义,在第一章第一节就给"语"下了科学的定义:"由词和词组合而成的、结构相对固定的、具有多种功能的叙述性语言单位。"在这个定义的统摄下,该书首先厘清了"语"的内涵和外延。依据这个标准,与"语"似是而非的名句、格言、专门用语、专名词和结构上缺乏必要的固定性条件的语言单位,自然统统被排除在"语"的大门之外。与此同时,"谚语、惯用语、成语、歇后语"等"语"的有机组成成分就浮出水面。从定义出发,该书确立了"语"的分类标准,即意义和形式相结合的分类模式。首先以语义叙述方式为标准进行第一次分类,用"表述语、描述语、引述语"三个语类分出谚语、惯用语和歇后语;然后以结构形式标准进行二次分类,凡是二二相承的四字结构描述语和表述语,都属于成语范畴。这样,各个语类各安其位,形成一个既对立又互补的语义网络系统。而且,这种分类标准可以一贯到底,既体现学科体系性,又符合人们的普遍语感,从而挣脱了传统分类的桎梏,给人耳目一新之感。《汉语语汇学》最大的创见无疑就在此。

但是,意义与形式相结合的分类模式仍然存在一定的缺陷。我们看到,在关于"语"的定义里,出现了"叙述性语言单位";引进"表述语""描述语"区分谚语、惯用语,前者具有知识性,后者描述形象和状态;而引述语又下辖陈述类、反问类、感叹类;在谈到语义的特点时,认为"叙述性是语义最重要的特点"。撇开没有多大异议的形式标准,就意义标准而言,该书(《语的分类的新尝试》一节,59-P71)使用的"表述/描述/引述"等术语,读者在具体的操作判断中,有可能无法真正把握术语的内涵。在同一章节中,还出现"陈述/叙述/描绘"等字面上十分接近的表达。在有限的篇幅里,如此密集地出现类似用语,很可能会混淆读者的视听,容易让人纠缠于意义的窠臼之中。从定义出发建立的学科基石,一开始就遭受到同义/近义的困扰,难免影响到基石的稳固性。

为了验证意义标准的区分度,我们在小范围内做了一个语感调查的测试。我们从《汉语语汇学》里随机挑选出 39 个常用的语汇,让大学三年级、研究生一年级的 13 个学生按意义标准给语汇归类。

从理论上来说,启用"表述语"、"描述语"确实能区分不同的语类。但各语汇之间的区分度不大相同,有的好分辨,有的则难以辨别。比如,按照《汉语语汇学》的分类标准,认为"猴子屁股,坐不住"是表述语。在调查中,我们发现,许多测试者对这种归属表示了自己的看法。判定"猴子屁股,坐不住"是表述语的人认为,它告诉我们"像猴子一样活蹦乱跳的人常常不安分"的道理;判定"猴子屁股,坐不住"是描述语的人则认为,它描述了"像猴子一样活蹦乱跳的人不安分"的样子。前者认为"猴子屁股"与"坐不住"之间隐约传递出判断的意味,后者认为"猴子屁股"与"坐不住"之间偏向于描述状态。只要细细揣摩语义,我们不难得出和书中相同的归类,但我们确实也看到,持不同意见的人展示了语义的另一重阐释空间。类似的例子,如"兔子尾巴,长不了"、"柳树上开花,没结果"等,《汉语语汇学》认为它们是含有某种知识的歇后语,而非以传授知识为目的的谚语(参见 P166－P168)。我们认为"含有知识"和"传授知识"之间,并不存在着泾渭分明的语义界线。

语汇研究的对象并非单向度的凝积,而是一个富有层次感、饱含丰富意义的语义网络。《汉语语汇学》"语词分立",提出了全新的"语"的概念。从定义出发建立学科基石,围绕着"语"这个新概念,创建出一整套学科术语,如语素、语步、语节等。当然,"表述语/描述语/引述语"可以说是术语选择的权宜之策。某些术语的缺憾还反映在构语法/构语方式的阐述之中。在提到"语义的分析"时,该书用"层次分析法"这个术语,来指称"基本义和附加义/

本义、引申义和比喻义"两种不同层面的语义系统。而惯常的"层次分析法"都默认为对语言结构所作的逐层分析,已经有其意义的内在规约。《汉语语汇学》借用的一些术语容易产生使用上的混淆。因此,以"层次分析法"为代表的一些术语与其"旧瓶装新酒",不如去寻求适宜的新术语。

尽管如此,在"语词分立"的核心思想指引下,语类划分标准的确立、术语的创制,都是为构建语汇学研究框架所作的努力尝试。我们在《汉语语汇学》一书中,欣喜地看到,该书已经明确了学科的研究对象、研究内容、研究方法和任务,并且初步建立起一整套能揭示"语"的语音、语法和语义特点的术语。除此以外,该书还论述了汉语语汇学的研究内容,包括研究前提、语汇学研究的核心、语汇应用研究、语汇研究方法和手段,并提出了学科建设的目标。

在以温端政先生为代表的学者们的努力下,汉语语汇学的大厦正在建设之中。

二 个案研究——理论统摄下的语汇聚合

没有理论装备的语言研究是苍白无力的。我们知道,语言学理论在西方流派林立,各种学说异彩纷呈。可以说,语言学理论多是西方舶来品。那么,语言研究在经济全球化的大背景下,中国的语言学界如何与国际接轨,如何发出属于自己的声音,这是每个研究者都必须要考虑的问题。我们既要融入世界性的潮流中,又要保持自己的民族特色,就必须继承民族的语言文化遗产,并加以时代的创新。《汉语语汇学》一书在系统的"语"的理论下,井然有序地把中国特色的语汇收之麾下,显示出"世界性"和"民族性"的有机结合。

如季羡林先生所说,语"是中华民族智慧的结晶。……这些

'语',在全世界所有的民族和国家中,都罕有其匹,是我们中华民族的珍贵的文化遗产"。确实,汉语语汇博大精深,体现着中华五千年文化的精髓。谚语极富知识性,被称颂为"智慧的结晶"、"语言中的盐"。谚语中的精华部分,如"笑一笑,十年少"、"不入虎穴,焉得虎子"、"吃一堑长一智"、"新官上任三把火"等,无一不反映了中国人对自然和自身的认识;惯用语最大的特点是描绘性,如"白刀子进,红刀子出"、"公说公有理,婆说婆有理"、"'八'字还没一撇"、"富了方丈穷了庙"等,都折射出中国人的具象思维特点;成语历史悠久,音节上二二相承,是中国古老文化的"活化石",如"高屋建瓴"、"靡靡之音"、"缘木求鱼"、"一言兴邦"等成语无一不有历史来源,昭示着中华文化的博大精深;歇后语,据温先生的计量研究,"后半截不能随便省去",这是语汇里最具民族特色的语言形式。如"打破沙锅——问到底"、"小和尚念经——有口无心"、"太平洋的警察——管得宽"、"一个人拜把子——你算老几"等。诸如歇后语一类的语汇,包含着中国老百姓对人生认知的朴素智慧,可以作为中学语文教学和对外汉语教学的语言材料,不仅能提升世界对中华文化的认识,还能起到道德熏陶的教育目的。

汉语语汇的收集、整理,古已有之(参见 P41－P48),但一直是重资料辑录而轻理论探讨。20 世纪以来,受西方民俗学和大众语运动的影响,谚语、歇后语和成语的研究受到重视。新中国成立后,成系统的、有一定理论深度的研究开始浮出水面。马国凡、武占坤、高歌东等撰写的"熟语丛书",孙维张的《汉语熟语学》,徐宗才的《俗语》,以及本书作者温端政先生撰写的《谚语》、《歇后语》和《20 世纪的汉语俗语研究》等著作,各有建树,都从不同角度对"语"的大家族的各个成员进行了探讨。温端政先生在占有丰富的感性材料后,向理性的王国飞跃,初步构建出语汇学完整的理论框架。在理论的统摄下,温端政先生开始对语汇家族的各个成员作一种整体性的考量。谚语、惯用语、成语、歇后语均占据一章的篇幅,分别详细地探讨各个语类的性质和范围、结构、语义和分类、语法功能和修辞作用。可以说,每一个个案研究都是对语汇理论的充实和证明。

《汉语语汇学》第1—4章作"语"的本体研究,第5—8章作"语"的个案分析,这种有点有面、有破有立、前后呼应的研究方法无疑极具科学性。在语汇的个案研究中,温端政先生自始至终以发展的、变化的、流动的视角看待语汇的历史和现状。他注意到语的结构的变异性,分古今、地域、语境和同/近/类义变异,每一个具体的语类下辖"类聚"一节;他也注意到语的结构的传承性,认为对各个语既要溯源也要探流,以忠实遵循历史、尊重事实的观点对语进行具体的辨析;他还十分重视语汇的修辞作用,引用《红楼梦》、《水浒传》、《西游记》等经典名著里语的运用,来印证语的感染力和概括力。

理论来源于实践,实践佐证着理论。《汉语语汇学》一书,无疑是创新和实事求是相结合的写作态度和研究方法的忠实体现。"为者常成,行者常至。"在漫长的语汇跋涉中,温端政先生几十年如一日,乐亦在其中。作为语汇学的开山力作,《汉语语汇学》的出版,在"语词"研究史上写下了浓彩重墨的一笔。尽管它可能还有这样或那样的瑕疵,尽管还有一些学术问题等待讨论等待争鸣,我们不能否认的是《汉语语汇学》开创"语汇学"这门新学科的历史功绩。

(作者单位:温州大学人文学院 温州 325035)

附录：

首届汉语语汇学学术研讨会纪要

由山西省社会科学院和商务印书馆联合主办的首届汉语语汇学学术研讨会于 2007 年 7 月 28 日至 29 日在山西太原召开。来自北京、上海、天津、河北、河南、广东、山东、江苏、浙江、山西等省市的高校、科研院所、出版单位的近百名专家学者出席了会议。另外还有日本学者与会。研讨会共收到论文 84 篇。大会还收到了中国语言学会会长侯精一，中国社科院副院长、学部委员、中国辞书学会会长江蓝生，国家语委前副主任、中国辞书学会名誉会长曹先擢，世界对外汉语教学学会会长、中国语言学会副会长、北京大学教授陆俭明，中国音韵学会会长、南京大学教授鲁国尧，中国音韵学会前会长、北京大学教授唐作藩，以及全国语言文字标准化技术委员会汉语语汇分技术委员会、南开大学词汇学与词典学研究中心等发来的多封贺信。

开幕式由全国语言文字标准化技术委员会汉语语汇分技术委员会、南开大学词汇学与词典学研究中心主任、南开大学周荐教授和山西省社科院语言所前所长、《语文研究》前主编沈慧云研究员共同主持，山西省方言学会会长、山西省社科院语言所所长、《语文研究》前主编吴建生研究员致开幕词，山西省社科院院长李留澜研究员，山西省社科院党组成员孙丽萍研究员，山西省语言学会会长、山西大学乔全生教授分别致辞。

参加本次会议的,有德高望重的老一辈专家,也有活跃在教学和科研第一线、奋发有为的中青年学者。正如江蓝生在贺信中所说的:"那么多学者聚集在一起,专门讨论汉语语汇、汉语方言语汇问题,这在我国汉语研究的历史上可能是第一次,可谓汉语语汇学研究的一大盛事。"会议采取大会主题发言和专题分组讨论两种形式进行,重点讨论了以下几个方面的问题。

1. 语汇学的创立问题。

侯精一在贺词里指出:"近些年来,汉语语汇学作为一门新的分支学科,受到学界的普遍关注。温端政教授的《汉语语汇学》等著作的出版标志着汉语语汇学已经成为汉语语言学大家庭的新的一员。汉语语汇学有着丰富的内容和发展前景。"张振兴在列举大量语言事实、缜密论证的基础上认为"语汇学之成立,反映了汉语里'语汇'特别丰富,具有特别悠久历史的客观事实,反映了汉语及其方言的重要特性","它生动地回答了中国语言学应该不应该、要不要具有自己的特点、特色的大问题。""语汇学之成立,意味着我们在语言学的范围内有了一个新的、独立的学科,它具有十分重要的意义,可以大大促进汉语语汇的研究。"李志江认为:"建立汉语语汇学,从概念上分清词和语,分清词汇和语汇是必不可少的。就目前情况来看,学术界的认识还不一致,社会上的用法也不分明,这是词和语、词汇和语汇本身既有联系,又有区别,相互交叉造成的。"李如龙在论文中指出:"最近的几十年间,研究民间口语、研究言语逐渐受到重视。探索汉语自身的特点,继承和发扬词汇语义研究的传统,也使人们获得了许多新的思路。正是这样的新形势,催生了汉语语汇学。"马志伟认为"汉语语汇学是一门前途无量的学问",随着《汉语语汇学教程》的面世,汉语语汇学走进课堂,必将引起更多学生、学者的关注,从而带来汉语语汇理论的研究热潮,汉语语汇学的繁荣指日可待。

2.语词分立问题。

韩敬体认为,"语言单位中词和语模糊不清给辞书编纂工作带来不少的问题,也可以看出我国语言学界、辞书学界的一些有识之士坚持对语进行研究,主张语词分立、语汇和词汇分立,有其积极意义。"他建议在词汇和语汇系统上,进行术语的序列整合:词素——词——词组;语素——语——语组。杨蓉蓉指出:"'语汇'和'词汇'的混淆由来已久,或混用两概念,或将对成语、谚语、歇后语、惯用语等语言建筑材料的研究归入词汇学的研究范围。经过比较长的时间,人们才开始重视这些语言建筑材料的性质、特点及与词的同异。"她认为:"词、语分立势所必然。这个理论突破是语汇学形成的先决条件。"李行杰指出:"语词分立,在客观上是不争的事实","两种不同的语言单位,被长期混为一谈,而且把一种当成另一种的附庸,即所谓语是词的'等价物',这不但有悖于学术的科学精神,而且在实践中也造成了种种混乱";他主张突破传统语言学中语音、词汇、语法三分的框架,"把语汇单列出来,形成语音、词汇、语汇、语法四分的局面";他认为"语汇学理论的提出,也许可以算中国语言学对世界语言学的一项贡献","汉语语汇学独立,也许会对国外语言研究产生一些启发作用";他强调:"外国有的,我们不见得要有,外国没有的,我们未必不可以有,一切从汉语的实际出发。"

3.语汇的特点、范围和分类问题。

苏宝荣认为,"汉语语汇有丰富性、整体性、形象性三个特点,而这三个特点都是与汉语自身的结构特征有关的",他强调,"语汇的丰富性,包括汉语复合词语义内涵的复杂性,乃至汉语语义、语法上与西方语言的种种区别性特征,能都与汉语的基本单位包含'语素'(独立书写形式是'汉字')与'词'两个层级有关"。李小平认为,汉语语汇学应当是以短语(词组)为研究对象的汉语学分支学科,与以词为研究对象的汉语词汇学相并列。汉语词汇学和汉语语汇学构成了汉语词语学。所谓"语汇",就是"短语之汇(词组之汇)"。短语有固定短语(熟语)和非固定短语的分别,以固定短语(熟语)为研究对象的熟语学应是语汇学的一个分支学科。

多数学者认为语应当包括成语、谚语、惯用语和歇后语,并主张从形式和内容两个方面进行分类。晁继周说:"最容易从形式上判定的是歇后语。这是由于它具有明显的结构特征,即由引语和注语两部分组成";他认为,仅仅用"由四字组成"作为判定成语的形式上的标准是不够的,还应该补充其他标准,这就是节律上的"二二相承";惯用语和谚语,从内容上看,"惯用语是描述一种事物或现象,而谚语是表述一种规律,一个道理,是人们生产活动和社会活动经验的总结",因此,"从形式和意义两个方面出发,基本上能把成语、谚语、惯用语和歇后语区分开来"。李如龙对把名句和格言排除在"语"之外提出商榷,他说:"如果在语汇的大家庭可以接受这个成员,也许可称之为'典雅语'。"马志伟认为,词的分类有名、动、形、数、量、代、副、介、连、助、叹等十余种,而语的分类如果仅谚语、惯用语、成语、歇后语四类,显得瘦弱不丰满,他建议"把典故、詈语、名言隽语等有鲜明特色的、与普通词组或句子有显著区别的语类",也归入语汇;"其他如'谦敬语''黑话'之类,也可考虑忝列'语汇'门墙"。

4.语典的编纂问题。

乔永认为,"语汇理论要指导辞书编纂,辞书编纂进一步推动语汇理论研究;成语、谚语、惯用语、歇后语等语汇的科学分类有助于语言研究的深入。"他建议"语汇研究应采用量化定性法"。温端政结合多年来从事语汇研究和语典编纂的实践,认为:"一方面,语典编纂为语汇研究提供了坚实的基础;另一方面,语汇研究对语典编纂起着重要的指导作用。因此,需要建立起语汇研究和语典编纂之间的良性互动关系。"程荣认为:"语汇学从词汇学中分立出来进行专门研究很有必要","词典编纂应当注意吸收语汇学的研究成果,处理好词与非词、词与短语的关系,特别是标注词类与标注语类的问题,使语词类词典的编纂和语汇类词典的编纂在原有的基础上有所创新"。

还有多篇文章结合语典编纂,讨论了语典编纂中立目、释义等方面的问题。吴建生探讨了惯用语的界定和惯用语词典的立目问题,认为在承认惯用语词组性、相对固定性及口语性的基础上,着重强调其形式上的"非'二二相承'"和语义上的"描述性",具有较强的可操作性。范瑞婷认为歇后语释义要重在揭示其双关义。王海静探讨了电子语典的编纂问题。周伟良和柳长江等报告了目前俗语典出版与市场情况,都受到与会学者的关注。

5.方言语汇的调查研究问题。

侯精一在贺词里特别指出:"分布在黄河流域、长江流域以及其他流域的广大汉语方言语汇记载了极其丰富的汉民族文化,汉语方言语汇作为一种非物质文化遗产是汉民族地域文化的重要载体,它的深厚内涵值得语言学者去挖掘、去描写、进行广泛深入研究。"本次研讨会中共有7位学者交流了关于方言语汇的调查研究的论文。盛爱萍以瓯语为例,分析了现代汉语语汇研究、方言语汇研究的现状,阐明了建立汉语方言语汇学的必要性和可能性。

6.语汇的教学问题。

张光明从讲授"汉语语汇学"课程的实践中感受到,汉语语汇学使学生开阔了知识视野,认识了汉语语汇的性质和范围、分类系统和所属语类的意义与结构上的特点,明确了调查研究汉语语汇尤其是方言语汇的重要意义。温朔彬通过调查太原市小天使幼儿园多年来试行的以"语"带字、以"语"带词、以"语"带句、以"语"带文的"语本位"教学的成功经验,总结出"语本位"教学的优越性。辛菊认为语汇学对传统语言学系统都产生了很大的冲击,她认为"语言学应该包括语音学、语词学和语法学,语词学再分为词汇学和语汇学",她建议现行的《现代汉语》教材要根据"语词分立"的理论进行修订。

此外,徐时仪、温振兴、孟肇咏、武建宇等对古代文献中的俗语进行整理研究,考释语源;曹瑞芳、李淑珍等对《醒世姻缘传》、《儿女英雄传》等近代小说的俗语运用进行了探讨。杨蓉蓉、刘村汉、马贝加、郑宝倩等对温端政先生的专著《汉语语汇学》和主编的《汉语语汇学教程》(高等学校教学用书)进行了实事求是的、多角度的评论。

闭幕式由河北师范大学文学院院长郑振峰教授和《语文研究》副主编巫建英主持。闭幕式上,山西省社科院语言所首任所长、《语文研究》首任主编温端政先生发表了热情洋溢的讲话,高度评价了大家对语汇学的研究热情,并指出汉语语汇学是一门新兴的有待完善的学科,还需要语言事实以及它自身在"应用(应用于辞书编纂、应用于语汇教学、应用于方言语汇调查)"和"服务(为传承中华民族传统文化服务、为弘扬传统美德服务、为繁荣语典出版市场服务)"的过程中得到检验,希望大家继续对这门学科倾注更高的研究热情。山西省社科院语言所副所长、《语文研究》主编李小平致闭幕词,总结了会议成果,并对本次会议的赞助单位河北师范大学表示了诚挚的谢意。

会议议定,汉语语汇学学术研讨会将每两年举行一次,第二届汉语语汇学学术研讨会将于2009年在浙江省温州市召开,由温州大学、山西省社会科学院、商务印书馆联合主办,温州大学承办。

(李淑珍)

附:首届汉语语汇学学术研讨会论文目录(按作者姓名音序排列;前加※的为提交了论文,本人因故未到会)

白 平:关于"语"和"词"分立问题的思考

白 云:汉语俗语的不对称和标记模式研究

蔡丽质:临猗方言谚语文化信息解读

曹瑞芳:《醒世姻缘传》中俗语运用的修辞手法和作用

晁继周:熟语的分类和词典收语问题

陈 然 赵巧玲:法、韩两国留学生学习成语的个体差异比较

陈文杰:译语三论——以源自汉译佛典为中心

程 荣:现代汉语词典中的语汇处理问题——兼谈

现代汉语语汇学建立的必要性

范瑞婷:歇后语释义初探

冯良珍:霍州方言语汇例释

傅朝阳:惯用语与谚语甄别

高歌东:试谈描述语

韩敬体:词语的分立、混同与辞书编纂问题

贺振江:不可忽视的形而上学俗语含义

胡明亮:歇后语的功能

李 斐:浅论《现代汉语词典》(第5版)中的成语释义

※李如龙:语汇学三论

李淑珍:《儿女英雄传》俗语探析

李文华:俗语的临时变异

李小平:《现代汉语词典》词语观献疑

403

李行杰:语词分立势在必行
李志江:略论《现代汉语词典》熟语的收录
刘　嶔:孙谦作品中谚语的言语交际功能分析
刘村汉:老树新花自风流——喜读《汉语语汇学教程》
刘红妮:惯用语"枕边风"的语汇化
柳长江　王海静　邢甜　江帅:关于目前语文辞书市场情况的调查分析报告
柳长江:从谚语的哲学思想看汉语语汇的文化内涵
马贝加　朱赛萍:汉语语汇学的开山力作——评《汉语语汇学》
马启红:惯用语语义信息分析
马志伟:《汉语语汇学教程》编后刍议
孟德腾:隐喻视角下的熟语研究
孟肇咏:论古时语
齐援朝:《汉语语汇学教程》学习札记
乔　永:汉语语汇研究的思考——兼评温端政汉语语汇研究
乔全生:注重从方言语汇中探寻古音遗迹
邵燕梅:对"调侃子"的再次调查与研究
沈慧云:俗语辞典编纂中常见的问题及解决途径
盛爱萍:构建中国特色的方言语汇学——以瓯语研究为例
史素芬　段丽:长治方言谚语的文化内涵与审美特征

史秀菊:关于"语"与"非语"的思考
苏宝荣:语汇研究与汉语的民族特征
苏向丽:现代汉语惯用语的词汇化等级分析
唐　华:晋城方言谚语和惯用语研究初探
唐健雄:浅议平山话歇后语
汪化云:方言语汇的与时俱进——以湖北团风方言为例
王海静:电子语典初探
王海静:浅析英语谚语语义的特点和结构
王洪江:双语节对称结构惯用语的修辞格式
王吉辉:固定格式与固定语
※王建华:有关"狗"的语词折射出的汉民族文化观
温端政:语汇研究与语典编纂
温朔彬:试论"语本位"教学的优越性
温朔彬:试论隐喻在歇后语语义双关中的认知作用
温振兴:《祖堂集》俗语语汇举例
巫建英:浅析《太行风云》中俗语的运用
吴继章:河北魏县方言的俗成语
吴建生:惯用语的界定及惯用语词典的收目
吴绍新:荆楚俗语中的人文精神
武建宇:《夷坚志》所收俗语词辑佚
武玉芳:山阴方言歇后语
谢仁友:语典中的轻声与轻音及其标注问题

※辛　菊:"语词分立"对传统语法教学研究的冲击

※辛　菊　卫　霞:试论汉语成语中数词所蕴含的文化信息

徐时仪:"打野火"与"打野胡"考

徐颂列:含色彩语素的服饰成语与古代文化

延俊荣:俗语语篇功能初探

杨蓉蓉:一门新兴的有待完善的学科——评《汉语语汇学》和《汉语语汇学教程》

姚锡远:论汉语熟语的审美功能及其语用意义。

于锦恩:对汉语语汇中待嵌格式的几点看法

俞忠鑫:语典、语汇学与语词分立

※袁　婷:汉语语汇核心术语英译

袁圣敏:读《汉语语汇学》

曾昭聪:明清俗语辞书研究综述

张　巧:《儿女英雄传》中的俗语研究

张光明:一门深受大学生欢迎的选修课

张梅梅:关于歇后语释义的几点体会

张振兴:语汇学之成立

张志毅:简单枚举和定量分析——关于典型群问题

郑宝倩:喜读一部好教材——评《汉语语汇学教程》

郑继娥:双部式谚语中的衔接

周　荐:"语模"造语浅说

周国祥:从成语研究看语汇研究的几种角度

周伟良:俗语典出版与市场情况综述

周文芳:成语与歇后语的组合关系

(原载《语文研究》2007年第4期)